Geschichten aus Stuttgart

ཉ

Irene Ferchl

Geschichten aus Stuttgart

Herausgegeben von
Irene Ferchl

KLÖPFER&MEYER

© 2011 Klöpfer und Meyer, Tübingen.
Alle Rechte vorbehalten.
ISBN 978-3-940086-97-6

Umschlaggestaltung: Christiane Hemmerich Konzeption
und Gestaltung, Tübingen.
Umschlagfoto: Manfred Grohe, Kirchentellinsfurt.
Herstellung: Horst Schmid, Mössingen.
Satz: Alexander Frank, Ammerbuch.
Druck und Einband: Pustet, Regensburg.

Mehr über das Verlagsprogramm von Klöpfer & Meyer finden Sie unter:
www.kloepfer-meyer.de

Inhalt

Im Anflug

Straßen und Plätze

7

9

Hermann Lenz

Wer nichts tut, fällt auf

Durch die Luke eines Flugzeugs sieht die Stadt flach aus, ein roter, orangefarbener Belag auf der Erdrinde – wie jede Siedlung aus großer Höhe. Sie gleicht einem Flußbett, das sich dehnt und drüben, wo die Wälder bläulich sind, verliert. Der Fernsehturm ist niedriger als die Flugzeuge fliegen. Alle fortschrittlichen Zeitgenossen bewundern ihn, denn wir Schwaben sind technisch enorm tüchtig, schaffen und werkeln gern und wollen »auf der Höhe der Zeit« sein, für die der Fernsehturm ein Sinnbild ist.

Von seiner Terrasse aus zeigt sich die vertraute Gestalt der Stadt, und man ist froh darüber, daß trotz aller maschinellen Vollkommenheit die Hügel, das Licht und die Wolken immer noch so sind wie früher. Nach Norden zu wird das Land gelb von abgeernteten Kornfeldern, weißlich verhängt im Septemberlicht, wenn der Sommer noch eine Weile zögert. Als bläulicher Höhenrücken mit strengen Kanten streckt sich die Alb aus. Und in der Nähe, in der Tiefe, wo die Wälder sich bewegen und Goldspuren haben, senkt sich das Tal hinunter, eine sanfte Wiege für die Häuser. Rötliche Hügelflanken strecken sich in der Sonne aus; ein Wälderring umschließt die Ferne, die hell ist wie trockener Schiefer und durchsichtig wird, als löse sich die Erde im Licht auf. Der Mainhardter und der Welzheimer Wald, die Löwensteiner Berge liegen draußen, und der Asperg hebt seinen flachen Kopf. Wir sind hinterm Limes, der Grenzlinie, die einmal Kultur und

Barbarei getrennt hat. Aber römischen Erinnerungen nachzuhängen, ist nicht angebracht, wenn man auf einem Stamm aus Beton und Stahl steht, in dem eine glatte Liftkammer in wenigen Minuten herauf- und hinuntersaust.

Wieder auf dem Boden, ist der Wald warm und riecht nach Feuchte. Wer niedersitzen und eine Pfeife rauchen will, findet im trockenen Laub noch manchen guten Platz. Zwischen Gärten biegt eine Straße hinab, und Villen zeigen ihr seriöses Gesicht. Hinter einer Hecke liegt das Tal, blaudunstig, weich, eine sanfte Landschaft; ein Hügel ragt heraus, die Karlshöhe, wo die Bürgerhäuser der Jahrhundertwende angesiedelt sind und die Luft auf eine besondere Weise mild ist, wie sie nur um Villen mit Glasveranden und Balkonen weht, die von steinernen Damen gestützt werden. Blätterschatten und helle Lichter gleiten vorbei; ein hoher Weidenbaum hat lange gelbliche Gehänge und berührt die Spitzen eines verschnörkelten Gittertors. Eine Tür fällt zu, und eine alte Dame kommt mit einem Sonnenschirm über die Treppenstufen.

Aber das liegt weitab. Die Stadt trägt ein Kleid mit seidigem Hauch, könnte man sagen, wenn man nicht mißtrauisch wäre gegen gefällige Worte. Weinberge zeigen ihre rote Erde und die Festungsringe ihrer Mauern. Mancher Weinberg ist in einen Obstgarten verwandelt worden und hat im Frühling violette Blumenpolster. Jetzt stehen viele Gärten üppig da, eingehüllt in ihre Hecken und mit Äpfeln, Pflaumen und Birnen im Laub. »Siebenhügelstadt« wird Stuttgart genannt; auf ein paar Hügel mehr oder weniger kommt es uns nicht an, und mit Rom wollen wir nicht in Wettstreit treten. Immerhin schmeichelt's uns, daß ein Franzose von Stuttgart gesagt hat, diese Stadt sei das »Lächeln der Welt«, und ein bekannter Schriftsteller ihre Lage mit der von Florenz, das für eine herbe Stadt gilt, verglichen hat. Die unsrige ist handfest, »habhaft«, wie es im Schwäbischen heißt, und hat etwas Nüchternes. Es wundert einen, daß Mörike lange hier gelebt hat, weil er doch dem Wahlspruch huldigte: »No nix forciera«. Ein sympathischer Wahlspruch, nicht wahr?

An den Talwänden steigen die Treppen hinab, hier »Staffeln« genannt und manche hundert Jahre alt. Im Kessel unten aber brodelt besonders am Nachmittag die Autowildnis, und wer nichts tut, fällt auf.

Kümmern Sie sich nicht darum. Die lange und gerade Straße, die von Autodächern schillert, ist die Neckarstraße. Dort steht das *Staatstheater*, ein würdiges Gebäude mit Säulen nach den Anlagen zu und dem Schicksalsbrunnen mit ernsten Figuren und einem tiefsinnigen, in Stein gehauenen Reim, dort wo der Eingang für die Schauspieler ist. Über Bretterwände schaut das Betongerüst des *Landtagsbaus* herüber, der ovale Theatersee mit der Fontäne in der Mitte wird für die Gartenschau in einen eckigen verwandelt, weil immer wieder alles anders gemacht werden muß, gleichgültig, ob das Alte harmonischer gewesen ist. Aber wer glaubt schon, daß wir in einer harmonischen Epoche leben ...

Deshalb wird hinter den Bretterwänden kräftig gewühlt und gesägt, Bäume fallen um, und Räumbagger bohren ihre Schaufeln in den rotbraunen Boden. Das *Neue Schloß* ist außen schon wieder so wie ehemals, aber der Privatgarten des letzten Königs wird »neugestaltet«, wie man heute ein gewisses robustes städteplanerisches Durchgreifen nennt, das auch hier am Werk ist. Früher hatte der königliche Garten Rosenbeete und weiße Standbilder, in einem runden Becken schwammen Goldfische unter einer Wasserkuppel, und die Schloßfassade hatte ein Giebelrelief, auch als das Schloß ausgebrannt war. Aber jetzt wird alles mit neuem Geist erfüllt, weil der Fortschritt es so will.

Jawohl, wir streben vorwärts. Preßluftbohrer rattern hinter den Bretterwänden, und Baukräne recken stählerne Ichthyosaurierhälse. Der *Bahnhofsplatz* breitet sich aus. In der unteren Königstraße stand früher der Marstall, ein urbanes Relikt der Empirezeit. Heute existiert auch er nur noch als Photographie oder als Erinnerungsbild. Der Platz mutet weltstädtisch an mit seinen Steinklötzen, überragt vom Bahnhofsturm. Hier leuchten viele Signallampen, eine Unterführung hat Rolltreppen, diese jahrmarktsfreudige Errungenschaft, und in der Dämmerung erscheint am Hindenburgbau die Leuchtwanderschrift. Bei warmem Wetter stehen vor einem Café unter den Bahnhofsarkaden weißgestrichene Gartentische und Stühle mit geschweiften Lehnen. Dort sitzt es sich pariserisch, wenn Sie so wollen, und Sie sehen Männer mit Bärten und Mädchen, die ihr gefärbtes Haar hochgesteckt und sich die Augen mit Schwarzstift vergrößert haben, denn es wäre schlimm, wenn man uns nachsagte, wir seien provinziell geblieben. Drüben wehen Fahnen, weil auch in Stuttgart immer irgendwo eine Tagung, ein Kongreß oder ein Heimattreffen veranstaltet wird.

Die *Königstraße*, diese »Lebensader«, zeigt Ihnen, wie rührig wir sind. Kinos, Geschäfte, Kaufhäuser: wir haben genug davon aufzuweisen und freuen uns an ihnen. Am *Schloßplatz* steht der *Königsbau* wieder so da, wie man ihn von früher kennt. Seine Säulen, von denen die Bomben viele umgeworfen hatten, sind wieder aufgerichtet, eine stattliche Kolonnade, und drüben ist das Rasenparterre vor dem Neuen Schloß frisch geschoren. Schieferfarbene Mansardendächer schauen über die Kastanienbäume. Die Jubiläumssäule trägt einen schwarzen Engel auf der Spitze, ihr zu Füßen sitzen Leute, die braun werden wollen, und um Mittag schäumen zwei gußeiserne Brunnen; unter einem sitzen dicke Putten, jeder einen Fluß des Landes symbolisierend. Hier weht die Luft der Residenz. Im Musikpavillon stehen Notenständer mit Schnörkelfüßen aus der Zeit, als sonntags hier eine Militärkapelle spielte und die Leute flanierten; das kommt auch jetzt noch vor. Samstag nachmittags debattieren in der Allee Laienprediger und Vierteles-Politiker, oder eine Gruppe der Heilsarmee singt Lieder zur Gitarre. Das ist der hiesige Hydepark. Auch den Mann, der immer noch einen grünen Uniformkittel anhat, einen langen grauen Bart trägt und abwesend aussieht mit seinem faltendurchrieselten Gesicht, können Sie hier einen Leierkasten drehen sehen. Ein amerikanischer Soldat hält den Photoapparat vors Auge und knipst ihn.

Das *Alte Schloß* mit olivfarbenen Ecktürmen, an die sich immer noch die Hand des Efeus legt, bewacht den *Schillerplatz* mit der *Alten Kanzlei*, dem *Prinzenbau*, dem *Fruchtkasten* und der *Stiftskirche*. Schillers schwarzes Standbild steht in der Mitte, von Automobilen bedrängt. Am Wochenende ist's hier still, das schwere *Rathaus* liegt abseits, und die Fensterscheiben des Prinzenbaus verwandeln sich in eine schillernde Haut aus Licht. Tauben trippeln, Spaziergänger kommen aus dem Durchlaß, wo eine alte Frau Blumen feilhält und ein Antiquitätenladen distinguierte Seltenheiten zeigt. An der Mauer der Schloßkapelle wuchert Gras, und weiter unten ist der Karlsplatz mit dem reitenden Kaiser, dem der Mantel zurückweht, fast leer. Auf seinem Helm sitzt eine Taube. Ein Hügel schaut über das *Alte Waisenhaus*, Fenster glänzen wie weit geöffnete Augen, und der Himmel hat weiße Schleierfransen. Am *Charlottenplatz* springen Wasserstrahlen wie gebogenes Glas aus dem Vierröhrenbrunnen, und in der weiten Straße steht das braune Steinzelt der *Leonhardskirche* mit dünner Turmspitze im Dunst. Die weißen Geschosse einer Garage sind scharfkantig wie liegende Projektile.

Abseits haben Altstadtgassen Moos zwischen den Pflastersteinen, hinter schmalen Fenstern hängen Spitzengardinen der Großmutterzeit, und ein Mann in Hausschuhen, die Augen von der Brille vergrößert, trägt ein Glas Bier über die Gasse. Kleine Kneipen heißen »Nachtwächter«, »Intermezzo« oder »Dolly-Bar«, lauter Amüsierlokale, denn dies ist ein fragwürdiges aber liebenswertes Viertel mit Trödelgeschäften, einer Maultaschenfabrik im Hinterhof und ein paar kleinen Weinwirtschaften, wo sich nichts verändert hat. Hinter schiefen Dächern ragt am Hang eines der steinernen Zyklopenbeine in die Höhe, die man Hochhäuser nennt.

Hier ist noch so etwas wie das Abseitige, Besondere zu Hause, allerdings auch etwas Asoziales. Aber das eine bedingt das andere, wir müssen's in Kauf nehmen, und es wäre schade, wenn es ausgelöscht oder eingeebnet würde. Ein Stadtmauerrest ist hinter einer Bretterwand zu sehen; das ist der Stumpf des Schellenturms. Um die Ecke hat der Dichter Waiblinger gewohnt.

Ja, die Dichter … heute passen sie sich der Zeit an; unzeitgemäß, wer in der Altstadt oder auf einem alten Friedhof etwas Besonderes sucht. Der Hoppenlau-Friedhof, wo Hauff und Dannecker liegen, wird auch umgegraben. Nach dem Krieg war er verwildert, alle Grabsteine standen noch am alten Platz. Heute müssen Sie die Ruhestätte der Prinzessin von Oranien oder die moosige Grabplatte jenes russischen Obersten, der den Alexander-Newskij-Orden getragen hat, mühsam suchen, weil ein aufgelassener Friedhof doch auch hygienisch einwandfrei aussehen soll und die Grabsteine geschmackvoll angeordnet werden müssen, gleichgültig ob die, denen sie zugedacht waren, hier oder anderswo unterm planierten Rasen liegen.

Das Zwielicht herrscht, schon glühen die Leuchtschriften.

Jetzt ist es gut, die Stadt von einer Höhe anzuschauen. Dunkelheit legt sich ins Tal, wo über den Bahngeleisen Lichtzelte stehen. Lichter sind in die schwarzen Abhänge hineingestochen und flimmern in der Ferne. Der Bahnhofsplatz ist ein farbiges Nest. Die Prozession der Autolichter zieht unten vorbei. Ein Neubau reckt sich wie ein Baalspalast; das ist die *Technische Hochschule*. Eine lange Lichterreihe ist grün, eine andere bläulich. Und draußen hinterm Gaskessel strahlt eine Industrieburg wie ein weißer Schild.

Wer jetzt in einem Zug von Osten hereinfährt, unterm *Rotenberg* mit dem Mausoleum des württembergischen Königshauses vorbei, sieht die Neckarbrücke vor den Flußauen und die Blätterkuppeln der Platanenallee am Rand der Anlagen. Die beiden weißen Pferde, die zum Standbild der Rossebändiger gehören, tauchen daraus empor, als hätten sich Fabelwesen in die nüchterne Stadt verirrt. Aber das kommt selten vor.

Albrecht Goes

Stuttgart

Werkzeug zuerst – und immer dieser alte
Sag: Grüblergeist, sag: Tüftlersinn und -mut.
Sag jenen Fleiß, den früh die Armut weckte,
Und jene Klugheit, die den Sieg bewacht.
Das »Bosch for ever«, »Daimler hic et nunc«,
Groß Macht und Glanz. Und Glanz und groß Gefahr.

Den Dichter ruf' vom Bopserwald her, ruf'
Den Stiftskopf, der den Weltgeist reiten sieht;
Dann einen stillen Mann: »Denk es, o Seele!«

Und du, Urenkel schon und wieder Ahnherr,
Einwohner dieser Stadt und Zeitgenosse,
Den Türmen rings, den Staffeln lang vertraut,
Besuch' am Rathausplatz den Wochenmarkt:
Die Filder schicken Spitzkraut, schicken Früchte.
Drei Stockwerk hoch regiert ein Magistrat,
Der zanken, doch auch lächelnd denken kann.
Der Hausherr selbst ist unverwechselbar
Präsent im Duktus seiner Unterschrift.
Ein Herr durchaus. Die Stadt hat einen Herrn.

Weiß oder Rot? O höchst willkommene Fehde:
Kriegsberg ist angesagt und Götzenberg,
Hofkammerabzug aus des Herzogs Kelter:
Sie suchen und sie finden und geleiten
Noch ihre Dichter, ihre Possenreißer
In Kachelofens Abendeinigkeit.

Der Sprachgeist, rauh, doch zärtlich zu den Seinen,
Weiß viele »le«, »s' ka sei«, und weiß: »so ischs«,
– andante, denk ich, läßlich, mezzoforte –
Der bleibt uns treu zu Weg und Weiterweg,
Und alleweg hiegutwürttemberg.

Zuletzt denn dies: Trabrößlein im Signet nur,
Die Gestern in Vitrinen wohl verwahrt;
Fühl zwei dir nah, dir beide zuerkannt:
Zum Lebenstag im Schloßpark die Kastanien,
Die prächtigen, die blütenüberreichen,
Und zum Valet: Zypressen auf der Prag.

Friedrich Hölderlin

Stutgard

An Siegfried Schmidt

I

Wieder ein Glück ist erlebt. Die gefährliche Dürre geneset,
  Und die Schärfe des Lichts senget die Blüte nicht mehr.
Offen steht jetzt wieder ein Saal, und gesund ist der Garten,
  Und von Regen erfrischt rauschet das glänzende Tal,
Hoch von Gewächsen, es schwellen die Bäch' und alle gebundnen
  Fittige wagen sich wieder ins Reich des Gesangs.
Voll ist die Luft von Fröhlichen jetzt und die Stadt und der Hain ist
  Rings von zufriedenen Kindern des Himmels erfüllt.
Gerne begegnen sie sich, und irren untereinander,
  Sorgenlos, und es scheint keines zu wenig, zu viel.
Denn so ordnet das Herz es an, und zu atmen die Anmut,
  Sie, die geschickliche, schenkt ihnen ein göttlicher Geist.
Aber die Wanderer auch sind wohlgeleitet und haben
  Kränze genug und Gesang, haben den heiligen Stab
Vollgeschmückt mit Trauben und Laub bei sich und der Fichte
  Schatten; von Dorfe zu Dorf jauchzt es, von Tage zu Tag,
Und wie Wagen, bespannt mit freiem Wilde, so ziehn die
  Berge voran und so träget und eilet der Pfad.

2

Aber meinest du nun, es haben die Tore vergebens
   Aufgetan und den Weg freudig die Götter gemacht?
Und es schenken umsonst zu des Gastmahls Fülle die Guten
   Nebst dem Weine noch auch Beeren und Honig und Obst?
Schenken das purpurne Licht zu Festgesängen und kühl und
   Ruhig zu tieferem Freundesgespräche die Nacht?
Hält ein Ernsteres dich, so spars dem Winter und willst du
   Freien, habe Geduld, Freier beglücket der Mai.
Jetzt ist Anderes Not, jetzt komm' und feire des Herbstes
   Alte Sitte, noch jetzt blühet die Edle mit uns.
Eins nur gilt für den Tag, das Vaterland und des Opfers
   Festlicher Flamme wirft jeder sein Eigenes zu.
Darum kränzt der gemeinsame Gott umsäuselnd das Haar
uns,
   Und den eigenen Sinn schmelzet, wie Perlen, der Wein.
Dies bedeutet der Tisch, der geehrte, wenn, wie die Bienen,
   Rund um den Eichbaum, wir sitzen und singen um ihn,
Dies der Pokale Klang, und darum zwinget die wilden
   Seelen der streitenden Männer zusammen der Chor.

3

Aber damit uns nicht, gleich Allzuklugen, entfliehe
   Diese neigende Zeit, komm' ich entgegen sogleich,
Bis an die Grenze des Lands, wo mir den lieben Geburtsort
   Und die Insel des Stroms blaues Gewässer umfließt.
Heilig ist mir der Ort, an beiden Ufern, der Fels auch,
   Der mit Garten und Haus grün aus den Wellen sich hebt.
Dort begegnen wir uns; o gütiges Licht! wo zuerst mich
   Deiner gefühlteren Strahlen mich einer betraf.

Dort begann und beginnt das liebe Leben von neuem;
    Aber des Vaters Grab seh' ich und weine dir schon?
Wein' und halt' und habe den Freund und höre das Wort, das
    Einst mir in himmlischer Kunst Leiden der Liebe geheilt.
Andres erwacht! ich muß die Landesheroen ihm nennen,
    Barbarossa! dich auch, gütiger Kristoph, und dich,
Konradin! wie du fielst, so fallen Starke, der Efeu
    Grünt am Fels und die Burg deckt das bacchantische Laub,
Doch Vergangenes ist, wie Künftiges heilig den Sängern,
    Und in Tagen des Herbsts sühnen die Schatten wir uns.

4

So der Gewaltgen gedenk und des herzerhebenden Schicksals,
    Tatlos selber, und leicht, aber vom Äther doch auch
Angeschauet und fromm, wie die Alten, die göttlicherzognen
    Freudigen Dichter ziehn freudig das Land wir hinauf.
Groß ist das Werden umher. Dort von den äußersten Bergen
    Stammen der Jünglinge viel, steigen die Hügel herab.
Quellen rauschen von dort und hundert geschäftige Bäche,
    Kommen bei Tag und Nacht nieder und bauen das Land.
Aber der Meister pflügt die Mitte des Landes, die Furchen
    Ziehet der Neckarstrom, ziehet den Segen herab.
Und es kommen mit ihm Italiens Lüfte, die See schickt
    Ihre Wolken, sie schickt prächtige Sonnen mit ihm.
Darum wächset uns auch fast über das Haupt die gewaltge
    Fülle, denn hieher ward, hier in die Ebne das Gut
Reicher den Lieben gebracht, den Landesleuten, doch neidet
    Keiner an Bergen dort ihnen die Gärten, den Wein
Oder das üppige Gras und das Korn und die glühenden
Bäume,
    Die am Wege gereiht über den Wanderern stehn.

5

Aber indes wir schaun und die mächtige Freude durchwandeln,
Fliehet der Weg und der Tag uns, wie den Trunkenen, hin.
Denn mit heiligem Laub umkränzt erhebet die Stadt schon
Die gepriesene, dort leuchtend ihr priesterlich Haupt.
Herrlich steht sie und hält den Rebenstab und die Tanne
Hoch in die seligen purpurnen Wolken empor.
Sei uns hold! dem Gast und dem Sohn, o Fürstin der Heimat!
Glückliches Stutgard, nimm freundlich den Fremdling mir auf!
Immer hast du Gesang mit Flöten und Saiten gebilligt,
Wie ich glaub' und des Lieds kindlich Geschwätz und der Mühn
Süße Vergessenheit bei gegenwärtigem Geiste,
Drum erfreuest du auch gerne den Sängern das Herz.
Aber ihr, ihr Größeren auch, ihr Frohen, die allzeit
Leben und walten, erkannt, oder gewaltiger auch,
Wenn ihr wirket und schafft in heiliger Nacht und allein herrscht
Und allmächtig empor ziehet ein ahnendes Volk,
Bis die Jünglinge sich der Väter droben erinnern,
Mündig und hell vor euch steht der besonnene Mensch –

6

Engel des Vaterlands! o ihr, vor denen das Auge,
Sei's auch stark und das Knie bricht dem vereinzelten Mann,
Daß er halten sich muß an die Freund' und bitten die Teuern,
Daß sie tragen mit ihm all die beglückende Last,
Habt, o Gütige, Dank für den und alle die Andern,
Die mein Leben, mein Gut unter den Sterblichen sind.

Aber die Nacht kommt! laß uns eilen, zu feiern das Herbstfest
  Heut noch! voll ist das Herz, aber das Leben ist kurz,
Und was uns der himmlische Tag zu sagen geboten,
  Das zu nennen, mein Schmidt! reichen wir beide nicht aus.
Treffliche bring' ich dir und das Freudenfeuer wird hoch auf
  Schlagen und heiliger soll sprechen das kühnere Wort.
Siehe! da ist es rein! und des Gottes freundliche Gaben
  Die wir teilen, sie sind zwischen den Liebenden nur.
Anderes nicht – o kommt! o macht es wahr! denn allein ja
  Bin ich und niemand nimmt mir von der Stirne den Traum?
Kommt und reicht, ihr Lieben, die Hand! das möge genug
sein,
  Aber die größere Lust sparen dem Enkel wir auf.

Helmut Heißenbüttel

Eindrücke und Einsichten

Stuttgart, das eigentliche Stuttgart, liegt wie in einer Wanne. Diese Wanne ist nicht rundherum abgeschlossen, sie hat zwei offene Seiten, einmal zum Neckartal und in einem schmalen Durchgang nach Heslach und Kaltental. Ein Spaßvogel hat einmal gesagt, wenn man diese beiden Ausgänge zustopfte und die Wanne voll Wasser laufen ließe, würde aus Stuttgart ein schöner See. Statt mit Wasser ist nun aber die Wanne mit Häusern, Straßen, Einwohnern und Verkehrsmitteln vollgelaufen. Und zwar, wie es dem Naturgesetz entspricht, von den Rändern her immer dichter werdend bis zur Bodensohle. Unten, auf den tiefsten Flächen, wird infolgedessen kein Platz freigelassen. Straßenerweiterungen sind ein fast unlösbares Problem. Neuerdings geht man dazu über, Fußgängerunterführungen einzubauen, offenbar in der Annahme, daß die noch größere Tiefe automatisch die Massen abzieht. Ich habe niemals herausbekommen können, wo nun wirklich der tiefste Punkt Stuttgarts liegt. Folgt man dem Verkehr, so müßte man drei Plätze nennen: den Bahnhofsplatz, den Charlottenplatz und den Schloßplatz. Am Bahnhof und am Charlottenplatz staut sich vor allem der talab strömende Autoverkehr, und ich habe immer die Vorstellung, es müsse sich an diesen Stellen erst eine gewisse Menge ansammeln, ehe der Druck die gestauten Vehikel wieder talauf treiben kann. Am Schloßplatz sammeln sich nach demselben Gesetz die Straßenbahnen, und es ist für jemand, der Stuttgart nicht kennt, ermüdend und verwirrend, wenn er in diesem Staubecken die für ihn richtige Straßenbahn erwischen will. Abends wird das Problem mit der Uhr gelöst. Alle Viertelstunde laufen die Bahnen auf und rinnen dann, auf ein dünnes Pfeifsignal hin, wieder auseinander.

Die Wannenlage hat vor allem eins zur Folge: daß nämlich alle Straßen und Wege entweder bergauf oder bergab führen. Im ganzen Stadtgebiet gibt es nur zwei ebene Flächen, das ist einmal das vom Schloß zum Neckar verlaufende Gelände des Schloßparks und parallel dazu die Eisenbahn. Feudalismus und technische Revolution haben hier eine seltsame Brüderschaft geschlossen, beide offenbar einig in dem Bestreben, das Naturgegebene zu mißachten und zu verändern. Daß alle Straßen sonst bergauf oder bergab führen, zeigt sich im Verkehrsbild: es gibt kaum Radfahrer. Die Schwärme von Radlern, die zu bestimmten Tageszeiten etwa in München den Stachus überfluten, wären hier undenkbar. Ich selbst als begeisterter, gewohnheitsmäßiger und sogar militärisch ausgebildeter Radfahrer habe verschiedene Male mein Heil versucht. Ich bin gescheitert. Entweder muß man zu lange schieben, oder aber es geht, etwa die Neue Weinsteige oder Pischekstraße-Gänsheide oder Rotenwald-Reinsburgstraße hinab, zu schnell. Es gibt deshalb, von Straßenbahnen abgesehen, nur Auto- und Fußgängerverkehr. Fußgänger in größeren Mengen, hier macht sich wieder das Gesetz der Schwerkraft bemerkbar, treten nur an den tiefsten Punkten auf. Sie werden daher im allgemeinen gegenüber den Autos benachteiligt. Im Gebiet zwischen Wilhelmsbau und Bahnhof, wo ihr eigentliches Revier zu sein scheint, setzen sie sich infolge der größeren Masse auf eigene Faust durch. Manchmal, so zu Weihnachten, wird dieses Gebiet auch einfach für den Autoverkehr gesperrt.

Die Wanne, in der Stuttgart liegt, erstreckt sich von Nordost nach West-Südwest. Die Längsausdehnung ist bedeutend größer als die Breite des Tals. Infolgedessen gibt es, bis fast zur Halbhanghöhe, grundsätzlich nur Längs- und Querstraßen, Die Längsachsen, wie etwa Bebel- und Bismarckstraße mit der gemeinsamen Verlängerung der Schloßstraße oder die Rotebühlstraße mit der Verlängerung Calwer Straße, Reinsburg- mit Marien- und Königstraße, Hauptstätter- und Neckarstraße mit dem Zwischenglied Holzstraße-Charlottenplatz usw., haben ein sehr geringes Gefälle. Ihr Reiz besteht darin, daß man wie in eine weit auseinandergezogene Perspektive hinan- oder hinabblickt. Ihre größte Schönheit entfalten diese Straßen nachmittags, wenn die Sonne sie in ihrer Längsrichtung ganz mit Licht füllt. Die Hangkuppen, die den Abschluß bilden, schweben dann wie eine Fata Morgana über den sich verengenden Häuserzeilen. Die Querstraßen dagegen sehen eher wie Einschnitte oder Durchstiche aus, an deren Enden rechts und links, steil und ohne Tiefe, kulissenartig die Hänge aufragen. Hat man bei den Längsstraßen den Eindruck von Offenheit und Weite, so bei den Querstraßen mehr den von Geschlossenheit und Enge. Dieser Kontrast ist es, der mich immer wieder verlockt, nicht auf den Hängen oder gar auf den Höhen, sondern auf der Talsohle spazierenzugehen, entweder in der West-Ost-Richtung oder im Zickzack.

Berühmter sind natürlich die Hangstraßen. Etwa die Haußmannstraße oberhalb des Schloßgarten- und Bahngeländes oder die Zeppelin- und Kräherwaldstraße an und auf dem Nordwesthang oder die Hasenbergsteige, die sich zwischen Heslach und Stuttgart-West in die Stadt hineinschiebt. Oder auch, allerdings nur für Autofahrer benutzbar, die Neue Weinsteige oder Gänsheide- und Gerokstraße. Von all diesen Straßen blickt man auf die Stadt hinab. Die kleinen Niveau-

Unterschiede der Talsohle sinken in diesem Abblick zusammen. Das Panorama wechselt mit jedem Schritt. Der Wechsel hat, wenn man die Stadt nicht genau kennt, etwas Verwirrendes. Das Verwirrende beruht vor allem darauf, daß die Hänge und Höhenzüge, die Stuttgart umgeben, nicht glatt, sondern in weit geschwungenen Kurven verlaufen. Nicht das Panorama der Stadt wechselt im Grunde, sondern die Richtung, in die man blickt. Läßt einmal der Einblick in die Straßenzüge das Ganze, was da unter einem liegt, geordnet erscheinen, so verwandelt es sich bei der nächsten Biegung in einen ungeordneten, unübersichtlichen Haufen von Häuserdächern. Kirchtürme und Hochhäuser akzentuieren nur wenig. Die Gegenhänge, die zur Orientierung dienen könnten, wechseln in ihren eigenen Kurven wie der Weg, den man selber geht. Am schönsten ist natürlich, wie jeder Fremdenverkehrsprospekt zu versichern nicht müde wird, der Anblick der Stadt am Abend. »Ein einziges Lichtermeer.« Das Besondere ist jedoch gar nicht dies Lichtermeer selbst. Es gilt vielmehr, wenn man abends oben auf einem der Aussichtspunkte steht, auf die Ränder zu achten. Dort nämlich, wo die Straßen sich in die bewaldeten oder nur noch spärlich bebauten Höhen verlieren, bilden die gleichmäßig verteilten Lichterketten der Straßenbeleuchtung gleichsam Figuren auf dem dunklen Hanggrund, hierhin und dorthin aufgefächerte Sternbilder, die, vor allem bei leicht diesigem Wetter, in die echten Sternbilder weiterzulaufen scheinen.

Zwischen Hang und Sohle, zwischen Höhe und Tiefe vermitteln an vielen Stellen der Stadt, größer oder kleiner, repräsentativ oder nur wie zum Notbehelf, Treppen. Das sind die sogenannten Staffeln. Einige, die berühmtesten, haben Namen. Andere sind nur so in eine Straße eingeschoben oder verbinden zwei verschieden hoch gelegene Straßen. Eine der schönsten Staffeln heißt »Im Sünder«. Man dringt auf ihr, von der Gänsheide kommend, gleichsam stufenweise in die Stadt ein. Die repräsentativste ist vermutlich die Eugensstaffel, die von einem Brunnen gekrönt ist, überragt wiederum von einer unbekleideten, steinernen und etwas fülligen Grazie. In der Faschingszeit werden mitunter die üppigsten Körperteile dieser Grazie auf scherzhafte, wenn auch nicht ganz anständige Weise von unbekannter Hand bekleidet. Eine lange, schmale Staffel führt von der Rotenwaldstraße zum oberen Ende der Hasenbergsteige hinauf. Sie bildet sozusagen einen versteckten Ausstieg unmittelbar in den Wald. Andere Staffeln, wie die am oberen Ende der Bismarckstraße oder der Rotebühlstraße, verstärken die Längsachsen-Perspektive. Man erkennt den Ausblick das Stadttal entlang noch einmal wie von einer erhöhten Warte. Für mich, den Spaziergänger, sind diese Staffeln das Schönste, was die Stuttgarter Stadtbaumeister im Laufe der Zeit erfunden haben. Ich gebe dafür gern alles, was sich an berühmten oder auch nicht berühmten Bauwerken in der Stadt findet. Hier, auf diesen Staffeln, begann meine Bekanntschaft mit der Stadt, und ich bin auch gewillt, sie dort fortzusetzen.

Ich kann als Spaziergänger wohl die Bauwerke umgehen, nicht aber die Aussichtspunkte, die rund um die Stadt verteilt sind. Die bekanntesten sind der Killesberg, der Birkenkopf, auf den die Stuttgarter nach dem letzten Krieg ihre Bombentrümmer hinaufgeschafft haben, der Bopser, der Hohe Bopser, auf dem der Fernsehturm steht, die Uhlandshöhe mit der Sternwarte und die Karlshöhe, die sich fast mitten in der Stadt erhebt. Alle diese Aussichtspunkte haben gepflegte, mehr oder weniger große Parkanlagen. Was mich an ihnen immer ein wenig stört, ist ihr quasi offizieller Charakter. Ich habe das Gefühl, daß ich nicht zum Vergnügen zu einem von ihnen hinaufgehen kann, sondern um einen Zweck zu erfüllen, eben den des Herabsehens und Bewunderns. Die verschiedenen Höhen und Bopser sind daher auch standardisierte Ausflugsziele oder, besser, Spaziergangsziele. Man geht dorthin, um zu sehen, wie schön doch alles ist. Ausflüge macht man allerdings woandershin, nämlich aus der Stadt hinaus und in den Wald. […]

Ich selbst gehe, wenn ich spazierengehe, lieber in der Stadt spazieren. Mich interessieren die Unterschiede, Widersprüche, Kontraste, die ich von Straße zu Straße beobachten kann, mehr als die offiziellen Schönheiten. Man kann die Stadt, wenn man sich Zeit genug nimmt, tatsächlich umrunden wie das Ufer eines Sees. Man kann aber auch diesen »See« durchqueren, Schichten, die die Zeit oder der Zufall oder eine, nicht immer ganz einsichtige, Planung aneinandergefügt haben, durchschneiden. Eins ist mir dabei, wie in keiner anderen Stadt, immer sehr eigentümlich erschienen. Die Höhenordnung der Straßen und Häuserzeilen zeigt nämlich so etwas wie eine soziale Ordnung. Hier ist ein Prinzip deutlich, das alle anderen, ästhetischen oder praktischen Prinzipien übergreift. Im Mittelpunkt ruht mit Schloß, Hauptbahnhof, dem noch im Bau befindlichen Landtagsgebäude, dem Theater und dem Geschäftsviertel die öffentliche und überpersönliche Repräsentanz. Was darum herum die Bodenfläche der großen Wanne erfüllt, sind schlichte Wohnbezirke, keineswegs ärmlich oder gar proletarisch, sondern gutbürgerlich. Aber immerhin ununterschieden, hier wohnt das »Volk«. Jeden Meter hangan wird es besser und vornehmer, ganz gleich, ob die Häuser vor hundert oder vor fünf Jahren gebaut worden sind. Halbhanglage ist sogenannte gute Wohngegend. Als Stadtfremder erreicht man sie nur schwer. Ganz oben aber wird es exklusiv. Da stehen die Häuser durch Vorgärten oder durch hohe Stützmauern von der Straße getrennt. Es gibt nur sehr wenig Läden. Wie von den Zinnen einer Burg blickt der einzelne, der hier, mit Hilfe seines Geldes, seine Einzelheit konservieren kann, auf das Getriebe da unten hinab.

Ich gehe oft in Stuttgart spazieren. Sooft mir mein Beruf Zeit dazu läßt. Ich kenne, von Außenbezirken abgesehen, alle Teile der Stadt. Ich bin, wie es sich kaum verschweigen läßt, kein Stuttgarter. Die Stadt ist mir, in manchen Dingen, bis heute fremd geblieben. Aber vielleicht ist es gerade das, was mich immer wieder reizt, in ihren Straßen herumzugehn.

.

Daß Stuttgart eines Tages
nur der Ort meiner Füße gewesen sein wird.

Max Bense

Hannelies Taschau

Das kleinste Land in uns
oder Eröffnung Stuttgarts

Als Ölgemälde mit Beschreibung, nicht größer als eine Spielkarte und mit der Lupe zu besichtigen, hing eine Ansicht von der Stadt in meinem Puppenhaus: »Links die Höhen um Degerloch, hinten die Filder. Davor die Reinsburghöhe mit der Silberburg am Hang, rechts aufsteigend Hasenberg, Birkenkopf, Wildpark, Botnanger Sattel, davor der Forst. Hinter der Hospitalkirche die heute in Wohnblöcke eingebaute ehemalige Poenitentiäranstalt, ganz rechts das Katharinen-Hospital. Über den Anlagen der Hauptbahnhof, noch mit Halle. Rechts unter dem Katharinen-Hospital der ›Waaren‹-Bahnhof …«

Eine Stadt, geheimnisvoll wie Bagdad. Es war Krieg. Wir Kinder lagen auf den Kuhweiden in Inzigkofen an der Donau und sahen am Himmel die silbernen Flieger. Sie bringen Bomben nach Stuttgart, warum nicht mich, maulte ich. Nicht mehr hungrig, noch nicht satt, alles was ich mir erträumte, kommt aus dieser Märchenstadt, dichtete ich.

Aus dem bornierten Norden komme ich mit kleinem Handgepäck angeflogen, in die Kanalstraße, am alten Waisenhaus vorbei, diesem Seufzer in Gelb. Ich richte mich ein unterm Dach in dem Haus Nummer vier. Lasse Hölderlin locken mit handtuchgroßen Versen aus meinem Fenster hinaus: Komm! Ins Offene, Freund! Zwar glänzt ein Weniges heute Nur herunter und eng schließet der Himmel uns ein …

Jeden Tag ein Mal, aus wechselnden Richtungen, komme ich in Stuttgarts geräumigste schönste sparsam möblierte Stub. Komme mir jetzt keiner mit Brüssel, laßt uns nicht immer das Ferne loben. Kommst du von der Kirchstraß herein, mußt du Merkurs goldenen Rücken streicheln. Und bei einem bestimmten Licht schwebt irgendwo südlich ein Geweih. Wie schön die schwedischen Mehlbeeren gegen den Königsbau stehen, in wirrem Rot erfroren, verschmäht von den Stadtvögeln. Manche Stelle mit ungewöhnlichem Ausblick ist immer schon belegt. Die Stufen vom Königsbau zum Beispiel von Aussteigern. Die betteln nicht. Sie lassen sich besichtigen von Verkäufern und Bankangestellten. »Schwabenfleisch« und auch der Bau suchen Mitarbeiter … das brennt manchem auf der Zunge. Aber was geht das einen Aussteiger an, Arbeiten ist das Letzte, was er will. Auch Schulpflichtige, manche in ungewöhnlichen Kleidern aus dem Fundus des Theaters, stehen in der Stub herum, bis freitags. Und dann kommen sie nicht los, dann können sie nicht einfach heimfahren aufs Land, das ist wie für immer. Sie picken winzige Portionen Tortellini al Gorgonzola aus der hohlen Hand, nicht mehr hungrig, noch nicht satt … Sie haben einen ihr ganzes Wesen erfassenden Ohnmachtsanfall.

Manche lassen sich etwas einfallen, zum Beispiel macht sich eine Bettlerin unkenntlich durch aufgemalte Narben und wechselt auch ihre Nationalitäten nach politischer Relevanz. Sie war mal Rumänin, jetzt ist sie Kroatin. Sie kriecht auf Knien, bekleidet mit einem weiten Rock, an winzigen Krücken die Königstraße hinauf und hinunter. Wir erkennen aber ihre vierfingrige winzige Bettelhand. Wo hat sie ihre Füße gelassen?

Baukräne stützen den Himmel ab. Das ganze lange Wochenende gehören nun die Baukräne ins Bild. Und ein Ruinchen, die Fensterlaibung eines Palais, steht plötzlich im Weg. Auf der Dachkante der Landesgirobank turnt ein dürrer Kerl unentschlossen über den Abgrund: Spring! Spring doch! Nur achte darauf, daß dein Kopf nicht nach unten gerät. Daß dein Gemüt ruhig wird. Laß dich schwebend nach unten tragen. Bejuble die Schönheit der Sterne.

Hölderlin liebt Efeu über alles. Ich weiß eine Stelle, wo Efeu wie Stricke von den Bäumen hängt, so alt wie er, und für ihn gewachsen. Da hol ich mir, was er braucht. In eine schöne Vase, neben den Scherenschnitt. Musik. Dazu trinkt er gern einen trockenen Eberstädter Riesling. Und hadert: Gibt es was Schlimmeres, als nach Hause zu kommen? Oh dieses Hadern, ich kriege nicht genug davon. Dabei entreißt er mit seinen Versen ein paar Trunkenbolde wieder einmal der Hölle. Liegend, auf der Rolltreppe »Charlottenplatz«, lassen sie sich direkt in die Kanalstraß transportieren.

Gibt es was Schöneres, als nach Hause zu kommen? Ich laufe los, Richtung Degerloch, Richtung Warmbronn. Eines Tages werde ich ankommen, bei Leena und Peter, bei Keicher.

Mein Nachbar, der Bäcker: Ab drei Uhr in der Frühe denke ich an niemanden als an dich, sage ich todmatt. Und er stopft mir das Maul mit seinen guten Nudeln, Brezeln und Küchlein wegen der Dezibel ab morgens um drei Uhr. Es ist so schön, am Unvermeidlichen zu leiden, zu hadern, zu grübeln, zu seufzen, zu erfinden und zu verschweigen. Wir sind unsere Gefühle.

Heute hat es den ganzen Tag geregnet. Wir standen kopf vor der Alten Kanzlei und sahen wieder dasselbe, das machte uns sehr glücklich.

Theodor Heuss

Schwabens Hauptstadt

Das ist nicht bloß eine formale statistische Feststellung, daß Stuttgart Württembergs einzige Großstadt und daß es Sitz der Regierung ist – Stuttgart hat keine »Konkurrenz« unter den übrigen Städten des Landes, wie etwa Karlsruhe, Darmstadt, Dresden, auch München, in ihrem Staatsbereich. Dieses Monopol gehört zu seinem Wesen. Der Blick auf die Karte erklärt viel. Das Land ist in seinen Grenzen wunderbar klar und fest um diese Mitte gelagert – die etwas bizarre Form, mit der das hohenzollernsche Gebiet südwestlich hereinspringt, ist eine erstaunliche Arabeske, doch keine Störung der rundlichen Beleibtheit. Aber die Karte erklärt nicht alles, ja sie verwirrt vielleicht, wenn sie die Bodengestaltung zeigt. Denn kaum ein Gebiet Deutschlands ist so verzettelt und buckelig, durch unwahrscheinlich krumme Talzüge, die immer wieder ausweichen müssen, zerrissen; scharfe Höhenzüge tragen oder umfassen ebenes Land, und das Ganze liegt etwas seitab, aber doch eingekeilt zwischen den großen alten Verkehrsstraßen. Diese Stadt besaß, gesamtdeutsch gesehen, eine ungünstige Lage. Sie hatte auch lange genug keine große Geschichte, überschattet von Ulm, Esslingen, Reutlingen und anderen Freien Städten.

Das schwäbische Florenz
Enthusiasten sagen, am halben Hügelhang, aus einer Gartenwelt über das Tal wegblickend: Florenz. Das stimmt

nicht. Denn der Arno, oder was ihn vertreten müßte, fehlt. Früher war das der heimliche Kummer der Bewohner, daß sie zwar in einem richtigen Tal wohnten, aber an keinem richtigen Fluß saßen. Man hat sie damit geneckt; in Mörikes »Hutzelmännlein« kriegt es der Wandergesell bei Metzingen zu hören: »Scheraschleifer, wetz, wetz, wetz, laß dei Rädle schnurra! Stuagart ist a grauße Stadt, lauft a Gänsbach dura.« Und der Gänsbach heißt (oder hieß) Nesenbach – er hat, schon durch seinen wüsten Namen, den Leuten viel Ärger gebracht. Sie haben ihn darum eingesperrt, zugemauert, es gibt ihn einfach nicht mehr, wahrscheinlich sogar in der Heimatkunde nicht mehr – dafür hat die Stadt, sich dehnend, über Gaisburg nach Wangen hinübergegriffen, Cannstatt erreicht und aufgeschluckt – jetzt fließt ganz richtig der Neckar durch die Gemarkung. Die Sache mit dem Fluß, an dem man nun liegt, ist noch nicht recht glaubhaft. Aber das wird sich machen.

Degerloch auf der Höhe entspricht nicht ganz Fiesole, und auch der Bopser muß neben San Miniato ein bißchen bescheiden tun (was er auch besorgt) – aber wenn die Hänge in Blüte stehen und nach Osten der Blick in ein grau-grünes, zartes Hügelland sich verliert, wenn das Tal noch nicht in der Hitze erstickt, dann mag man an die Toskana denken, an die angenehme Bewegung der Berge, an die schönen Gärten, die einzelne Häuser umfassen. Doch soll die Erinnerung nicht zu lose spielen. Sie müßte sich verirren und verwirren und nicht mehr recht zurückfinden, denn der Menschenschlag ist, weiß Gott, recht anderer Art.

Es hat eine Zeit gegeben, da sah auch diese harmonisch frohe Landschaft sich in ernster Gefahr; sie hat von dem betriebsamen Baueifer Wunden erhalten, die nicht völlig vernarbt sind. Das war, als man in den achtziger, neunziger

Jahren Zinskästen an den hügeligen Straßen baute – es gab böse Einschnitte und ärgerliche Kehrfassaden. Doch muß man sagen, in Stuttgart ist nie ganz schlecht gebaut worden. Nieten kommen wohl vor, auch in einigen behördlichen Leistungen. Aber als um die Jahrhundertwende Theodor Fischer in der Fülle der Kraft seiner Wirksamkeit an der Technischen Hochschule begann, gewann er auf Stuttgarts Bauschicksal den wohltätigsten Einfluß und sicherte in einer Architektengeneration eine geistig freie und zugleich im Heimatlichen gebundene Gesinnung: Bonatz, Elsaesser, Schmitthenner; auch Abel hat hier seinen Ausgang genommen.

Um den Überblick zu gewinnen, ist der Turm der Stiftskirche nicht eben bequem. Aber seit der Bahnhofsturm von Bonatz, seit Oßwalds »Tagblatt«-Turmhaus steht, gehört es zum Besuch von Stuttgart, einmal, zweimal in die Höhe zu fahren. Hier die Eisenbahn als Landschaft – ein eigensinniger Schwabe, Pleuer, hat durch Jahrzehnte ihr immer wieder mit seiner dunklen Palette die Schönheit abringen wollen, »Naturalismus« als Romantik. Dort das Gewirr und die Schächte an Gassen, Höfen, Winkeln, das Ganze in der Nähe voll von kleinbürgerlicher Indiskretion, die hinter den Fassaden beschäftigt ist – und im weiten Umfassen bunte Stadt- und Stilgeschichte –, auch sie hat in den vorsichtig präzisen und sicheren Schnurrigkeiten von Reinhold Nägele ihren malenden Chronisten gefunden.

Doch was ist das alles gegenüber dem Blick, wenn man in der wolkenlosen Nacht auf die Höhen wandert und das Sternengewölbe über seinem blinkenden Widerspiel der Tiefe steht. Diese späte Stunde ist das schönste Geschenk der unvergleichlichen Lage – die in der Tiefe gebettete Unruhe erlischt in ihrer verwirrenden Fülle, die einfachen Linien der

Lichtpunkte bleiben, werden sparsamer; aus den friedsamen Gärten tritt ein freundliches, nicht ängstigendes Schweigen.

Bücherstadt ohne Literatur
Beim Überdenken der schwäbischen Geistesgeschichte begegnet man plötzlich der Entdeckung, daß Stuttgart nicht ganz die zentrale Stellung eingenommen hat, die ihm sonst zukommt. Die Geniestatistik des Landes, eifrig gepflegt, gibt nur den Hegel her; von den Talenten kommt einem der biedere Gustav Schwab, der unbiedere Georg Herwegh in den Sinn. Dann ist Schluß. Das besagt ja nun weiter nichts. Doch hat die Stadt keine ihr eigentümliche geistig-literarische Kontinuität geschaffen, und das ist fast merkwürdig. Natürlich bedeutete Cotta als Mittelpunkt sehr viel, wie denn das Verlagswesen bis in unsere Tage eine Kette starker Erscheinungen wachsen ließ, aber etwa der spezifische Stuttgarter Klassizismus war dünn, die Romantik hatte ihre Herbergen in Tübingen und Weinsberg; daß Raabe und der alte Freiligrath einige Zeit hier wohnten, ist nicht viel mehr als literarhistorische Anekdote. Schließlich hat Friedrich Theodor Vischers Lehrtätigkeit der Stadt eine Zeitlang die geistige Farbe gegeben.

Dabei fehlt es nicht an einer tüchtigen Pressetradition und an einer Theaterüberlieferung, die sich sehen lassen kann. [...]

Versponnene Frömmigkeit
Wahrscheinlich ist Stuttgart die Großstadt mit dem stärksten kirchlichen Leben protestantischer Färbung. Aber vielleicht ist das Wort »kirchlich« zu begrenzt, denn die Stadt zeichnet sich nicht eigentlich durch Reichtum an Kirchen aus. Doch mag es wenig Bezirke in Deutschland geben, in denen religiöse Fragen die Menschen, grade auch die städtischen Menschen, so stark bewegen – Stuttgart unterscheidet sich

hier auch von dem »schwäbischeren« Ulm und von dem mehr fränkischen Heilbronn. Nicht bloß ist es mit vielerlei Sektenwesen durchsetzt, das zum Teil fast lokalen Charakter trägt – im Rahmen der Kirche blüht, mit friedlichen Sonderungen, das »Gemeinschaftsleben«. Es ist gewiß kein Zufall, daß nach 1918 hier Rudolf Steiner seinen deutschen Einsatz versuchte, daß Rittelmeyer hier den Boden seines Wirkens fand und daß ein so eigenwilliger Religiosus wie Christoph Schrempf seine Gefolgschaft durch das Geklüfte seines Denkens führen kann. Und nicht zu vergessen, daß die Basler Heidenmission ohne die personelle und finanzielle Stütze von Kernschwaben gar nicht vorstellbar ist. Es liegt auf der Hand, daß diese Erscheinungen dem Besucher der Stadt kaum sichtbar werden. Aber sie sind für die Kenntnis und Erkenntnis ihrer Substanz von höchster Wichtigkeit. Es ist herzlich-einfältige, es ist versponnene und es ist gelehrte Frömmigkeit – über die Jahrhunderte hinweg blieben die Namen der Bengel, Oetinger und anderer frommer Männer. Aber mit Scheu oder mit bösem Schmerz weiß man auch, daß drüben in Ludwigsburg des David Friedrich Strauß, des Antichristen Bote, zerstörerischer Weg begann – Land der Widersprüche!

Thaddäus Troll

Die größte deutsche Kleinstadt

Cannstatt ist das Herz Württembergs, organisch aus der Neckarlandschaft herausgewachsen, das sich als Verkehrsknotenpunkt geradezu anbietet. Für den Cannstatter ist Stuttgart das zerebrale Produkt einer Fürstenlaune, ein vom Verkehr nur mühselig zu erreichendes Residenzle, eine Siedlung, von der man ehedem höchstens wußte, daß sie bei Cannstatt liegt. Aber dennoch, das muß ich als gebürtiger Cannstatter bekennen, der in Stuttgart innerhalb des Stadtgebietes im Exil lebt: Die Lage der Hauptstadt, so übel sie mit ihren 300 Metern Höhenunterschied verkehrstechnisch ist, so schön ist sie landschaftlich. Dem Reisenden, der im Zug von Zürich kommend eine Schleife um die Stadt zieht, als flöge er sie mit dem Flugzeug an, dem Autofahrer, der von Tübingen her sanft in die Kesselstadt hineingleitet, bietet sich Stuttgart in seiner ganzen Lieblichkeit dar. Mag man dem Stuttgarter auch keinesfalls das schmückende Beiwort *heiter* zuerkennen, so ist man ohne Einschränkung bereit, es der gärtnerisch anmutigen Landschaft anzuhängen, in welche die Stadt eingekuschelt liegt. Von der Nadel des Fernsehturms aus bietet sie sich am vollkommensten dem genüßlichen Blick: die Rudel der Wälder, die sich in hinhaltendem Widerstand der drängenden Häuserflut entgegenstemmen; die Weinberge mit dem Lanzenwald der Rebpfähle, die in breiten Zungen in die Stadt hineingreifen; die Straßen, die wie überlastete Bergpfade, in zahllosen Kehren und Windungen immer wieder die

Richtung ändernd, die Buckel und Hänge der in den Kessel gepferchten Stadt zu überwinden trachten; die Hochhäuser, die engbrüstig aus der von Gärten und Anlagen durchsetzten Stadt herauszuwachsen versuchen. Daß die Stuttgarter an einem der schönsten Aussichtspunkte ein Blindenheim gebaut haben, das läßt tiefe Rückschlüsse auf schwäbisches Wesen zu und hat zur Folge, daß die Besucher die Blinden oft um ihre schöne Aussicht beneiden.

Die Stadt hat längst den Talkessel überflutet, hat die Weinberge und Wälder angeknabbert, mit denen sie gesäumt ist, hat sich ins Neckartal hinaus ergossen, ist auf die Filderebene übergelaufen und hat mit ihren Fangarmen viele Ortschaften ergriffen. Bäuerliche, industrialisierte und kleinstädtische Gemeinden sind in Groß-Stuttgart aufgegangen, ohne sich aufzulösen, ohne ihre Wesensmerkmale ganz aufzugeben. Die Stadt, selbst mit der Landschaft verwoben, hat das landschaftliche Eigenleben der aufgesogenen Gemeinden noch nicht ganz der gefräßigen Ausdehnung der Straßen und Häuserzeilen geopfert. So stellt sich Groß-Stuttgart, das gar nicht so großstädtisch ist, wie es tut, sondern dem das ironische Paradoxon der *größten deutschen Kleinstadt* wohl zu Gesicht steht, vom Fernsehturm aus als ein eigenwilliges Mosaik aus Wohnvierteln, Wäldern, Ausfallstraßen, Gärten, Industriegebieten, Parks, Siedlungen und Weinbergen vor.

Romantische Gemüter mögen beim Anblick einer solchen Stadtlandschaft leicht ins Schwärmen geraten, wo praktische Naturen verzweifeln. Stuttgart gleicht einer Pflanze in einem zu kleinen Blumentopf. Aber Pflanzen kann man versetzen, während Städte wuchern und ersticken. Im überhitzten Stadtkessel brodelt, schwelt, gärt es. Auch wenn er überläuft, bleibt die City im Kessel, dessen Deckel an trüben Tagen von einer Dunstglocke gebildet, dessen Klima unter dem Schwund der Wälder immer schlechter wird und den Empfindlichen kurzatmig macht. Der Stadtverkehr in diesem von Höhenzügen durchfurchten Kessel droht im eigenen Saft zu ersticken. So hat sich die Stadt selbst tiefe Wunden geschlagen, um daran zu genesen. Die Innenstadt ist eine einzige große Baustelle. Die *Großstadt zwischen Wald und Reben*, wie sie die Fremdenverkehrswerbung nannte, ist für den Autofahrer zur *Großstadt zwischen Halt und Gräben* geworden. Die schweren chirurgischen Eingriffe, welche die arteriosklerotisch verengten Verkehrsadern unterirdisch entlasten und so lebensgefährliche Thrombosen verhindern sollen, sind zur Zeit höchst schmerzhaft, lassen aber doch auf eine Linderung der Stuttgarter Verkehrsnöte hoffen, wenn Pessimisten auch befürchten, daß das, was für morgen geplant ist, erst übermorgen fertig wird und dann vom Verkehr schon überholt ist. Der allzu hektische Wiederaufbau der Stadt nach dem Krieg unter dem Stadtplaner Hoß und dem Oberbürgermeister Klett hat sich inzwischen als glatte Fehlplanung erwiesen. Statt um die Stadt herum wurde der Fernverkehr durch die Stadt hindurch geleitet. Der Stadtkern wurde durch Geschäfte, Büros, Betriebe entvölkert und unwohnlich gemacht. Das ist schwer zu revidieren. Allerdings haben die Landschafts- und Gartenarchitekten manches wiedergutgemacht, was ihre Hochbau-Kollegen verbrochen haben. Durch die Gartenschau ist Stuttgart wieder eine schöne, begehbare Stadt geworden. Vom Bahnhof aus kann man stundenlang, nicht belästigt vom Verkehr, in Parks und Anlagen, die durch Brücken miteinander verbunden sind, spazierengehen.

Stuttgart ist wieder eine schöne Stadt. Ihr Name stammt von einem Gestüt, das mit einem Dorf verbunden war. Sein Eigentümer, der Markgraf Rudolf V. von Baden, umgab das

Dorf mit Mauern und erhob es 1219 zur Stadt. Seine Tochter heiratete einen Grafen von Württemberg, und dieser Ehe haben die Schwaben ihre Hauptstadt zu verdanken. Seit 1321 ist sie Residenz. Weit bedeutender waren allerdings die Freien Reichsstädte; um 1500 hatte Ulm 12 000, Esslingen 5 000, Heilbronn 5 500, Reutlingen 4 000 Einwohner, 1718 wurde Stuttgart wieder degradiert. Weil die rechtmäßige Gemahlin Eberhard Ludwigs ihren Platz im Stuttgarter Schloß zäh verteidigte, baute der Herzog für seine Mätresse, die Grävenitz, Ludwigsburg und erhob es zur Residenz. Stuttgart verarmte und verödete. Erst als »das Mensch« davongejagt war, erholte sich die als Opfer der Liebeslust zu einem unbedeutenden Landstädtchen heruntergekommene Stadt wieder.

1860 hatte Stuttgart 40 000 Einwohner, davon waren 4 000 Dienstmädchen und 3 600 Soldaten, aber nur 28 Redakteure und Literaten. Erst im Jahre 1862 wurde verboten, Schweine vor dem Haus auf der Straße zu schlachten, was in jedem wohlhabenden Haushalt üblich war. Denn das bäuerliche Element blieb erhalten. Noch heute stößt man im Stadtgebiet auf dörfliche Enklaven, so daß sich Oberbürgermeister Klett gern den »größten Bauernschultes Deutschlands« nannte. Wenige deutsche Gemeinden besitzen ein so großes Anbaugebiet für Wein wie Stuttgart. Bis ein paar hundert Meter vor den Bahnhof schieben sich die Weinberge mitten in den schmalen Stadtkern hinein. Aber in echt schwäbischem Dualismus ist der Heiterkeit des Weins die Nüchternheit des Wassers beigesellt. Nach Budapest besitzt Stuttgart die stärksten Mineralquellen Europas. Das lauwarme Sauerwasser schmeckt nach Eisen, faulen Eiern und Erde, ist feinperlig wie guter Sekt, bizzelt angenehm auf der Zunge und erinnert Fremde an den berüchtigten Schwedentrunk. Nur der gebürtige Cannstatter behauptet, es schmecke gut. Wesentlicher jedoch ist, daß es das kollektive Wohlbehagen fördert, das in Mineralschwimmbädern zu beziehen ist. Denn das Wasser hat eine so wohlige Temperatur von 21 Grad Celsius, daß es sich wundersam darin schwimmen läßt. Es gibt sogar Schwaben mit preußischer Mentalität, die sich im tiefen Winter ins Mineralfreibad stürzen, obwohl daneben die behaglich geheizte Halle lockt. Die Quellen umperlen mit ihrem Reichtum an Kohlensäure den Körper so zärtlich, daß man Cannstatt nicht genug rühmen kann, das mit diesen Schätzen den Stuttgartern eine lebenslängliche Kurgelegenheit mit in die Ehe gebracht hat. Ein Mineralschwimmbad am frühen Morgen macht frisch und munter für den ganzen Tag. Am späten Vormittag macht es glüschtig auf feuchte innere Anwendung, die man jedoch besser mit einem oder zwei Viertele Cannstatter Zuckerle vornimmt. Um die Mittagszeit verhilft das Bad zu einem guten Appetit und einem wohligen Mittagsschläfle. Wer jedoch wie die meisten Schwaben von ungesundem Arbeitsdrang befallen ist und sich lange genug im Mineralwasser tummelt, der gerät – und das scheint mir die köstlichste Wirkung des Wassers zu sein – in jenen euphorischen Zustand, für den die Lokalsprache ein treffliches Bild hat: Er wird *faulmiad wia d' Cannstatter*.

Auch im musischen Leben der Landeshauptstadt äußert sich der schwäbische Dualismus in seiner ganzen Unbegreiflichkeit. Ein Sinnbild ist das Fragment eines griechischen Tempels, das am hässlichsten Ort der Stadt, im Schatten des Elektrizitätswerks Münster, an einen Steinbruch gedrängt steht, gehauen aus bräunlichem Cannstatter Travertin. Hitler hatte die Säulen für sein Parteitagskolosseum in Nürnberg bestellt. Da stehen sie nun, bestellt und nicht abgeholt, wie die Musen in Stuttgart. Die bäuerliche Komponente macht dem Bürger die Kunscht verdächtig, die bloß Geld kostet und nichts einbringt. Der konservative Sinn auch des großstädtischen Schwaben schätzt das Solide und lehnt allzu rasche Reformen ab. Der Fernsehturm, ein Geisteskind des Architekten Fritz Leonhardt, vielerorts in der Welt nachgeahmt, in seiner Eleganz aber nirgends erreicht, war den Stuttgartern lange ein Balken im Auge. Erst als er sich schon nach wenigen Jahren finanziell hoch rentiert hatte, wurde er richtig ästimiert, und heute ist man stolz auf ihn als Wahrzeichen der Stadt. Genau im selben Jahr wie das Dreifarbenhaus, in dem Stuttgarter Damen ihrem Gewerbe nachgehen, feierte er seinen zwanzigsten Geburtstag. An diesem Tag durfte jeder umsonst – aber nur auf den Fernsehturm.

Aber was bringt schon die Kunscht ein! Das Wesen der Stuttgarter, allem Überschwang abhold, schließt eine zärtliche Vertraulichkeit im Umgang mit den Musen aus. Der Knöpflesmillionär, der Notar und der Kirchenrat repräsentieren die Bürgerschaft. Zwar hat es einmal der Musiker Lindenspür zum Stadtoberhaupt gebracht, aber dieses exzeptionelle Ereignis ist schon lange her. Nie konnte sich ein Schwabing entwickeln; der Zauber der Boheme, das genialisch Schlawinerhafte, das den Liebhaber der Musen in anderen Städten auszeichnet, wollen auf Stuttgarter Gemarkung nicht gedeihen. »Die Kerle sollet schaffe!«, sagt der unabhängige Stuttgarter Bürger, den der Karikaturist Searle mit einem hinten und vorn überhängenden Bauch auf dünnen Beinen gezeichnet hat, den Mercedesstern als Gesicht, darauf eine Nickelbrille und ein Hütle, das streng waagerecht auf dem Möckel sitzt. Bei den Empfängen des Staates sind Unternehmer und Beamte geladen, einen Künstler sieht man selten, es sei denn, er besitze Amt und Würde.

Neben bäuerlicher Erbmasse und praktischem Sinn prägt die Tradition des Puritanismus den Stuttgarter. Hier gediehen schon immer die Sekten, die religiösen Eiferer und jene christlichen Gemeinschaften, die das Leben nicht als ein Geschenk Gottes, sondern als schweißtreibende Wanderung durch ein Jammertal betrachten, in dem Leichtfertigkeit und Leichtlebigkeit eine arge Sünde bedeuten. Bei der 350-Jahr-Feier des Staatsorchesters erzählte der amüsante Professor Hansmartin Decker-Hauff ein paar bezeichnende Anekdoten. In den württembergischen Archiven wurde über die Kollegen von Schillers Stadtmusikus Miller genau Buch geführt und von einem Bassisten vermerkt, er sei »zwar schwach in der Stimme, aber stark im Glauben«, was in Altwürttemberg wichtiger war. Ein Kapellmeister wurde nicht wegen seiner tollen Eskapaden entlassen, als er jedoch einen Kirchenrat »wortlos angähnte«, mußte er gehen. Der Dichter Karl Gerok war ein großer Freund der Oper. Nachdem er Hofprediger geworden war, mied er aber das Institut, um nicht den Brüdern im Herrn, die im Theater eine Sünde sahen, Anlaß zum Ärgernis zu geben. Fortan ging er hehlinge in München in die Oper.

Es wäre jedoch ungerecht zu sagen, daß alle Sekten und Gemeinschaften kulturfeindlich seien. Die anthroposophische Bewegung Rudolf Steiners ist in Stuttgart stark verbreitet. Ihre Waldorfschule als eine Stätte moderner Pädagogik hat weit in die Welt ausgestrahlt. Auch die Werkschule Merz mit ihren unorthodoxen musischen Methoden ist ein eigenständiges Stuttgarter Gewächs.

»Weltmode ohne Wagnis!«, dieser Werbeslogan der Firma Breuninger, traf den Nagel der Stuttgarter schizoiden Psyche auf den Kopf. In den von den Vätern angelegten Gleisen zu bleiben und sie doch hier und da individualistisch zu verlassen, diese landesübliche Polarität bewiesen zuweilen auch die Stuttgarter Straßenbahnen. Das Beharren der Be-Sitzer im geistigen, das Hängen am materiellen Erbe haben es auch fast unmöglich gemacht, das Gesicht der vom Krieg schwer versehrten Stadt großzügig zu erneuern. So blieb bei allem Elan der Wiederaufbau Stückwerk, trat das Ästhetische hinter dem Praktischen zurück. Stuttgart hat durch den Krieg viel von seiner städtebaulichen Eigenart und von seinem konservativen Charakter verloren. Sein kulturelles Leben hat durch den Zuwachs aus allen Teilen Deutschlands nur gewonnen. Das Zweiflerische, Wägende, Querköpfige, Kritische und Praktische im Wesen des Stuttgarters – Eigenschaften, die ihn gegen manche Infektion durch den Nationalsozialismus immun gemacht haben – vermischte sich mit der Großzügigkeit, dem Wagemut, der Urbanität und der Musenfreundlichkeit vieler Neubürger, welche die Nachkriegszeit nach Stuttgart hereingeschwemmt hatte und die sich bald assimiliert haben. Das kulturelle Leben gewann an Vielfalt, ohne seine Eigenständigkeit zu verlieren. Ließen ehedem, wie Ringelnatz bemerkte, Blicke den Fremden leicht büßen, daß er kein Stuttgarter sei, so hat sich jetzt bodenständiges Wesen mit fremden Einflüssen zu einem guten Humus verbunden. […]

Trotz dem großkotzigen und sprachlich schiefen Begriff *Partner der Welt* war Stuttgart nicht viel mehr als die Provinzialhauptstadt eines überprovinzialisierten Ländle, das von Kleinbürgern aus den schweren Wäldern und hinteren Tälern beherrscht wurde.

Johannes Poethen

Stuttgart – eine Nachtschönheit

Aus dieser Perspektive zwischen Neuer Weinsteige und
Fernsehturm, nicht weit von Schillers Eiche – da las er den
Freunden sein erstes Stück, »Die Räuber«, vor – aus solcher Perspektive also und weil Nacht ist, und es leuchtet
aus allen Richtungen her, die Lichterketten über die Hügel
gespannt, ganze Glitzerkaskaden, die fahrenden Glühbän-
der, wenn die Züge im Hang zum Schwarzwald rollen oder
von dort kommen, Scheinwerfer der Autos, die her- und
herumschwenken, dazwischen überall die Lichtquellen aus
abertausend Fenstern; und dies alles scheint miteinander
zu korrespondieren, als höbe nun ein Gespräch an, alles ist
aufeinander abgestimmt, als begänne jetzt – so intensiv ist
die Sommernacht – ein Gesumm, jedes der zahllosen Lichter
ein Ton, so schwillt es an, so schwebt es her, ein strahlender
Chor: aus dieser besonderen Perspektive, nah bei Schillers
Eiche, da erscheint die Stadt ohne Makel, voller Pracht, mit
funkelndem Geschmeide, die fremden Besucher staunen:
welch eine Nachtschönheit.

Aber ach, es ist bloß ein großer Schein. So schön, in Wahrheit, ist sie nicht. Und ihre Bewohner, in Wirklichkeit, könnten sich solch ein nächtliches Prunkwerk alltäglich nicht
leisten. Nicht etwa, weil ihnen das Geld dazu fehlte, nein,
ihr Charakter machte da nicht mit. Er ist dem Extremen abhold. Stuttgart, wenn ich das in meinen zweieinhalb kurzen
Jahrzehnten des hier Lebens richtig erfahren habe, die Stadt

ist nicht schön, nicht häßlich, sie entwickelte, sie bildete aus, sie pflegte und pflegt ein geruhsames Mittelmaß, das die einen gesund nennen, die anderen übervorsichtig. Gewiß, die landschaftliche Lage reizt die Sinne, doch gibt es noch sinnlichere. Das Taloval beengt auf absurde Weise, wo sind von dort die Aus- und Überblicke. Doch von hier oben kann ich den Asperg sehen, den urigen Klotz, so erhebt er sich aus seiner Ebene, als blicke er kritisch über die Stadt hin, ein Denk- und Mahnmal, vor Urzeiten schon besiedelt, da erkannten Menschen und verehrten ihre Götter; von dort her sah er dies Gebilde hier seltsam aufwachsen, das Gestüt eines Adeligen zunächst, gut verborgen im Tal, hohe Hügel ein Schutz, nur wenig Zugang, Heere zogen weit draußen vorbei. Doch auf Dauer war selbst das nicht sicher genug, der Platz mußte befestigt werden, ein Ur-Schloß entstand und entwickelte sich, eine Residenz errichteten sie mit der Zeit, und das machte sich breit mit Soldaten und Handwerkern. So wuchs es denn gegen alle Vernunft in dem engen Kessel – war nicht Cannstatt nahbei, Stadt am Strom, Stadt, wo die Straßen ankamen und fortführten seit Römertagen und früher schon, hatte nicht Leibniz später für Cannstatt als Residenz plädiert – aber nein, es ging auf da in seinem Kessel, zog sich in die Breite und bald schon höher, angetrieben vom dynastischen Eigensinn, von der schieren alltäglichen Notwendigkeit, von rechtlichen Zwängen, so wuchs das und wurde »dieses umständliche mittelalterliche Geschenk«, »den Ackerbauern fehlte der Raum, der Industrie fehlte das Wasser«, aber es wuchs; doch wohin schließlich, welche Höhen waren zu überwinden, um da herauszukommen, im 14. Jahrhundert bauten sie die Alte Weinsteige, später mußte alles künstlich-mühvoll da hineingezogen werden: Straßenverbindungen, die Eisenbahnlinien, eigentlich fuhr die Welt draußen vorbei, eigentlich hatte man keine Mittlerfunktion, trotz allem steigerte sich dies trotzköpfige Gebilde zur »Hauptstadt im Kessel«, zwischen 207 und 522 Metern über dem Meer, »die größte Kleinstadt der Republik«, nachts und aus gehöriger Distanz eine Schönheit, die die Fremden bestaunen.

Und heute, wo schlägt denn nun das Herz dieser merkwürdig verwachsenen Stadtlandschaft? Für mich noch immer am Neuen Schloß. Hier atmet es und präsentiert geordnete Weite, ja eine gewisse Großzügigkeit, erstaunlich in der Beengung; so schuf sich der fürstliche Wille in Generationen eine beachtliche Residenz, genormten Vorbildern abgeschaut, schuf sich seinen geometrisch gegliederten Lebens- und Repräsentationsraum neben dem Alten Schloß mit dem älteren Gedächtnis, den rührend groben Klotz, und drüben in seinem nun wieder geschätzten Klassizismus der Königsbau, das Kunstgebäude ergänzt das Ensemble mit der verspielt-freundlichen Hirschkugel (was sich inzwischen sonst noch dazwischen gedrängt hat, ich will es aus festlichem Anlaß gern übersehen). Und von hier wachsen und erstrecken sich diese wahrhaft ungewöhnlichen königlichen Anlagen zum Neckar hin.

Also das Schloß. Es erinnert mit sich auch an eine befremdliche, an eine scheinbar untypische Episode im Charakterleben der Stadt. Fast ging es extrem zu, wie er da prangte und protzte und sich aufspielte, Karl Eugen, dem Schiller sein »In tyrannos« entgegenschrieb. Der lebensgierige Fürst, der die Feste, die Tänze, die Mätressen in Fülle am Leben hielt, dafür nahm er den Landeskindern die Söhne weg und verkaufte sie als Soldaten nach Übersee. Dieser später zur Vernunft Gebrachte, er steht doch für ein Extrem im so viel ruhigeren Charakter der Stadt. Das Schloß aber und sein Platz, noch heute erscheint es als eine die Arme weit öffnende, eine dabei

sehr gemessen einladende Geste voller »Großheit«; manchmal, wenn der Sommer hell ist, fliegt von hier der Blick über
die Hügel hin, die rundum festlich erstrahlen.

Der Blick fliegt. Die Füße müssen laufen. Mühsam. Aber
voll Verdienst, gleichsam gottgewollt: es gibt 450 Stäffele
in Stuttgart (so steht zu lesen). Oft sind sie schmal, meist
sind sie steil, nicht selten überwachsen. So zwingen sie dich,
Schritt um Schritt, empor, langsam, aber stetig. Ausblick
gewähren sie selten von unterwegs, der Blick bleibe gesenkt,
Gelegenheiten zur Muße gibt es kaum, es mahnt und drängt:
streng dich an, der oben wird dir's lohnen. Die Stäffele Ur-
Symbole des Pietismus. Auch er, wer mag es bezweifeln, hat
Stuttgarts Charakter mitgeprägt: Gottesfurcht und Geschäft,
Bibeltreue und Sparzwang, Gott und Geld, Gott schafft, mir
schaffet au. Literatur, Kunst, Musik – wenn es denn sein muß,
wenn es denn fromm klingt und ausschaut und nicht ablenkt,
wenn es bildet, wenn man was heimtragen kann. Sonst ist es
Teufelswerk. Margarete Hannsmann, inzwischen Stuttgarter Schriftstellerin aus Heidenheim, als sie ihr erstes Buch
schrieb, streng und unerbittlich wurde sie da gestellt von der
Haushälterin in der Nachbarschaft, Pietistin aus Kirchheim/
Teck: »Was, I hab ghört, Sie schreibet an Roman – aber des
tut mer doch net!«

Nächtliche Schönheit und alltäglicher Fleiß, Wolkenschau
und Brettlesbohren, voller Fernweh und voll Heimatstolz,
tüftelnd, abwägend, bedächtig, querköpfig; zweiflerisch bis
zur Selbstquälerei, englisch untertreibend, noch im Ästhetischen das Praktische suchend, überhaupt kein Hang zum
dolce far niente, zum opulenten Festen, selbst die Musen
(Thaddäus Troll hat es immer wieder mit knitzer Bitterkeit
geschrieben), hier haben auch sie einen Hang zum durch und
durch Soliden. Die Stuttgarter also sind Schwaben schlecht-

hin, auch wenn sie »ihr Schwäbisch gegen ein holpriges Hochdeutsch oder den Singsang des Honoratioren-Schwäbisch
eingetauscht haben«, es sind exemplarische Schwaben; also
nicht auf einen Begriff zu bringen: dieser Charakter erscheint
ambivalent, antithetisch, dialektisch, schließlich kam Hegel
von hier; Hegel und Daimler – was daraus geworden ist.

Beim Neuen Schloß schlägt das Herz. Nicht beim Rathausplatz, diesem zum Lachen und Weinen zusammen ver-
zwungenen Konglomerat. Der Adel hat Stuttgart erzeugt
und erzogen. Er hat bis hin zum letzten Vertreter, dem guten
König Wilhelm II., den sie bezeichnenderweise den ersten
Bürger nennen, der Adel hat den Charakter geprägt und
gefestigt. Hinzu kamen die Bauern. Wer je von hier war und
am Nesenbach Entscheidendes geleistet hat, der Vater, der
Großvater, sie kamen gewiß vom Land, waren Landleute.
Wie das adelige gehört das bäuerliche Element urwüchsig
zur Stadt. Daraus und daneben entstand das Bürgerliche spät
und kompliziert. Verglichen mit Esslingen, mit Ulm, mit
Reutlingen ist dies Stuttgart kein Werk aus Bürgersinn und
Bürgerstolz. Dem zweiten, dem dritten Blick mag es heute
noch als Residenz erscheinen, umgeben von einem Kranz
eigensinniger Dörfer. Degerloch, Heslach, Feuerbach (um nur
sie zu nennen): der Eingeweihte kennt das Maß des trotzigen
Abstands zu denen da unten, zur Residenz, zum Kessel. Das
kann sich schrecklich drastisch äußern, zum Beispiel von
Degerloch aus: »Do honne leit die Sau / Frißt Schteira / Ond
mir Bachel / Miaßet sie fuadera.«

Der ambivalente, der antithetische, der dialektische Charakter. Man rühmt sich spartanisch-karg und ißt doch gern und
gut; wo sonst gilt Nüchternheit mehr, aber Stuttgart besitzt
neben Dürrheim und Heilbronn das größte Weinbaugebiet.
Und in aller Eigenbrötelei stößt man doch das Fremde nicht

ab: die Markthalle, 1914 eingeweiht, Exempel des seltenen Jugendstils, heut ist sie von so vielen Ausländern besetzt, die das Ihre feilbieten. Und wie viele Griechenlokale, Italienerrestaurants, Jugoslawen- und Spanierkneipen leben nun hierorts auch und nicht bloß von den eigenen Leuten: den Fremden stößt man nicht ab. Man schaut ihn sich an, skeptisch-abwartend, wie man alle Dinge skeptisch-abwartend prüft, ohne viel sichtbares Entgegenkommen, ohne spürbare Kälte, zugeneigt reserviert: und wenn es sich dann bewährt; wenn der Fremde einen der vielen kompliziert-versteckten Charakterschlupfwinkel gefunden hat für sich und die eigene Wirksamkeit, wenn er so zeigt, daß er schaffe kann, dann wird er durchaus einverleibt, dann wird er als Eigenmäßiges betrachtet und akzeptiert, ohne viel Umstand als Zugehöriges, das man ganz gelegentlich und in fast schon überschäumender Freundschaftlichkeit spüren läßt, wie reingeschmeckt es schließlich doch ist.

So kam mir die Stadt viele Jahre angenehm-neutral vor, ein schmerzlich-gleichgültiger Wohnort, betont diskret, so ließ er mich sein und ohne Störung arbeiten: die liberale Tradition, die große, sie wirkt ja trotz allem noch fort und hinein; nicht bloß der Asperg zeugt vom Kampf der Freiheitlichen, der »Demokratenbuckel«, »auf den Bergen wohnt die Freiheit« (diesen Asperg sollte man nun endlich zum Denkmal umwandeln, die Strafanstalt trug er lange genug!). Inzwischen hat sich für mich dies schmerzlos-gleichgültige Gebilde zur Polis entwickelt, die mich immer noch sein läßt, die mir das Meine abverlangt, und die ich manchmal, aus der Distanz und in aller Vorsicht und ohne viel davon lautwerden zu lassen, die ich aus meiner Übersicht neben Schillers Eiche gelegentlich zu lieben beginne: wie sie sich da ausbreitet, drüben und höher Degerloch, manchmal im Frühjahr, wenn die Hänge zwischen den Häusern in ihre Blütenpracht explodieren, wirkt es und gebärdet sich wie ein südliches Hangdorf. Im Berg zuckelt die Zahnradbahn talwärts – nun frisch erneut drei Minuten schneller als vordem die alte, welch ein Fortschritt. Drunten führt es schmal und oft nebelverhangen nach Kaltental. Oberhalb beginnen und ziehen sich in allen Grün-Blau-Nuancen und herrlich wechselhaft mit den wechselnden Jahreszeiten die wohlproportionierten Hügellinien hin bis zur Höhe des Birkenkopfs, wo das Stuttgart begraben liegt, das im 2. Weltkrieg zusammenstürzte. Die Hügellinien setzen sich abfallend und ansteigend aufs sanfteste fort, bis mein Zuschaun am Bismarckturm enden muß. Es wird Abend, die rasch fallenden Schatten verdecken gnädig Ärgernisse, exemplarische Großsünden unserer Umweltzerstörer. Bleib ruhig, die Schatten fallen schwer darüber, schon entzünden sie in allen Hängen die Lichterketten, dort führt schon das Glühband zum Schwarzwald, schon rollt da ein Mond über Degerloch, und was mag sich ereignen hinter jedem der abertausend erleuchteten Fenster; funkelndes Geschmeide, makelloses Lichtgeflecht – es ist halt eine Nachtschönheit.

Samuel Beckett

Neckarstraße

ne manquez pas à Stuttgart
la longue Rue Neckar
du néant là l'attrait
n'est plus ce qu'il était
tant le soupçon est fort
d'y être déjà et d'ores

Vergeßt nicht beim Stuttgart-Besehen
die Neckarstraße zu gehen.
Vom Nichts ist an diesem Ort
der alte Glanz lange fort.
Und der Verdacht ist groß:
hier war schon früher nichts los.

(Übersetzung: Karl Krolow)

Helmut Heißenbüttel

Spaziergang in Stuttgart

die Zeichen der Bäume erheben sich wie zu Sätzen geordnet
auf den Wiesen
und das Panorama der Stadt in pastellenen Tönen breitet sich
aus hinter diesen

ein langsam vorübergeschobener Schauer dann macht der
Regen
Muster aus Flecken das sich verdichtet im Park auf
asphaltierten Wegen

von Halbhanglagen strömt nachmittags Ostergeruch in die
Talsohle hinein
während Märzensonne das Tal überquert von Hang zu Hang
mit gelbem Schein

Architektur aus Staffeln Stadtlandschaftstreppenarchitektur
Straßen und Jahre die ich mit der Straßenbahn zwei
einundzwanzig neun abfuhr

Perspektive der Rotebühlstraße von der Staffel zur
Reinsburgstraße aus gesehn
die Karrees des Westens und die spitzen und flachen Ecken
von Ostheim richtig zu verstehn

Foto vom Nachmittagsgegenlichtpflaster Nähe Feuersee
Gegend durch die ich über Jahre mich verändert habend
verändert geh

talhinab früh im Gegenlicht schwankende Straßenbahnen
plötzlich ist was erreicht nie wurde Unwiederbringliches zu
  ahnen

Talabbeleuchtung früh Rotebühlstraße Gewittergußglanz
offen gestellt was gekommen erfüllt nie ganz

Foto die Staffel im Sünder betreffend oder Blick abwärts
  Silberweg
Gablenberger Hauptstraße auf und ab Routen denen ich zu
  folgen pflegte manchmal noch pfleg

im Sünder steigend als Ruth ungefähr fünf gewesen sein muß
Sommerlicht vormittags oberhalb Heslach Gedicht über die
  Übung zu sterben und Schluß

des Spätfrühlings einst sich hier überstürzender Triumph
Unzahl ineinander verschlungener Wege vom Abgehn auch
  stumpf

Donizettistraße mittlerer Kirchhaldenweg Feuerbacher Tal
  Doggenburg Herdweg Berliner Platz
ein aus Straßennamen gebildeter variabel mit Inhalt
  auszufüllender Satz

Waldhinaufblick Chopinstraße abendlich im Schatten
Prospekt dessen was wir konkret entfaltet als Leben hatten

als wir in dieser Stadt ankamen waren die Kinder klein oder
  noch nicht geboren
nun sind sie erwachsen und an die Welt wie ich mir siehe
  Goethe verloren

Ort der die Kinder erwachsen gemacht hat was bedeutet das
  für den Pendler zwischen Villa Berg und Botnang

Arbeitsplatz Arbeitsweg Mittagsgang irgendwo jene Stelle
von der ich mich und dann wieder nicht los schwang

los und nicht los eingebunden ins Vermischte aus Terminen
Ansprüchen Verlockungen Abfällen Kompromissen
Erledigungen und Bildern
zusammengestückt als Erinnerungsabfolge so weit und nicht
weiter zu schildern

unterminiert von konkreter Erinnerung Bilanz gemacht
Stadt im Stehen eingeschlafen wie ich nie wieder richtig
aufgewacht

Stadt von rückwärts gesehn und unverständlich was einst auf
mich zukam
darüber die Spanne Lebens verrann die mir zustand und
weder ab noch zu nahm

Winkel Verstecke verschwiegene Stellen Ecken Keller Lokale
unsichtbar in den Stadtplan eingezeichnete Initiale

Flecken von Pflaumenblütenweiß Kirschblütenweiß
Birnblütenweiß Apfelblütenrot
über die Hänge verstreut wo zu anderen Zeiten das Violett
des Sommerflieders oder das Karmin des Essigbaumes loht

Arbogast Comes später pendelnd sagen wir Hausmannstraße
am Rand des Tals entlang
bewachend diesen wie mit abrupter Hand in den Stuttgarter
Stadtplan eingezeichneten Spaziergang

Johann Christoph Friedrich Haug

Die Königsstraße

Schon tanzen die Ziegel munter
Von Griesingers Hause herunter;
Allein man hatte mit Both,
Dem Sonderling, Müh' und Noth,
Der sein Eigenthum lang verweigerte,
Und den Preis des Hauses nur steigerte.
Doch ist nun, wollen wir hoffen,
Ein solcher Kontrakt getroffen,
Daß von jenem Mittelgebäu
Die Königstraße frey,
Und von Unten zu überschaun ist
Bis Oben, was stattlich, traun! ist.
Es rief der Revolution
Erzeugter Affe ja schon,
Das Sanskülott! ›Ville immense!‹
Honny soit qui mal y pense!
Leicht könnte (denn ein Poet
Ist auch zuweilen Prophet),
Die Residenz sich nach Jahren
Mit Kanstadt zur Einheit paaren.
Dann stellten Beyde, fürwahr!
Ein London im Kleinen dar.

Eduard Paulus

Meine Straße

Königsstraße, meine Wonne,
O was wär' ich ohne dich,
Auf dein Pflaster scheint die Sonne,
Wenn es noch so winterlich.
Schon seit zwanzig Jahren schreite
Ich an deiner Sommerseite,
Wurde niemals deiner satt,
Hauptpulsaderstrom der Stadt.
Sehe hier mit schnellen Schritten
Treffliche Israeliten,
Welche an des Volkes Heil
Unablässig nehmen teil.
Auch erscheinen, freilich minder
Häufig, unsre schönen Kinder,
Mädchenjugend, hoch entblüht,
Kinder nur noch im Gemüt.
Ferner Dichter, groß von Namen,
Denen kolossale Dramen,
Während sie vorüber gehn,
Sich im Eingeweide drehn.
Redakteure dann der Blätter,
Jene mager, diese fetter,
Diese rosig, jene fahl,
Je nach Abonnentenzahl.
Und am Ende wie ein Kläger

Mir der eigene Verleger,
Drei Kritiken in der Faust,
Trüben Augs hinunter saust.
In dem Café hat sein Ziel er,
Wo die Schau- bis Trauerspieler,
Götzenartig wunderbar,
Mit gebranntem Lockenhaar.
Nur im Fluge dort verweil' ich,
Wieder auf die Straße eil ich,
Und schon auf dem vierten Stein
Stellt ein lieber Freund sich ein.
Wenn ich einst im Grabe ruhe,
Wird man geistweis meine Schuhe,
Einwärts, wie sie jetzt schon gehn,
Diese Straße wandeln sehn.

Susanne Stephan

Am Westbahnhof

Der Zug schneidet
die Kurve die
Rippen
vorbei ich bin
falsch ich bin
nicht bestellt

Ich kann gehen
oder bleiben
im Dunkeln

Draußen wirft einer das Messer
und geht

F. C. Delius

Selbstporträt auf
dem Stuttgarter Schloßplatz

Hier fällt alles auf,
    was nicht mehr so neu ist, mein Mantel,
    was nicht strahlt (bei der Januarsonne!),
    nicht fit und in Form ist,
ich fall mir auf:
    die Augen müde,
    die Brille nicht geputzt,
    ich müßte auch die Haare endlich waschen,
aber heute
keine Zeit,
man stellt uns nach,
    da haben ein paar der mächtigsten Herren –
    Siemens, ihr wißt schon – Angst
    vor deinen Büchern, vor
    ein bißchen Wahrheit, und schon
    setzen sie ihre Apparate ingang und
    verändern dein Leben,
    da hockst du plötzlich in öden Gerichtsfluren
    und Anwaltsbüros rum und rennst
    nur noch Terminen hinterher.
In einer Pause denk ich,
    ich würd gern duschen jetzt,
aber ich weiß keine Dusche hier in der Nähe, also
geh ich zwischendurch mal übern Schloßplatz.
    (»Und dieser etwas verlotterte,

bißchen schläfrig-ängstlich sich umblickende,
mittelblonde 1,83-Typ, Dichter, Doktor
der Philosophie, der soll es sein,
der die Spitzen eines 15-Milliarden-Konzerns
aufscheucht? Das glauben Sie
doch selber nicht!«)
Ich glaub es
selber nicht.
Was seh ich,
ich seh nicht viel,
ich sehe
diese solide Schönheit der Bauten,
diese solide Schönheit der Schwäbinnen!
Ich will aber duschen jetzt oder
raus hier aus diesem sauberen Loch Stuttgart!
Fall ich den Leuten schon auf?
Wie fiel den Leuten dieser Schotte auf,
wer kennt seinen Namen noch, Mc Leod,
flüchtig observiert und schnell erschossen,
von hinten und durch die Tür, auch
als er gar nicht besonders auffiel?
Ich weiß, ich weiß:
so eine Zivilklage und 200 000 DM Streitwert
sind nichts gegen eine Maschinenpistole,
so ein Prozeß ist nichts gegen
die unbekannten Klassenkämpfe von Erlangen
und die bekannten Morde mit und für Siemens u.a.
in Mozambique.
Ich geb auch zu,
ich trag ein bißchen Stolz spazieren,
verfolgt zu sein, das ist ja
fast ein Privileg für unsereinen,

entdecke unter den mehr als hundert Fußgängern ringsum
eine junge Schwarze,
    die auch wieder der Davis ähnlich
    sieht und deshalb auch aussieht,
    als spräche sie deutsch.
Ich hab den kleinen Wunsch,
    mit ihr im Auto durch die Schwäbische Alb
    zu kurven und zu hören, was sie dazu sagt,
zum Autofahren durch die Alb oder
zu meinem noch immer ungeklärten Verhältnis zu ländlicher
    Landschaft,
zu Siemens oder
zu meinen fertigen Sätzen, die mir Mut machen sollen, wie:
    Na gut, wir siegen gegen Siemens,
    aber wer siegt gegen Bosch und Daimler, IBM?
    Und neben mir im Auto sagt die
    schwarze oder weiße Freundin:
    Siemens ist kein kleiner Fisch,
    nimm erst mal den und sei bescheiden,
    laß den andern auch noch was.
    Und irgendwo bei Schwäbisch Hall die
    unvermeidliche, die Diskussion:
    was wär das überhaupt fürn Sieg,
    ein Sieg auf dieser Ebene?
Aber das wäre nur eine
von vielen Möglichkeiten.
Ich könnte wieder mal Hölderlin besuchen,
    ins Sozialistische Zentrum gehn,
    viele Filme sehn, irgendwelche Filme,
    die ewigen Sorgen des Buchhändlers Niedlich
    anhören,
aber am liebsten

würd ich jetzt wirklich duschen und dann abhaun und
im Auto durch die Schwäbische Alb kurven.

    Freun Sie sich nicht zu früh,
    Herr von Siemens, Herr Abs,
    ich oder wir hauen nicht ab, schon gar nicht
    vor Ihnen.

Da
geht ein Mann,
der wie Neruda aussieht,
Neruda sieht aus wie ein Schwabe und spricht so.
Da
geht eine alte Frau,
die wie meine Großmutter aussieht –
diese Familie, die mich für naiv
und Sozialismus für die gefährlichste Sache der Welt hält,
sie alle wünschen Erfolg in diesem Prozeß,
der nicht mein Prozeß ist.
Da
geht eine Frau,
die wie Marianne Herzog aussieht,
ich könnte diese Fahrt
    von mir aus
    mit Marianne Herzog machen,
    die würde sich nach der Quälerei im Gefängnis,
    die sie grade hinter sich hat oder
    immer noch nicht hinter sich hat,
    sicher wahnsinnig freuen,
    mal ein paar Stunden rauszukommen.
Aber ich weiß nicht,
könnten wir uns nach so langer Zeit
überhaupt verständigen? Das
war schon damals schwierig:

1966, in einer Londoner Wimpybar,
über die Spontaneität der Beatles,
ich kam da nie richtig mit.
Aber mehr interessiert mich in diesen Sekunden,
ob sie was
und was sie zu ländlicher Landschaft sagt,
egal was –
Ich remple jemand an,
ich muß zurück,
und schon fällt mir wieder alles ein,
was ich schon weiß:
diese berühmte schwäbische Landschaft
ist wie jede Landschaft
eine Landschaft der Klassenkämpfe,
und nicht nur bei Daimler, o.k.?
Ich muß zurück
und nehm mir vor für später,
mal auf einen dieser Stuttgarter Hänge
zu steigen, wo alte Männer eine Kneipe
haben sollen mit gutem württembergischen Wein
und manchmal von alten Kämpfen, KZ und
den schlimmen 5oer CDU-Jahren erzählen,
und bin schon wieder ganz geschäftig
(»... der soll es sein,
der die Spitzen eines 15-Milliarden-Konzerns
aufscheucht? Das glauben Sie
doch selber nicht!«)
Ich glaub es immer noch nicht,
kauf schnell noch Stuttgarter Brezeln
für die Freundin in Berlin
und laß
den Schloßplatz hinter mir.

Zsuzsanna Gahse

Anstelle eines Ackers

Unterhalb von einem steil ansteigenden grünen Gelände –
teils ein Park, teils Weingarten, Steingarten, und zum Teil ein
Spielplatz – verdeckte Mitte der achtziger Jahre ein Gebäu-
deriese alles Grün und das Licht. Das klobige Unding, von
immensen Ziegelbrandmauern umgeben, war eine Brauerei,
die alle anliegenden Häuser in tiefen Schatten versetzte. Diese
Fabrik, sie steht nicht mehr, blickte durch Milchglasfenster
zur Straße hinaus, daher blickte sie nicht eigentlich hinaus,
sondern in sich hinein, und innerhalb der Mauern rasselte
es, ständig waren grobe gläserne Geräusche zu hören, und in
Abständen überschüttete das Werk die Umgebung mit einem
Geruch, der jedem auf den Magen schlug. […]
Nachts schien das Neonlicht durch die Milchglasfenster, und
es rasselten die Flaschen. Im Laufe der Zeit waren die meisten
Anwohner Zeit krank geworden, die nicht Kranken fühlten
sich angeschlagen, sie zogen die Vorhänge zu, wenn sie welche
hatten, und die Entnervten weinten in ihren Zimmern.
Möglicherweise war es eine versöhnliche Idee der Firmenleitung, an der Fabrikfassade Plakate anbringen zu lassen. Mit
den riesigen, übermäßig bunten Papierbahnen (der aufdring-
lichen Eigenwerbung), wollten sie ihren Koloss schmücken
oder zumindest ein wenig aufgliedern. Sie hatten verschiedene
Persönlichkeiten der Stadt photographieren lassen, einen
bekannten Schauspieler, den ältesten Schaffner, einen Hotel-
direktor, eine Modeschöpferin, und alle diese Leute waren

einzeln abgebildet. Von der Wand herab versicherten sie mit totem Lächeln, ausschließlich das Bier dieser Firma trinken zu wollen. [...]

Aber niemand hätte freiwillig ausgerechnet dieses Bier getrunken. Alle anderen Brauereien waren längst aus der Stadt gezogen, in die Nähe vom besseren Quellwasser, und der armselige Straßenzug wurde mit schlechtem, kalkigem, sogenannten Landwasser versorgt. Damit konnte man keine Getränke ansetzen, nicht einmal einen Kaffee oder eine Suppe. Durch das Wasser hatten alle Speisen einen Beigeschmack, allmählich wurde sogar die Haut kalkig und rissig.

Manche behaupteten, die Brauerei bekäme eigene Wasserlieferungen, die man in Containern täglich hereinfahre, aber solche Geschichten waren aus der Luft gegriffen, denn unüberlegt ging die Firmenleitung gewiss nicht vor; warum hätte sie das Wasser teuer herbeifahren lassen sollen. Vielmehr ging es in der Brauerei gar nicht um Bier; hinter den Mauern, von denen die Plakate herunterstarrten, wurde etwas anderes zusammengebraut, und die umliegenden Häuser nahmen sich immer trostloser aus.

Dass die stummen, entnervten Hausbewohner kaum einmal Besuch erwarteten, lag auf der Hand, zufällig aber kreuzte eines Tages ein junger Mann auf, der die Gegend lang nicht mehr gesehen hatte. Nach kurzer Überlegung läutete er an allen einzelnen Türen, bat alle Leute zur Straße hinaus, dann begann er zu schreien und rief den anderen zu, auf der Stelle mit zu machen.

Alle schrieen auf einmal in einem Ton, in einem anhaltend hohen Ton, und die Fabrik brach in sich zusammen, ohne Widerstand, als wäre sie über den befreienden Einfall leichter geworden, sie stürzte nicht, sie löste sich unverzüglich und stumm in Staub auf.

Seitdem liegt die Stadt im Licht, und an der Stelle der Brauerei setzt sich die Grünfläche fort, die es zuvor nur oben auf dem Hügel gegeben hatte. Der neue Park heißt jetzt Stadtacker.

Stuttgart liegt in einem Kessel,
und der hat ab und an Überdruck.

Vincent Klink

Helmut Pfisterer

A Schdäffales- on Drebbatexdle

Hin- on Herwegh-
Von dr Sünder- zur Himmelsschdaffl
 on omkehrd
  a wa
   des sen doch ned bloß
    d' Hasa, d' Mönchs- on d' Weibergschdaffla
     wos ruff on nonder gohd
      raus ausam Kessl on nei en da Kessl
    des sen doch ned bloß
     d' Buachahof-, Buchwald-, Burghalda-, Dürrboe-, Ehra-
     halda-,
      Ernschd-Schädle-, Fahrio-, Friedrich-Wolf- on
      Haigschdschdaffla
       des sen doch ned bloß
        d' Happold-, Herder-, Hessalau-, Krieger- on
        d' Lischdschdaffla,
         ned bloß d' Lorenz-, d' Mannheimer, d' Novalis- on
         d' Schdraußschdaffla
          ned bloß d' Dauba-, d' Wächder-, d' Willi-Reicherd-
          on d' Widdlohschdaffla
           on d' Eugen-, d' Sänger-, d' Röte- on d' Hin- on
           Herweghschdaffla,
            wo dia na au no a Schdiggle Schdroß drzua hend
            Des sen doch ned au bloß dia was en Schduegerd
            ruff on naa

nonder on nuff gohd
wo d' Kender freihändich uffam Gländer nonderrudschad
on dene jonge Vädder 's Kendle ieber dr Kenderwaga naus-
schiaßd
»Machd nix machd nix, kleine Kinder wie Gummi«
oder wo dia jonge Kerle
dia Drebbaabsädz uff de Rollschuah naushobfad
»On da drwega sen dia Granggahäuser so deuer!«
(obwohl gar nex bassierd isch)

A wa!
Des sen doch ned bloß dia Schdäffala hussa
wo em Wender womeeglich ned emol gschdräud wird
on ned kehrd
on ieberhaubd nex
a wa
da sen doch no dia Schdäffala ganz enna drenna:
dia Drebba hald
dia Drebba on Schdiaga on Schdufa on Absädzla
aus Holz on Terrazzo on Beddoo on Marmor
mid Debbich druff oder au ned
wo au em Wender gsaugd on budzd werdat
on naß nausgwischd midema Soifabülverle em
Budzwasser
on koene ronde Egga fei!
on d' Eiseschdäbla abgschdaubd
on dr Handlauf eigwaxd
on wo fei jeder drakommd!
on a Ordnong herrschd!
on wo se hald au dr Uffzug nemma soddad
schdadd oem ens Frischbudzde neidabba
aber womeeglich dean se 's zom Bossa!

Also dia Drebbaschdäffala enna em Haus
em obends on em samschdichs
  – »Mach dein Drebbadienschd,
  und ich weiß wer Sie sind!« –
  Also dia Budzlombaherzschdäffala
  wöllad mr doch ganz gwieß au ned vrgessa
  wemmer an onser liabs Schduegerd denggad –

Felix Huby

137 Stufen

Bienzle hatte die Angewohnheit, die Treppenstufen zu zählen, wenn er eine der Stuttgarter Staffeln hinabging. Verzählte er sich einmal, machte er sofort kehrt, um nochmal von vorne anzufangen. Und so kam es, daß er gelegentlich doch auch einmal aufwärts steigen mußte.

Und noch eine Eigenart hatte Bienzle: Er machte sich Orakel etwa in der Art: »Wenn's bis zum nächsten Treppenabsatz mehr als 50 Stufen sind, geht heute alles gut!«

All dies ging Ernst Bienzle durch den Kopf, als er von der Innenstadt kommend in die Sonnenbergstraße einbog und kurz danach den Blinker setzte, weil er die Stafflenbergstraße hinauf wollte. Er war gerade am Charlottenplatz gewesen, als er die Durchsage »An alle!« gehört hatte. Ein bewaffneter Täter war in ein Haus an der Pfitzerstaffel eingedrungen, hatte eine Frau mit der Waffe bedroht, niedergeschlagen und den ganzen Schmuck und alles Bargeld mitgenommen. Offensichtlich war die Frau zäher als der Täter gedacht hatte; denn die Haustür war noch nicht hinter ihm ins Schloß gefallen, da hatte sie schon die Polizei alarmiert. Die Frau hatte allerdings keine Angaben darüber machen können, in welche Richtung der Räuber getürmt war.

Bienzle dachte nicht lange darüber nach. Er glaubte schlicht zu wissen, welchen Weg der Missetäter genommen hatte. Die meisten Menschen waren wie er: sie suchten sich den bequemeren Weg, ganz selbstverständlich.

Und daß der Einbrecher ein Pietist war, nahm Bienzle nicht an. Trotzdem fuhr er jetzt die Stafflenbergstraße hinauf zum oberen Ende der Treppe. Aus Erfahrung wußte er, daß Kriminelle meist einen ziemlich hohen Intelligenzgrad besaßen. Amüsiert dachte er daran, daß die Pfitzerstaffel in ihrem oberen Teil »Sünderstaffel« hieß.

Mit der Beschreibung des Täters war nicht viel anzufangen. Er trug Jeans und irgendeine dunkle Jacke, die nicht näher beschrieben worden war. Bienzle stellte den Wagen ab und stieg aus. Der Mann, der die Staffel herauf auf ihn zukam, war ziemlich außer Atem. Er trug einen dieser bunten Kunststoffrucksäcke, den er allerdings nur nachlässig an einem Riemen über die rechte Schulter gezogen hatte.

Bienzle vertrat dem Mann den Weg. Er schätzte ihn auf etwa 40 und nicht besonders sportlich. Der Mann hob den Kopf. Bienzle sagte: »Wie viel Stufen sind's eigentlich von da unten rauf?« »137« sagte der Mann wie aus der Pistole geschossen. Er hatte die gleiche Angewohnheit wie Bienzle, selbst wenn er es eilig hatte, zählte er die Stufen. Bienzle nickte zufrieden. Er wußte, daß es von der Pfitzerstraße aus 244 waren, also war der Mann später eingestiegen und Bienzle ahnte auch, was er sich gedacht hatte: »Alle werden annehmen, daß ich die Treppe hinunterrenne, also nehm ich den Weg treppauf.«

Tatsächlich hörte man in diesem Augenblick von unten das Martinshorn eines Polizeiwagens. Das Blaulicht war wegen der dichten Laubbäume, welche die Staffel säumten, nicht zu erkennen. Der Mann wollte weiter, aber Bienzles massiger Körper versperrte ihm den Weg. »Also ich lauf die Staffle lieber nonder als nauf«, sagte Bienzle. Der Mann machte einen Schritt zur Seite, Bienzle bewegte sich in die gleiche Richtung. »Ich könnt Sie a Stückle im Auto mitnehme«, sagte Bienzle, »oder wollet Sie z'Fueß nauf bis zum Bubebad?«

Der Mann schaute sich gehetzt um. »Was wollen Sie eigentlich von mir?« fragte er noch immer kurzatmig. Bienzle wiegte seinen schweren Kopf hin und her. »Wenn Sie noch a bißle weiter gedacht hätten, hätten Sie begreife müsse, daß oiner genau so denkt wie Sie: Alle denket, der rennt nach unte, aber ein gwiefter Polizist denkt, weil alle so denket, wird er naufzues sprenga. Und wenn des der Verbrecher bis dahin auch denkt, dann müßt er eigentlich nonder – scho deshalb, weil's schneller geht. Aber für so gscheit han i Sie no au wieder net g'halte, sonscht hättet Sie ja vielleicht doch en andere Beruf.«

Der Mann riß seinen Rucksack von der Schulter und wollte hineinfassen. Bienzle lachte einen Schochen hinaus. »Sag bloß, Sie hent Ihr Waffe zu dem gschtohlene Schmuck en Ihr Rucksäckle nei!« Unwillkürlich nickte der Mann. Bienzle log: »Ich habe meine im Schulterhalfter und ruckzuck drauße, aber so viel Aufsehe braucht's ja vielleicht gar net!«

Vorsichtshalber griff Bienzle unter seine Jacke und kratzte sich ein bißchen am Bauch, dort, wo eigentlich die Walther PK hätte stecken müssen, aber das Ding war halt meistens arg hinderlich.

Daß der Mann resignierte, sah Bienzle an seinen Augen, noch ehe er die Arme sinken ließ. Handschellen hatte der Kommissar zum Glück dabei. Er fesselte den Mann und bat ihn, in den zivilen Dienstwagen einzusteigen. Dann nahm er den Hörer seines Funkgeräts und meldete sich: »Hier Hauptkommissar Bienzle, ich hab euern Einbrecher!«

Ein bißchen schämte er sich dabei, wenn er auch nicht wußte warum.

Anna Katharina Hahn

Orte, die das Herz berühren

In jeder Stadt gibt es Orte, die sich dem ersten Blick entziehen. Man geht an ihnen vorüber, nimmt von ihnen höchstens eine Ahnung mit, Schatten, verwischte Farben, wie nach dem Erwachen aus tiefstem Schlaf. Doch sind es diese Orte, die uns, sei es auch nur für wenige Atemzüge, mit einer anderen Luft versorgen, weil sie herausfallen aus der Gegenwart, weil sie sich dem gierigen Sog entgegenstemmen, der den Alltag unterspült. Solche Orte berühren das Herz nicht durch ihre Schönheit, sondern eher durch ihre Fähigkeit, Stimmungen zu erzeugen, die sich unterscheiden von der gleichgültig stampfenden Maschinerie des Gewohnten.

Stuttgarts Brunnen gehören zu diesen Orten. Nicht jene prächtige Wasserspiele, die sich in jedem Fotoband finden, wie der Ceresbrunnen in der Markthalle, wo die feist und glänzend unter grünblauer Glasur hervorblühende Göttin den Besucher sogar tränkt, wenn er danach verlangt, nicht die überschäumenden Riesenpokale der Brunnen vor dem Neuen Schloss, die schwimmenden Staffeln zu Füßen der kupfergrünen Galatea mit ihrem anbetungswürdigen Grübchenhintern über dem Eugensplatz, nicht all die weißgliedrigen, amphorenhaltenden Quellnymphen, schwellbackigen Faungesichter und rundbäuchig brunzenden Buben, die sich auf den Brunnen der städtischen Anlangen produzieren. Diese Brunnen werden zu Recht geliebt, in ihrem kühlen feuchten Radius lässt es sich gut sein. Ihr Zauber ist schon lange verschriftlicht – Hermann Lenz schickt seinen stillen Helden August Kandel im Roman »Der Kutscher und der Wappenmaler« zu Thourets gusseisernem Brunnen im Akademiegarten: »Eine Weile stand er unter den Platanen, die sich über einem Brunnen regten, der frisch vergoldete Blumen- und Fruchtkränze und einen flügelspreizenden Adler auf der Spitze seines Obelisken hatte. Guter Platz … , er passt zum Wappenmaler, dachte er und stellte sich vor, wie Fuchsberger hierher kam, barfuß über den vergrasten Weg ging, die Arme ins Brunnenwasser tauchte und Goldfische streichelte, die ihre weißlichen Flossen um seine Handgelenke schlangen.«

Meine verschrobenen Lieblinge sind nicht so einnehmend, und die wenigsten taugen für den großen Auftritt, so sehr sind sie verwoben in die Textur des Alltags, unscheinbare Fädchen nur, doch zöge man sie heraus, wäre das Gewebe auf einmal verschossen und unvollständig. So geht es mir mit dem Fischreiherbrunnen, der staubig und grau neben dem Postgebäude in der Blumenstraße unweit des Olgaecks steht, ein in bröseliger Schamhaftigkeit verwitterndes Gebilde, wie aus altem Knäckebrot gefertigt. In seiner unmittelbaren Nachbarschaft befinden sich Discounter, Imbisse und Sex-Läden, an der Katharinenkirche gegenüber ist ein ergeben rundrückiger Christopherus mit erdenschwerem Jesuskind auf den Schultern in einem Medaillonrelief gebannt. Das Postamt steht seit November leer.

Seit ich ihn kenne, hat dieser Brunnen kein Wasser gespendet. In seiner Trockenheit wird er zum Rätsel, sinnlos scheinen die seltsamen Vertiefungen am Boden, die ursprünglich als Hundetränken gedacht waren, die abfallgefüllten Becken. Gravuren im Muschelkalk zeigen schemenhaft Fische und anderes Getier, die Speisekarte des Reihers. Jetzt füllen gelbe und ziegelrote Flechten das Ritzwerk und übermalen die ursprünglichen Absichten. Seine von braungrünen Mooswucherungen verklumpte Bekrönung hat keinerlei Ähnlichkeit mit den schimmernden Vögeln, mit ihren stutzerhaften Federtollen und hochnäsigen gelben Beinen, die in den Wilhelmaplatanen in einer Fünfzig-Nester-Kolonie hausen.

Dennoch ist dieser Ort Mittelpunkt einer fast täglich dort zusammenkommenden Menschenschar. In seinem Schatten wird getrunken, gesprochen, gestritten und geschwiegen. Der leere Brunnen hat eine neue Aufgabe bekommen. Er schützt in seiner Verkommenheit die in seinem Umkreis Sitzenden, spendet Ruhe. Er hat sich in ein stilles Monument verwandelt, so wie der schäbige Zwickel, der sich hier zwischen Lorenzstaffel, Olga- und Blumenstraße breitmacht, mit Metallbänken von der Sitzqualität einer Gurkenreibe, und fast schon ein Platz geworden ist.

Vom Fischreiher, der dem 1934 entworfenen Brunnen den Namen gegeben hat, ist nichts mehr zu bemerken. Seine Schützlinge verlieren im Laufe der Stunden die Stimmen, hängen ihre mit spöttischen Konsumparolen bedeckten Plastiktüten, zerknittert und verblasst vom täglichen Gebrauch, in die geschundenen Fingerbeugen und machen sich im Gewühl davon.

Ein widerständiger Wasserspeier steht auf dem Wilhelmsplatz. Auch er ist nicht anmutig mit seiner schweren Sandsteinsäule. Keine Figur, kein Tier zieren ihn, die dunklen Rohre stechen aus den Blütenständen von vier schwarzen Riesenmargariten aus dem Leib der Säule hervor. Sein vieleckiges Becken ist schlicht geriffelt, er sendet Wasserstrahlen hinein, die sich nach ihrem Weg durch rostiges Gitterwerk voller Abfälle und Blätter auf dem Grund vermischen. Man kann ihn leicht übersehen auf dieser weiten, lärmgefüllten Fläche, im Schatten der Gebäude, die ihn umschließen, neben den glänzenden Flächen des Hochhauses, den Loungebänken des »Cibo Mato«, abends love seats, im Alltag liegengebliebene Riesenobstkisten. Der Lärm steht auf diesem Platz wie ein weiteres großes Gebäude, das alle anderen überragt. Einzig die Kastanien, noch niedrig, aber grün und weißbekerzt, scheinen zum Brunnen zu gehören und schirmen ihn ein wenig gegen die Straße ab. Mit geschlossenen Augen lässt sich das Geräusch des fallenden Wassers ausmachen. Tagsüber verweilt niemand in seiner Nähe, höchstens ein paar unverwüstliche Stadttauben und einmal, im Mai vor einigen Jahren, ein Storch. Der Wilhelma-Flüchtling, lackfüßig und langschnäblig, war ausgerechnet am Platz der ehemaligen Richtstätte zwischengelandet, hatte den schwarzweißen Hals über das unscheinbare Becken gebeugt. Für mich, die in jedem Storch einen Kalif Chasid oder Großwesir Mansor sehen möchte, hat der trotzigstrenge Brunnen seit diesem Tag zumindest ein Totemtier.

Der Fahrzeugstrom über die Neue Weinsteige wird an der Ecke zur Etzelstraße von einer Fußgängerampel vorübergehend unterbrochen. In einer solchen Pause, die Hand auf dem sonnenheißen Signalknopf, musste ich mich umdrehen, denn es plätscherte in meinem Rücken. Hinter einem schmiedeeisernen Tor, das den Treppenaufgang zu einer Villa abschirmt, spucken Affe, eine bärtige Robbe und zwei Fische dünne Strahlen hervor. Ihre Gesichter sind von der Anstrengung des ständigen Backenaufblasens und Sprudelns mit sorgenvollen Runzeln umlegt. Der zartgesprenkelte Stein gibt ihnen eine lebendige Haut, auch wenn die Augen pupillenleer glotzen. Über ihnen steht ein Brunnenbüble und leert einen ledernen Weinschlauch, dessen speckige Falten sich in den Fettgrübchen an seinen Gliedern wiederholen. Die Hinterwand des Beckens trägt ein Mosaik aus verblassten Steinchen, ocker, flieder, zinnober, abgelutschte Pastillen, die sich zu einer Galerie mittelmeerischer Motive zusammenfügen. Man sieht Wellenschlag und Amphore, ein bisschen Mythologie, ein bisschen griechisches Restaurant. Diese private Brunnenanlage begeistert den Spaziergänger durch ihre Freundlichkeit, mit der sie sich jedem Vorübergehenden in Gänze darbietet, denn obwohl das schwarze Tor Trinken und Eintunken verwehrt, lässt sie sich unverstellt betrachten, schickt Kühle nach draußen, dazu den hoffnungsvollen Regengeruch, der entsteht, wenn Wasser auf sonnenerhitzte, staubige Steine trifft.

Der kürzeste Weg von Stuttgart nach Wien führt über Untertürkheim. Wenn man vom Bahnhof die Oberstdorfer Straße emporsteigt, dauert es nicht lange, bis sich ein Platz öffnet, ein Plätzle eigentlich nur, zwischen Wallner- und Kappelbergstraße, von Bänken und Gebüsch gerahmt. Es fehlt nicht der vertraute städtische Kuttereimer mit seiner orangegelben Blechkappe, seitlich wächst das rotbeschriebene Schild eines Friseurladens aus einer Fassade heraus, hoch oben hängt der schwere Schwarzwaldgiebel eines mit Fachwerk verzierten Gründerzeithauses.

Oberhalb der vielbefahrenen Kappelbergstraße schließt bereits ein Wengert an, mit dicken schwarzknotigen Rebstöcken und hellgrün aussprossendem Laub. Doch dann hören Stuttgart und Untertürkheim auf, und auch die Gegenwart, und man ist in Wien, zu Anfang des 20. Jahrhunderts. Der Wilhelmsbrunnen in Untertürkheim mit seinem mehrstöckigen Stiegenpanorama ist ein kleiner Bruder, möglicherweise auch nur ein Vetter der Wiener Strudlhofstiege, die Heimito von Doderer in seinem gleichnamigen Roman weltberühmt gemacht hat.

Die zur Feier der Eingemeindung Untertürkheims 1905

von Karl Binder errichtete Brunnenanlage besitzt beidseitig ansteigende Zwillingstreppen, die sich auf einer Galerie über dem Brunnenbecken treffen. Die Aufgänge sind eingefasst von grüngebändertem Geländer mit klarem pflanzenhaftem Ornament, verschlungen wie das Blattwerk der Bäume und Büsche ringsum. Der Wassertrog wölbt sich aus der Wand, breitrandig und wulstig, auf sechs Säulenfüßen gelagert, Krautstampfer unter einer grauen Wampe. Algenbänder laufen auf der Außenhaut des Beckens herunter, die schon vielfach schartig und ausgebissen ist. Zwischen den Ritzen der körnigen grauen Quader verkrallen sich spitzblättrige Polsterpflanzen. 1905 ist die Zahl, die feist und gedrungen aus der Mauer springt. Ein schmales Rohr, Löwen- oder Entenmaul, schickt Wasser. Breit und bauchig sind auch die Pfosten der Geländer, bekrönt von viereckigen Spitzhüten. Man kann die Treppen hinaufsteigen und auf der kleinen Terrasse pausieren, der Blick fällt ins Wasser oder in die Gesichter der Heraufsteigenden. Man kann sich oben oder unten niederlassen, die Arme über das Geländer hängen. Hier kann man einander begegnen, vielleicht sogar seinem Schicksal, so wie es Doderers Figuren geschieht.

Er beschreibt die Wiener Treppen und ihren Brunnen: »So ist damit der tiefste Wille des Meisters der Stiegen erfüllt, nämlich Mitbürgern und Nachfahren die Köstlichkeit all' ihrer Wegstücke in allen ihren Tagen auseinanderzulegen und vorzutragen, und diese lange ausführliche Phrase kadenziert durchzuführen – ein Zwang für trippelnde Herzln und für trampelnde Stiefel – bis herab, auf die Plattform, wo sich um's Gewäsch und Gerätsche des Brunnens die sommerliche Einsamkeit dick sammelt, oder bis ganz unten zur Vase und zur Maske, die in eine warme stille Gasse schaut und ebenso unbegreiflich ist wie ein Lebendiges, sei sie gleich aus Stein.«

Gustav Schwab

Von Cannstatt über
den Rosenstein nach Stuttgart

Cannstatts Heilquellen, nicht weniger als zehn an der Zahl, die teils in der Stadt, teils vor ihren Toren sprudeln und zu den salinisch kohlensauren Eisenwassern gehören, haben aus dieser Stadt einen berühmten, aus allen Gegenden Deutschlands, aus der Schweiz, aus Frankreich und selbst aus entfernteren Ländern zahlreich besuchten Badeort gemacht. Die neuere Hauptquelle am »Sulzerrain« kam erst im vorigen Jahrhundert zum Vorschein, wurde anfangs von privilegierten Privaten, dann seit 1772 vom Staat ausgebeutet, lange aber nur zum Betrieb einer Ölmühle benutzt. Erst gegen das Ende des vorigen Jahrhunderts ward für einige Bequemlichkeit der Gäste gesorgt und im Jahr 1812 die Einrichtung erweitert. Endlich bildete sich der Brunnenverein, und König Wilhelm unterstützte die Anstalt mit hoher Freigebigkeit. Die Quelle wurde 1819 und 1820 mit vieler Schwierigkeit durch Oberst von Duttenhofer neu gefasst, 1824 das schöne Füllhaus erbaut, und seit kurzem schmückt den Quell die von Thouret gebaute, ebenso solide als geschmackvolle, säulenreiche Brunnenhalle mit zwei geräumigen Galerien zu beiden Seiten. An die hier strömenden Brunnen schließen sich angenehme Spaziergänge und Anlagen mit den reizendsten Aussichten aufs Neckartal. Der schönste Punkt ist bei einer auf dem obersten Raine aufgemauerten römischen Säule, zu der sich die verschiedenen Schlangenwege an der steilen Bergwand emporwinden. Eine dreifache Allee verbindet diese Anlagen mit der

Stadt. Die übrigen Quellen werden von Privaten zu Bad- und Brunnenanstalten benutzt, darunter ist das »Frösnersche Bad« das älteste. Diese Anstalt Frösners kann ihr Datum als Bad- und Schwitzstube bis zum Jahre 1538 zurückführen; das Badehaus ist indessen jetzt abgebrochen; aber der Frösnersche »Badegarten« datiert seinen Brunnenadel von den Römern her; dieser Teil der Anstalt wurde durch die Esslinger 1449 und abermals im Dreißigjährigen Kriege zerstört, daher auch mit der andern Badestube vereinigt. In solcher Vereinigung blüht jetzt das Bad, und ein palastartiger Gasthof füllt sich alle Jahre mit zahlreichen Brunnen- und Badegästen, die sich der vorzüglich bequemen Einrichtung erfreuen. Auch die übrigen Brunnenanstalten, das »Wilhelmsbad«, das »Bad zum Ochsen« und andere, sind gleich empfehlenswert, und in dem so genannten »Sulzbad« hat Dr. Heine im Jahre 1831 eine Anstalt zum kalten Mineralbade gegründet. Die andern Bäder Schwabens haben den Charakter waldiger oder doch ländlicher Abgeschiedenheit. Offene Natur und Nähe der Residenz geben Cannstatt als Badeort eine andere Physiognomie; auch wird dieses Bad neben denjenigen, welche es wegen seiner spezifischen Heilkräfte benutzen, besonders gerne von Gästen aus solchen Gegenden aufgesucht, welche, wie die Schweiz, keine Residenzstädte haben oder doch eines größern, geselligen Lebens entbehren. Das Badeleben ist hier sehr angenehm und unterhaltend, und von Lustpartien gewährt die Gegend eine seltene Auswahl. Der schöne Tempel, welcher die irdischen Reste der verewigten Königin Katharina umschließt, die Katharinenlinde in derselben Richtung mit einer herrlichen Albaussicht, sämtliche Dörfer des obern Neckartales bis Esslingen mit den lieblichsten Standpunkten, die Neckarfahrten nach Münster und Mühlhausen, das königliche Schlösschen Weil mit der reizendsten Einrichtung und herrlichen Marställen, der Rosenstein und Stuttgart – das alles reicht für eine volle Kurzeit zu täglicher Abwechslung der mannigfaltigsten Genüsse hin.

Nach den zwei letzten der genannten Punkte werfen wir noch einen verweilenden Blick. Für das Landhaus »Auf dem Rosenstein« hat S. M. der König Wilhelm die günstigste Stelle in der ganzen Umgegend gewählt, von der man eine entzückende Aussicht auf das Cannstatter und Esslinger Tal und auf die Gebirgsmündung, deren fruchtbare Tiefe die Hauptstrecke ausfüllt, unter den schönsten Säulenhallen und aus den hohen Zimmern voll einfachen, doch gewählten Schmuckes genießen kann. Von diesem Standpunkt aus, sollte man meinen, hat der geniale Ritter Ulrich von Hutten die Umgegend angesehen, wenn er an einen Freund schreibend sich über Stuttgarts Lage in den Worten äußert: »Nicht leicht hat Deutschland eine schönere Gegend als diese, das fruchtbarste Gefilde, wunderbar gutes und gesundes Klima, Berge, Wiesen, Tal, Flüsse, Quellen, Wälder, alles aufs Anmutigste; Früchte wie nirgends sonst, und ohne Mühe aufwachsend; Wein, wie man ihn in diesem Lande erwarten kann. Stuttgart selbst nennen die Schwaben das irdische Paradies; so lieblich ist es gelegen.« [...]

Wir kehren von unserm kurzen Augenausfluge auf den Rosenstein und nach Stuttgart zu Cannstatt zurück, um uns von dieser Stadt zu verabschieden und unsere weite Reisefahrt durchs Neckartal anzutreten. Was den Neckarfluss betrifft, so beginnt seine Schiffbarkeit bei dieser Stadt, und er ist ohne Zweifel schon zur Zeit der Römer zu diesem Ende benutzt worden. In der neuern Zeit wurde jedoch erst unter Herzog Eberhard Ludwig ernstlich an die Neckarschifffahrt gedacht und dieselbe im Jahr 1713 »mit vielen Solennitäten auf- und eingerichtet«. Allein auch so stand ihrem Aufblühen noch gar vieles entgegen, und erst die Erbauung des schönen Neckarkanals bei Heilbronn, die Einrichtung neuer Schleusen aufwärts, die Beseitigung hinderlicher Mühlwerke verspricht derselben höhern Aufschwung, zu welchem Zwecke Cannstatt auch im Jahre 1831 durch königliche Entschließung zum Freihafen erklärt worden ist. Inzwischen hindere uns nichts, dem nächsten Ziele unserer pittoresken Reise, der Geburtsstadt Schillers, Marbach, mit fröhlichen Badegästen auf bekränzten Nachen zu Wasser uns zu nahen.

Mit Cannstatt sind wir im Herzen des Landes,
dem Mittelpunkt des Unterlandes, bei dessen
Reizen schon die Römer das Heimweh nach
dem sonnigen Italien vergaßen.

Karl Julius Weber

Carl Theodor Griesinger

Ein Sonntagmorgen in Cannstadt

An einem Sonntagmorgen, in den Monaten Juli und August begebe man sich in Stuttgart in aller Frühe an den Platz, wo die Fiacres stehen, die von Cannstadt nach Stuttgart hin und herfahren. Es ist zwischen fünf und sechs Uhr. Der Himmel hat ein blaues Kleid angezogen, die Menschen aber, die hier an dem Waisenhausplatze zusammenströmen, ein weißes. Was gibt es denn? Wo ist denn Hochzeit? Umsonst werden sich die Herren und Damen doch nicht geputzt haben? Ganz und gar nicht, es ist heute Sonntag und man muß nach Cannstadt. Ein Frack ist ein nothwendiges Übel; ohne einen Frack hat man in keiner modern gebildeten Gesellschaft Zutritt, und es ist Jammerschade, daß die Damen nicht auch Fracks tragen. Aber noch nothwendiger als ein Frack ist die Anwesenheit in Cannstadt, an einem Sommer-Sonntagmorgen. Wer nicht dahin geht, hat weder Geschmack, noch Bildung. Eine große Menge von Herren und Damen hat sich schon zu Fuß auf den Weg gemacht. Es ist sogar schön Wetter und eine Fußparthie unendlich angenehm und das Fahren mit Unkosten verknüpft. Eine andere Parthie ist schon zu Wagen abgegangen oder gar zu Pferde; denn es gibt in Stuttgart außer den Doctoren der Medicin und den Gesandten auswärtiger Mächte auch noch andere Leute, die Equipagen halten und Reitpferde. Man tut's nicht der Bequemlichkeit halber, denn es ist viel bequemer, kein Geld für Pferde und Wagen auszugeben, aber es ist ein süßes Wort, von seiner Equipage sprechen und seinem Bedienten rufen zu können! Und wo könnte man mit seinem vierfüßigen Eigenthum mehr glänzen als in Cannstadt an einem Sonntagmorgen? Allein die Leute, die sich auf dem Fiacresplatz versammeln, sind zu arm, um eigene Pferde halten zu können und zu träge, um zu Fuße gehen zu wollen. Sie sind vielleicht eine halbe Stunde zu spät aufgestanden, weil sie nicht früh genug in's Bett kamen, und bei einzelnen Herren scheinen die matten Augen und das Halbrot, das sich an der Nase hinzieht, den Grund hievon deutlich anzugeben, oder sie sind korpulent und das Gehen macht ihnen zu viel Beschwerde, oder sie haben andere Gründe. Kurz und gut, sie wollen fahren. »Was kostet's?« Zwölf Kreuzer ist die Taxe. Man sieht, in Stuttgart ist's möglich, um geringes Geld groß zu tun. Die Fiacres, wohl 40 an der Zahl an einem solchen Tage, reichen kaum aus, die Sauerwasserliebhaber alle zu fassen. Die Chaisen werden voll gepfropft bis zum Brechen; sogar auf den Bock zum Kutscher hinaus setzt sich mancher elegante Herr, das Uncomfortable nicht scheuend, um nur zur rechten Zeit anzukommen. Im Fluge geht's vorwärts, denn die Herren Fiacres müssen noch einmal zurück, um eine neue Ladung noch später Aufgestandener aufzunehmen. In Cannstadt sieht man sich nicht um. Das Ziel ist nahe, es ist Sulzerrainquelle. [...]

Es ist zwischen sieben und acht Uhr. Schon über eine Stunde dauerte das Treiben um die Quelle herum. Jezt ist's Zeit, in den Badgarten zu gehen. Die Musik wird beginnen. – Von dem Conversationshause führt eine gerade Allee nach Cannstadt. Es sind nur ungefähr 10 Minuten, aber der ganze Weg, so lang und so breit er ist, scheint nur ein Zug zu seyn. Acht Personen hoch zieht man hin, hart aufeinander gedrängt, eine große Kette von Menschen, die an Einen Ort hin wallfahrten.

Das Ziel der luftigen Fahrt ist das erste Haus in Cannstadt; das erste Haus aber ist das Wilhelmsbad. Eine Masse von Gefährten ist vor dem Haus aufgepflanzt, aber Trompetermusik erschallt im Garten; der Drang ist unwiderstehlich; man muß sich also durch die Gefährte durchdrängen. Endlich ist man im Asyle, im ersehnten Badgarten angelangt. »Sechs Kreuzer Entrée, meine Herren und Damen!« Die Musiker wollen auch leben, und der Profit des Badinhabers nicht so groß, daß er diese Herren aus seinem Beutel bezahlen könnte. »Sechs Kreuzer Entrée! Jedermann hat Zutritt!« Aber der Bürgersmann, der Schneider und der Schuhmacher bleiben weg; denn um sechs Kreuzer muß man oft einen halben Tag lang arbeiten. Wie könnten sonst die Honorationen Platz finden, wenn die unteren Volksklassen auch in den Garten kämen? So hat alles seinen Nutzen, auch das Entréegeld im Garten des Wilhelmsbad zu Cannstadt. Aber du mein Gott! Wir haben uns verspätet; es ist schon acht Uhr vorbei, wie können wir noch Platz finden? Der Garten ist nicht klein, er ist sogar ziemlich groß; es haben vielleicht mehrere hundert Tische darin Platz; aber wo noch mehr Tische hernehmen? Und wenn's auch Tische gäbe, wie zu einem Sitze kommen? Es ist nichts unangenehmer, als stehen zu müssen, wenn Andere sitzen; nur Eines ist unangenehmer, das Sitzen-bleiben-müssen, das leztere aber bloß für Frauenzimmer. Doch der Wirth des Wilhelmsbads ist ein gefälliger Mann, er schafft Rat, wo die Gäste glauben, guter Rat sei teuer. In dieser Hinsicht haben sie auch nicht so ganz unrecht; denn wenn sie sich von dem gefälligen Wirthe lange Rat erteilen lassen, so kommt's immer ein bißchen teurer heraus. Aber richtig, wir erhalten Stühle und einen Tisch; bald dampft der Caffee vor uns, und wir lassen es uns herrlich schmecken. Man glaubt gar nicht, wie angenehm der Caffee ist, wenn man vorher ein paar Gläser

Wasser in den nüchternen Magen gegossen hat. Das Wasser ist unendlich naß, ich wenigstens kenne nichts Nässeres; der Caffee erwärmt wieder, die blassen Wangen röten sich, die Farbe der Gesundheit und des Wohlbehagens kehrt zurück. Nun haben wir Zeit uns umzuschauen. Welch ein buntes Gewimmel! Man glaubt in der That, an den frequentesten Badort verschlagen worden zu seyn, man vergißt, daß man nur in Cannstadt ist. [...]

Wäre alle Tage so großes Leben in Cannstadt, gewiß hätten sich Speculanten eingefunden, die ihre Waren ausstellten, so gut als in Carlsbad! – Doch es ist zwischen 9 und 10 Uhr. Der Caffee ist getrunken, die Fiacres fahren vor. Ei! wie sich die Leute abermals drängen! Glücklich wer einen Platz erhascht, denn jezt will Jedermann fahren! Der Staub ist zu groß, die Hitze zu stark. In einer halben Stunde ist der Garten verwaist und verlassen; nur einzelne wenige Herren haben sich noch gruppiert, sie bleiben hier zum Mittagessen; die Badgäste selbst haben sich auf ihre Zimmer zurückgezogen; kein Mensch würde glauben, daß noch vor wenigen Minuten der Garten so belebt gewesen sei. *Sic transit gloria mundi!* [...]

Eine Woche lang bleibt Cannstadt leer. Höchstens lassen sich alle Morgen ein Paar Dutzend Stuttgarter sehen, die ihrer Gesundheit halber die Sauerwasserverschluckungsmethode anfangen. Allein es wird wieder Sonntag, die Fiacres machen wieder gute Geschäfte und der Wilhelmsbadwirth verschließt seine Paar tausend Tassen Caffee! Ist einmal ein Sommer-Sonntagmorgen trüb, kalt oder regnerisch, so trauert ganz Stuttgart, denn man kann ja nicht an den Sauerbrunnen. Die Badgäste zu Cannstadt aber sehen dann ein, daß dieses Bad auch am Sonntag kein – Baden-Baden ist.

Hermann Kurz

Das Landexamen

»Die Zeit kam heran, welche niemals ausbleibt« – sagt Cervantes gerne, wenn er eine Zwischenzeit überspringen und mit seiner Erzählung zu dem angekündigten Zeitpunkt übergehen will. Zum gleichen Zwecke bietet sich eine in Schwaben geläufige Redensart: »Man spricht das ganze Jahr von der Kirchweih', endlich ist sie.«

So ging es nämlich auch mit dem Landexamen. Es kam heran, es trat in die Reihe der seienden Dinge ein.

Die Straßen der Hauptstadt füllten sich mit alten und jungen Schwarzröcken verschiedenen Schnitts, die einander nur darin gleich waren, dass sie von dem Residenzschnitt bedeutend abwichen.

Ahnungsgrauend schritten die Alten, todesmutig die Jungen einher, um vorerst die zum Teil noch nie genossenen Herrlichkeiten, besonders die Wachtparade, in Augenschein und Ohrenschmaus zu nehmen.

Die Residenzjugend war gleichfalls auf den Beinen und belustigte sich, die »Landpomeranzen«, wie sie die Fremdlinge nannte, auf Schritt und Tritt zu verfolgen. Mancher würdige Vater eines hoffnungsvollen Sohnes musste es ertragen, dass sich der beliebte Gänsemarsch an seine Fersen heftete. Mancher hoffnungsvolle Sohn eines würdigen Vaters musste sich mit dem insolenten *Cujas es?* anschreien lassen, welche Frage nach der Herkunft in ihrer stereotypen Form zu einer höhnischen Bezeichnung des Gegensatzes zwischen Stadt- und Landlateiner dienen sollte.

Die Jungen waren betäubt, die Alten betrübt über die Ruchlosigkeit dieser Jugend; entrüstet beide; beide aber auch zugleich von ganz geheimer Bewunderung ihrer freien, kecken Manieren erfüllt.

Der erste der Entscheidungstage war angebrochen.

Schon am frühen Morgen war das als Lokal des Examens dienende Gymnasiumsgebäude, von dem gebildeteren Teile der weiblichen Bevölkerung damals das »Gennasium« genannt, ein Schauplatz lebhafter Bewegung. Die Gruppen, die es umringten, bestanden aus Vätern und Verwandten der Prüfungskandidaten. Sie hatten diese ihre Säuglinge nach der Hauptstadt und bis an die Schwelle des Gymnasiums geleitet, wo dieselben streng abgesperrt wurden, um eine Reihe von Aufgaben in verschiedenen Fächern zunächst schriftlich zu lösen, und gingen nun hier ab und zu, um womöglich an der Luft zu spüren, wie die Examenswitterung beschaffen sei. Man steckte die Köpfe zusammen und teilte sich murmelnd die Vermutung mit, dass die Aufgaben dieses Jahr schwieriger sein werden als je zuvor, weil die Prüfungsbehörde wegen des großen Andrangs der Bewerber beschlossen habe, es diesmal mit den Anforderungen an sie haarscharf zu nehmen. Dazwischen trafen sich alte Bekannte und redeten von ihren Jugendtagen, wo sie ebenfalls hier geschwitzt hatten, oder erzählten einander ihre gegenseitigen Familienerlebnisse in Freud und Leid.

Am Mittag wurden diese Gruppen voller und drängten sich dichter um das Haus. Wer von den jungen Leuten mit seinem Pensum zu Ende war, wurde gegen Zurücklassung der Reinschrift in Freiheit gesetzt. Der erste, der herunterkam, erregte allgemeines Aufsehen. Er musste sehr geschickt oder sehr leichtsinnig, jedenfalls sehr zuversichtlich sein, dass er es gewagt hatte, allen anderen zuvorzukommen. Man riss sich um ihn, las die Aufgaben vor, kritisierte sie, fand sie unbillig schwer, und die Spannung wuchs mit jedem Augenblicke. Allmählich kamen andere nach, und ihre Angehörigen säumten nicht, ihre Sudelschriften in Empfang zu nehmen und aus diesen sibyllinischen Blättern die Zukunft der jungen Verfasser zu erforschen. Die verschiedenen Abstufungen des Mienenspiels, welche hiebei zu beobachten waren, vom höchsten Entzücken bis zur äußersten Entmutigung hinab, boten ein belebtes Bild, das wohl einer malerischen Darstellung würdig gewesen wäre.

In Stuttgarts klugen Molekülen
Die fleißig durch die engsten Mühlen
Zerkleinert worden sind,
Weht sehnsuchtsvoll ein eigner, guter Wind.

Joachim Ringelnatz

Ottilie Wildermuth

Hohe Schule

Als ich mein sechzehntes Jahr erreicht hatte, kamen meine Eltern zu der Ansicht, daß doch noch etwas Weiteres für meine Bildung geschehen sollte, und beschlossen, mich nach damaliger Sitte zu einer Art Universitätskursus in die Residenz zu schicken, wo die jungen Mädchen vom Lande sich in allerlei Künsten vervollkommnen konnten; »man lernt Bildung und 's Fransenstricken«, bezeichnete es eine Frau Base.

So ward ich denn im Frühling 1833 in Stuttgart, das mir von klein auf lieb und bekannt gewesen, eingeliefert. Es ging in kein Seminar noch Institut, nur in eine bescheidene, anständige Mansardenwohnung oben in der Rotenstraße, gar still gelegen, also daß noch Gras wuchs zwischen den Pflastersteinen und das Auge des Landkindes nicht auf lauter Häusern, sondern auch auf grünenden Gärtchen ruhen durfte. Es war Frau v. Roth, eine sehr geachtete Dame, die mich mit noch zwei jungen Mädchen in ihre Familie aufnahm. […]

Der Studienplan war bald entworfen für die sechs Monate Universitätsaufenthalt; die Zeit mußte gut eingeteilt werden, wenn's für alle die verschiedenen Fakultäten reichen sollte.

Früh morgens um acht Uhr ging's hinab ins Sonnengäßle, so recht im Herzen des alten Stuttgart gelegen, zur Frau Huttenlocherin in die »Kochet«, wo ich noch die letzte Feile in dieser edlen Kunst erhalten sollte. Frau Henriette Huttenlocherin war von hoher Geburt für ihr Fach, eine Tochter der einst berühmten Landschaftsköchin, der Frau

Löfflerin, Verfasserin des vielbekannten und vielbenützten schwäbischen Kochbuchs. Sie war sich mit Stolz dieser berühmten Abkunft bewußt und erzählte uns gern von den prachtvollen Aufsatztorten und Pasteten, die vorzeiten ihre Mutter selig an die üppige Tafel des »gar alten Königs« geliefert habe.

Frau Huttenlocherin war keine Gastwirtin, sie hatte nur eine Speiseanstalt für Familien, Fremde und solide ledige Herren. Daß mein zukünftiger Gatte, der damals in Stuttgart angestellt war, mit den Erstlingen meiner Kochkunst gespeist wurde, haben wir nicht geahnt, da wir von unserer beiderseitigen Existenz noch nichts wußten; viel später erst ist uns dieser geheimnisvolle Zusammenhang klar geworden.

Da ich schon gute Vorkenntnisse von daheim mitbrachte, ist mir dieses Praktikum nicht schwer geworden und habe ich bald die Gunst der Lehrfrau erworben. [...]

Ängste und Ärgernisse gibt es freilich genug auf diesem Gebiete: »Trauet, Schwestern, Bäckerschwüren nie!« riefen wir aus, wenn der benachbarte Bäcker seinen Ofen um neun Uhr für eine Torte bereit erklärt hatte, dann aber behauptete »der Of' sei no z' heiß« und wir noch eine halbe Stunde länger rühren mußten. Aber auch Freuden, edle selbstlose Freuden, an dem Gelingen von Gerichten, die wir nicht kosteten, sind uns erblüht in der Kochet, wenn es hieß:

Freude hat uns Gott gegeben!
Sehet, wie ein goldner Stern
Aus dem Model blank und eben
Schälet sich des Puddings Kern.

Frau Huttenlocher ist übrigens immer generös gewesen und hat, wo es möglich war, uns von den Proben unserer Kunst

kosten lassen; ich habe die Küche Huttenlocher im Sonnengäßle in dankbarem Gedächtnis bewahrt.

Kaum werden mir's vielleicht meine jungen Leserinnen
glauben, wenn ich sie versichere, daß die Kochstudien mir
mehr Vergnügen gemacht als ein anderes Kolleg – die Tanz-
stunde, die ich mit sieben jungen Gefährtinnen bei Herrn
Kümmerle besuchte. [...]

Herr Kümmerle war ganz und gar nicht ideal, weder in
der Auffassung seiner Kunst, noch in seiner Erscheinung,
mahnte einen auch nicht im mindesten an einen Priester
der Terpsichore, »mit leicht beschwingten Sohlen«, obwohl
er die dünnen Beine, auf denen sein kugelrunder, kleiner
Körper ruhte, gar flink bewegte und alleweil höchst eigen-
händig die Geige dazu spielte, während er uns ungeschickten
Kindern vom Lande die verschiedenen Tänze einübte und
dazu in schaudervollem Französisch kommandierte. In den
fröhlichen Mädchentagen freute ich mich mit anderen an
einem ländlichen Ball. Daß ich aber vor den Tanzmeister da
hinstehen, Schritte machen und herumhüpfen solle, das kam
mir wie ein Art Erniedrigung vor, wenn ich auch mein Bestes
tat, dem Kommando zu folgen.

Ich fürchte, Herr Kümmerle hat nicht viel Freude an mir
erlebt und mich nicht unter seine hoffnungsvollsten Schülerinnen gezählt.

Die »Nähet«, auf gut deutsch Nähschule genannt, die zu
den unerläßlichsten Grundlagen weiblicher Ausbildung gehört, habe ich gründlich, wenn gleich nicht mit besonderer
Vorliebe durchgemacht.

Da war hoch oben »auf dem Bollwerk« ein langgestrecktes
Parterre, in dessen Räumen sich allmorgendlich eine zahlrei-
che Mädchenschar sammelte zur Erlernung allerlei nützlicher
Künste der Nadel.

Eine Witwe war es, Frau Schäfer, mit dem reinen, klaren, runden Gesicht der Schweizerin, die mit ihren Töchtern sich hier in gemeinsamer Tätigkeit nach schwerem Geschick wieder ein friedliches, nützliches und freundliches Heim geschaffen, wie weiches Moos die Trümmer eines zusammengestürzten Hauses überkleidet. Die Schwestern teilten sich in die verschiedenen Arbeitszweige; die eine, eine Künstlerin, fertigte die Zeichnungen zu den Bundstickereien, die eben stark in Mode waren; die andere gab Anleitung zum Weißnähen, die dritte zum Zeichnen der Leinwand, zum Weißsticken. Hier waren zumeist die jungen Fräulein aus der Residenz, deren größerer Gewandtheit und zierlicher Toilette gegenüber das Landpomeränzchen sich doch etwas untergeordnet fühlte; es wurde strenge Ordnung gehalten und auf pünktliche Arbeit gesehen, wenn's auch natürlich nicht ohne Geplauder abging und sich allmählich Nähfreundschaften bildeten, die selten aber zu einer eigentlichen Anknüpfung im Außenleben führten.

In der »Kleidernähet« bei Madame Freund in der Hauptstätter Straße da ging's etwas lauter und lustiger her; die Mädchen vom Lande, zum Teil noch wenig »von der Kultur beleckt«, waren hier in der Mehrzahl; auch ist das Kleidermachen eine mehr anregende, freie, schaffende Tätigkeit als die Bienenarbeit des Weißnähens. […]

Das Kleidermachen dazumal war keine so künstliche Sache wie heutzutage; ein mäßig gefaltetes Gewand, eine »schottische«, »griechische«, oder auch eine »Plustaille« war alles, was aus den einfachen Stoffen: Zitz, Kattun oder Gingham verfertigt wurde; wir sind uns aber doch auch schön darin vorgekommen und – schön gefunden worden, je nachdem wir's waren. […]

Doch ich will eilig die Nähstube verlassen, die mich immer wieder zu Abschweifungen führt, und nur geschwind noch einkehren in der Holzgasse, allwo ich bei Jungfer Nane Wenz das Fälteln und Feinbügeln erlernte. Sie war eine schöne, stattliche Bürgerstochter, die mit ihrer fleißigen Hand noch ihren Vater, ein altes schlotteriges Mannli, und ein müde geschafftes Mütterlein ernährte. Die fein gefältelten Jabots, die mein Vater, wie andere Herren aus der alten Schule, dazumal noch trug, die haben mir viel Seufzer ausgepreßt, und ich habe feierlichst erklärt, wenn ich mich zum Ehebunde entschließe, so werde meine erste Handlung im Ehestand sein, daß ich dem Erkorenen alle Jabots abtrenne.

Obgleich nun, wie aus dieser Schilderung zu ersehen, die praktischen Studien in meiner Universitätszeit weit überwiegend waren, so sind Künste und Wissenschaften doch auch nicht völlig vernächlässigt worden.

Die Wissenschaft war vertreten durch eine französische Stunde bei Monsieur Parmentier, die ich mit einigen anderen jungen Mädchen teilte. Der Jüngling hatte etwas Düsteres und keine sehr lebensvolle Weise, uns seine Sprache beizubringen, in der er uns Stück für Stück Exempel aus Hirzels Grammatik übersetzen ließ. Das Verhältnis zwischen Lehrer und Schülerinnen blieb ein ziemlich entferntes; nur eine blasse schwarzäugige Brünette im Trio schien ihn sehr anzuziehen, da er sie immer: *la française* nannte, was sich *nicht* auf ihre Kenntnisse beziehen konnte. Seine Person, seine Heimat, seine Vergangenheit und seine Zukunft sind mir verborgen geblieben.

Studien in der edlen Musika waren durch mein entschiedenes Nichttalent leider erspart; je und je eine Oper, ein Konzert im Museum, wo nach der begeisterten Schilderung einer Freundin »der Herr Dreifuß so schön vierhändig spielte«, die frischen Töne der Wachtparade, wenn ich ihr auf meinem Heimweg mittags begegnete – das war alles, was von dem Reich des Klanges zu mir drang. […]

Das also waren die Studien meines Universitätssemesters, und für sechs Monate waren es doch immerhin genug; aber auch ihre Genüsse und Freuden hatte diese Studienzeit, wenngleich stillere und zahmere als die der männlichen studierenden Jugend.

Ans Alleinspazierengehen, ans Herumschweifen zu Entdeckungsreisen in Feld und Flur konnte man in der Residenz natürlich nicht denken. Fein sittsam durften abends wir Mädchen mit Frau v. Roth oder auch wohl miteinander in den königlichen Anlagen spazieren gehen, den schönen geraden Weg am Bassin vorüber bis rund herum um den Rosenhügel.

Es waren mir diese Spaziergänge ein mäßiges Vergnügen; die geputzte schöne und vornehme Welt, die da an einem vorüberzog, interessierte mich wenig; ich mochte lieber noch mit den Kindern vom Hause einen Gang machen und ihnen Märchen erzählen.

Unter die Vorteile unseres Kosthauses gehörte aber auch die »Einführung in gebildete Familien«, mit denen Frau v. Roth bekannt war, und die dann pflichtgetreu die Dame »mit ihren Kostjungfern« ein- oder einigemal zum Tee luden, eine Aufopferung, die ich erst später habe gehörig würdigen lernen.

Am meisten unter diesen Einladungen beglückte mich die in das gastliche Haus Gustav Schwabs, wo ich den ersten wirklichen, lebendigen Dichter zu Gesicht bekam, in dessen Dichtungen ich lange schon heimisch war; es waren dazu noch einige andere ausländische junge Dichter vorhanden, mir zwar minder bekannt, aber doch höchst merkwürdig.

Als »Backfisch und Kostfräulein« war ich freilich nur eine Art von Gattungswesen, das just nicht in ein persönliches Verhältnis zu der Familie trat, das begehrte ich auch nicht; ich war glücklich, da zu sein und zuzuhören, was kein bloß eingebildeter Genuß war, da Schwabs lebensvolles, mitteilendes Wesen immer einen Einblick gab in das Leben und Regen der geistigen, der literarischen Welt, die mir als ein fremdes Wunderland erschien. Ich ahnte nicht, daß ich später seinen Töchtern, seiner liebenswürdigen Frau noch in herzlicher Freundschaft nahe kommen sollte.

Es war damals ein schönes, heiteres Leben dort
und ein Litteraturleben im besten Sinne.

Wilhelm Raabe

Christian Friedrich Daniel Schubart

Vom Hohenasperg zurück in Stuttgart

Brief an Ludwig Albrecht Schubart in Berlin
Stuttgardt den 13.ten Juni 1787.

Bester, inniggeliebtester Sohn,

Längst hätt' ich dir geschrieben und dir meine Freude über meine endliche Erlösung aus 11.iähriger Kerkerqual mitgetheilt, wenn ich nicht vorher die sichere Nachricht von deiner glüklichen Ankunft in Berlin hätte erwarten wollen. Nun mich aber dein groser Beschützer – Graf Herzberg – und dein eignes Schreiben über diesen Artikel beruhigt; so biet' ich dir – im Geist die Rechte des Vaters und freue mich hoch über deinen Wohlstand. So wichtige Veränderungen sich seit Wochen mit mir zutrugen; so warst du doch mitten im Wirbel – mein erster, heissester Gedanke. O ich fühle mit dankbarem, himmelflammenden Entzüken die Wonne, einen Sohn zu haben, der mich nie in seinem Leben betrübte, sondern mir immer Freude machte – und mir sie noch machen wird, wenn ich ihn am Tage der Allvollendung wieder sehe. –

Meine Geschichte seit deiner Abreiße ist in Skizze diese: Den 18.ten Mai gieng ich ab vom Berge meines Jammers, geehrt und beweint von meinem Kommandanten, sämtlichen Offiziers und der ganzen Besazung. Wie mir's war, als ich die Weite des Himmels wieder sah und dachte: »diß grose, diß neue Freiheitsgefühl hast du – nächst Gott, dem Wonneschaffer – dem Könige von Preussen zu danken – *dem* Monarchen, dem ich's unter allen Menschen auf Erden iust am liebsten zu danken haben mochte; – o, Ludwig, wie mirs da war, das kann ich dir nicht sagen. So muß es dem Elias gewesen seyn, als er, die Erde verlassend, mit Flammenrossen in Himmel fuhr. – Geweint hab ich wie ein kleines Kind; deine holde Mutter saß neben mir – stumm und anbetend aufschauend, wie das Monument der Dankbarkeit. In Stuttgardt strömten mir schon auf dem Weege – Musiker, Schauspieler, Tänzer – die Gefährten meines Berufes entgegen und an ihrer Spize – Julie meine freudetrunkene Tochter. Hohe und Niedre, Nahe und Ferne grüßten und glükwünschten mir mündlich und schriftlich, in Prose und Versen zu meiner Erlösung. Aus allen Gegenden Deutschlands und der Schweiz erhielt ich – und erhalte noch täglich derlei Glükwünsche, daß ich oft beschämt am Fenster steh' und seufze: ach Gott, ich bin's nicht werth! – Den andern Tag wurd' ich vom Hrn. Obrist dem Theater und der Kapelle vorgestellt

als *Dichter* und *Direktor* des Theaters und der Musik, in so fern sie *deutschen Gehalts* ist. *Poli* steht mit Recht der *welschen Musik* vor. Auch erhielt ich den Titel eines *Professors* – bin also mit meinem Range ganz wohl zufrieden. Meine Besoldung besteht aus 600. fl. – fürchterlich wenig für *mich* in *Stuttgardt*.

Doch, auch dafür ist gesorgt. Ich schreibe ein Journal, wofür ich monathlich 50. fl. vom Postamt erhalte – und so wäre dann für mein Auskommen gesorgt.

In meiner lezten Audienz versprach mir der Herzog – *väterlich* für mich zu sorgen – und nur *diß Wort* hauchte allen Groll gegen ihn aus meinem Herzen weg.

Meine Geschäfte bestehen nun im Unterricht im *Lesen*, *Deklamiren*, der *Mimik*, *Pathognomik* und *theatralischen Musik*. Du kannst also leicht denken, daß ich alle Hände vollauf zu thun habe. *Lessing, Sonnenfelß, Diderot, Mercier, Engel, Lavater* (versteht sich – seine weit nicht hoch genug geschäzte Phisiognomik, die mir Herr von Wächter lieh) – selbst *Schink* und die zahllosen – guten, mittelmäßigen, schlechten Schauspiele sind iezt meine tägliche Speisse. Von den Resultaten meiner Bemühungen soll dich erst die Folgezeit belehren. Bisher ist man sehr mit mir zufrieden und soll's noch immer mehr werden.

Meine wankende Gesundheit ist das *Einzige*, was mir das Leben verbittert. Apoplektische Zufälle stellen sich auch hier – doch weniger, als auf dem Asperge ein. Der treuen Pflege deiner Mutter hab ich Viel – unaussprechl. viel zu danken. Gott lohns der Treuen!! –

Was ich noch sagen möchte, soll dir deine Mutter und das Julchen schreiben. In meinem Briefe an Himburg u. die Karschin – denen du mich inzwischen recht sehr empfehlen wirst, sollst du das Weitere erfahren. Schreibe mir nur fleissig literarische – sonderl. Theaternovitäten aus Berlin u. schik dem Julchen schöne Musikalien.

An Herrn Grafen von Herzberg werd' ich auch nächstens schreiben. Gott seegne dich, bester Sohn. Lieb' und Freundschaft entfernt sich nicht. *Leiber* mögen sich trennen; aber harmonirende Geister sind sich ewig nahe.

 Ewig

  Dein

   treuer Vater

    Schubart.

Brief an Herzog Karl Eugen von Württemberg

Durchlauchtigster Herzog.
  Gnädigster Herzog und Herr.

Stuttgardt den 25.ten Juni 1787.

Der Hof und Theaterdichter Schubart bittet unterthänigst, für sein vaterländisches Journal eben die Censoren aufzustellen, die bisher seine in der Akademischen Drukerei herausgegebenen Schriften censirten.

Euer Herzogliche Durchlaucht haben mir die gnädigste Erlaubnis zu ertheilen geruht,

  Ein vaterländisches, über Politik und Literatur sich
  verbreitendes Journal

in Höchstdero Akademischen Drukerei herausgeben zu dürfen. Ob ich nun gleich die tiefe Verpflichtung kenne; *Religion*, *Staat* und *gute Sitte* zu schonen; so unterwerf' ich mich doch einer billigen, den Genius der Zeit kennenden und mit Gelehrsamkeit und Geschmak ausgerüsteten Censur.

Ich glaube, all diese Eigenschaften in den würdigen Männern zu finden, die Euer Herzogliche Durchlaucht als Censoren meiner bisherigen Werke aufzustellen geruhten.

Die unterthänigste Bitte, mir eben diese Censoren wieder gnädigst anzuweisen, ist also um so gerechter, als sie Ew. Herzoglichen Durchlaucht Höchsteigene Wahl sowohl, als der Beifall des Verfassers und Publikums zu diesem Geschäfte authorisirt.

  In tiefster Ehrfurcht ersterbe
    Euer Herzoglichen Durchlaucht
      unterthänigster Knecht
        Schubart.

An Ludwig Albrecht Schubart in Berlin

Stuttgardt den 7.ten Juli 1787.

[...]

Lieber Sohn, wie ganz anderst ist es mit uns, als es vor einem Jahr war. Nur in trüber Ferne sah ich meine Freiheit und dein Glük. Nun leb' ich wieder in der Welt, meine Gesundheit scheint sich wieder unter deiner Mutter Pflege zu erhohlen, ich arbeite viel und gerne, habe Beifall von Hohen und Niedern und weis, daß es meinem Sohne Ludwig gut geht. Denn das hoff' ich zu Gott, der deine Versorgung veranstaltet hat ... Nun laß dir sagen, wie ich meine Zeit zubringe:

Morgens 7.ben Uhr muß der sonst so träge Schlummrer auf dem Theater seyn und lesen, deklamiren, Gebehrdenspiele vormachen, tadeln und loben; denn du mußt wissen, daß ich unumschränkt auf dem Theater herrsche; aber nicht als Tirann, sondern als gefälliger Freund und Rathgeber. Daher lieben sie mich alle und dein ehmaliger Obrist – selbst der bizarre Maior sind ganz offen für mich und ich kann auswürken, was ich will. Um 10. Uhr geh ich nach Haus, lese Bücher, Zeitungen, Journale, Briefe in Menge – oder dichte und schreibe. Mittags eß' ich mit Appetit und trinke meine Flasche Wein an der Mutter und des Julchens Seite – oft in Gesellschaft eines Freundes – mit Behaglichkeit. Dann geb ich, wie ein groser Herr Audienz und Abends diktir ich – meine vaterländische Chronik. Denn du must wissen, daß ich auf Verlangen meiner Freunde und auf kräftiges Ermahnen eigner Nothdurft wieder eine Zeitung schreibe. Der Akkord mit hiesigem Postamte, unter Elsäsers, meines unaussprechlich geliebten Freundes, Augen gemacht, ist köstlich. So viel Exemplare verschlossen sind – so viel erhalt' ich – *Gulden*. Nun sind schon über Tausend bestellt und noch Tausende erwart' ich, weil mein Plan noch wenig bekannt ist. Du siehst also, daß, wenn mich Gott erhält und das Publikum nicht lau wird, ich wegen meines Auskommen's gesichert bin und dich und das Julchen noch unterstüzen kann. Daß ich mich in diesem Blatte über politische, literarische, artistische Novitäten verbreite, versteht sich. Gott benedei's!! –

Der Herzog hat mir Zensurfreiheit verstattet; doch will er's nicht leiden, daß ich im ersten Blatte den Pabst unsanft berührte und – den *Schiller* lobte. Hoff', es werde sich alles geben.

Nun bitt ich dich, lieber Sohn, mir auch zuweilen Stoff aus deiner Gegend zu schiken; die Vortheile sind doch so gut dein, wie mein.

Deine liebe Mutter, das herrliche Weib, ist iezt meine einzige Sorge. Sie kränkelt immer; fällt oft in tödliche Ermattungen; ist sehr abgezehrt und hat wenig Sinn mehr für die Welt. Oh, ich darf den Gedanken nicht hinausdenken: wenn mir diß Weib, diese treue Gehülfinn meines Lebens entrissen würde!! – Bete für sie, denn es ist eine gar liebe Mutter.

Das Julchen ist noch die alte – Selten bei schlimmem Humor, Immer [!] gesund, ißt, trinkt, schläft mit Appetit, ließt, singt, deklamiert treflich, liebt den Tanz, die Natur, ihre Freundinnen und – ihren *Gatte*. Vor wenig Tagen hat Kaufmann der Aeltere feierlich um sie angehalten. Uns Eltern wäre diese Verbindung ganz recht; denn Kaufmann ist, wie du weißt, ein gar brafer Junge und in mehr als einer Beziehung – *für's Julchen so eben recht*. Weil ich sie aber nicht zwingen will; so überliß ich's ganz – ihrer eignen Wahl. Diese fiel da hinaus: sie will noch ledig bleiben. Es scheint, sie habe keine wahre Neigung zu ihm. Ueberlassens wir also Gott, dem Seelenlenker. Sonst kann ich dir von hier aus nichts Erhebliches sagen.

Aber du mußt geschwängert seyn von Neuigkeiten, die mich interessiren. Ich lese zwar vieles aus Berlin, aber das

Beste bleibt in Petto. Mit Sehnsucht erwart' ich also einen Brief von dir – über deinen guten König, sein Kriegsheer, seine Weisen, Tonkünstler, Schauspieler. Auch wünsch' ich Aufschluß über die Fragen:

Wie stehts mit deiner Gesundheit?

Was hast du zu thun?

Wie behagt dir Berlin?

Was hast du für Umgang gefunden?

Und nun umarm ich dich mit dem Wonnegefühl des Vaters, seegne dich u. ersterbe

Dein

treuer Vater

Zumsteeg, Haller, der junge Haug grüßen dich. Hohen Gruß der Sängerinn Karschinn!

Stuttgart ist die Stadt der Superlative. Stuttgart hat die schönsten Höhenwege, die romantischsten Villenhänge, die saubersten Straßen, die meisten Hochhäuser, die zahlreichsten polizeilichen Verfügungen und staatsanwaltlichen Verbote. Aber Stuttgart hat auch die härtesten Schwabenschädel.

Friedrich Wolf

Eduard Mörike

Sein Heil auch einmal in der Hauptstadt zu probiren

Brief an Elise Mährlen
Stuttgart, 5. August 1851

Nachdem mir schon in Wimsheim während der lezten Tage meines Aufenthalts daselbst ein angenehm überraschendes Schreiben von Ihrer Hand, verehrteste Freundin, zugegangen war, traf ich bei meiner gestern erfolgten Ankunft in Stuttgart eine zweite Sendung von Schappach mit 125f, welche Sie abermals mit einigen Zeilen zu begleiten die Güte hatten. Ich sage Ihnen, so wie meinem treuen Mährlen hiermit den innigsten Dank. Mein Freund hat sich zu keiner Zeit und so auch nicht in diesem Falle gegen mich verläugnet. Dafür soll er auch niemals Ursach finden, sein jetzt bewiesenes Vertrauen zu bereuen! Die Summe reicht für meinen Zweck vollkommen und die Auswechslung der Papiere war sogleich abgemacht, nur wollt ich klüger seyn als Ihr lieber Brief und war richtig zuerst in die Kanzleistraße, dem gedruckten Wegweiser nach, fehlgelaufen.

Ich bin noch immer ohne meine Schwester, in unserm Interimsquartier, allein, und werde es, da sie das Bad zu guter Lezt gebraucht, wohl noch acht Tage bleiben, – zu meiner großen Prüfung, indem ich ohne weibliche Hilfe kaum existiren kann und nun doch daran denken muß, meine neue Thätigkeit ein wenig vorzubereiten, was nur hier möglich ist. Ja denn, da säß ich jezt! Gott weiß auf wie lange, vielleicht für immer.

Desto betrübter! werden Sie ausrufen. Ich kann Sie mit dem scharfen Lied das Sie dem guten Stuttgart singen – es war nur etwas grausam für einen neuen hoffnungsvollen Inwohner – vollkommen wohl verstehn; doch werden Sie es natürlich finden daß Jemand der lange Zeit weder auf dem Land noch in der Stadt gelebt, in frühern Jahren aber, ganz auf das Dorf beschränkt, mit einem übergroßen Hang zur einsamen Natur, sich beinah daran aufgerieben hat, versucht seyn kann, sein Heil auch einmal in der Hauptstadt zu probiren, selbst wenn die Wahl ihm frei gegeben wäre. Was faul und hohl hier ist, berührte oder ärgert mich wenig; des Guten aber und des Neuen, – es sey Persönliches oder von Seiten der Kunst pp ist jedenfalls für einen armen Schlucker so viel da, daß ich, bei meiner physischen und geistigen Gebundenheit, bei meiner ängstlich abgemessenen Diät mir eher Mäßigung in dem Genusse des Vorhandenen als sonderliche Billigkeit in Ansehung des Mangelhaften muß befohlen seyn lassen. Und dann, aus einer Gegend wie Schappach haben Sie, Verehrteste, zum Nachtheil der Stadt freilich gut reden; ein Kinzigthal und Egelshofen ist aber eben nicht überall zu haben. Rechnen Sie übrigens nur gütigst darauf, daß ich Sie dieß Jahr noch besuche und seyn Sie gewiß daß ich nicht einen Hutvoll Residenzluft mitbringe, ein Ding welches zum Glück nie an mir haften wollte. Sie halten ja aber für möglich am Ende Selbst zurück zu kehren – war es Ernst? wenn auch nur halb, so wars ein schönes Wort, welches wahr werden kann! Wie ist es denn auf jene schreckliche Gewitternacht auch Ihrem Thal und den Gruben ergangen? ich habe keinen rechten Begriff von den Lokalitäten. Im Schwäbischen Merkur fand ich darüber nichts, vielleicht weil ich um eine Numer durch die Reise kam.

Noch einmal tausend Dank für Alles und die besten Grüße

an Groß u. Klein im Haus. Ich eile daß der Brief heut ja noch
fortkomme gleich ist es 7 Uhr.
Mit wahrer Freundschaft und Verehrung
Ihr E. Mörike.

An Klara Mörike und Margarethe Speeth
Stuttgart, den 10. August 1851

Ich habe Euch, Liebste! gestern, einer unerwarteten Störung
wegen, so wenig zu Begleitung des eingeschlossenen Briefs
schreiben können, daß ich gleich noch Einiges nachholen will.
Ich sprach also den Stirm u. sezte ihm die Dinge soweit als
nöthig schien mit Offenheit auseinander, versicherte daß
weder blinde Leidenschaft, noch Romantik, noch auch das
Gegentheil von dieser, ökonomische Berechnung mich zu
dieser Wahl bestimmte. Er glaubte mich zunächst an mein
theologisches Gewissen erinnern zu müssen; gemischte Ehen
seyen immerhin bedenklich und hätten oft mißliche Folgen,
– was ich für diesen Fall getrost ablehnte. Nach den beste-
henden Gesetzen, fuhr er fort, erleide meine bisherige Stellung durch eine solche Heirath keinen Nachtheil; die Pension
bleibe. Er führte selbst das Beispiel des mir von Tübingen her
bekannten Pfarrers *Albert* Wagner an, von dem ich nur nicht
wußte, daß seine Frau nicht übertrat, wie bei der Heirath des
Garnisonspredigers Seubert, den er gleichfalls anführte, noch
vor der Trauung wirklich geschah. Er hätte gern gehört daß
eine solche Aussicht auch diesesmal vorhanden sey, doch
diese Frage war nicht zu bejahen. In freundschaftlichem Sinn
berührte er auch den Vermögenspunkt u. meinte ob ich denn
doch nicht vielleicht von einer idealischen Ansicht ausginge?
und endlich sprach er von meinen Rechten an die Geistl.

WitwenKasse worüber das Genauere bei dem und dem seiner Collegen zu erfahren sey. Nun, damit hätt es Zeit. Man wurde jetzt ganz eben recht durch einen Eintretenden unterbrochen. Stirm gab mir noch Grüße an Rikele Buttersack auf, falls ich sie sehen sollte u. fragte schließlich nach meiner Wohnung wo er mich gern schon aufgesucht hätte; ich dankte für die Absicht bis wir im eigenen Quartier festsitzen würden. Mit wie ganz anderen Gedanken u. Empfindungen stieg ich die Treppe hinab als vorhin herauf. Denn jetzt lag Alles so gut wie entschieden vor mir – Ihr könnets Euch denken! – In dieser gelichteten, kräftigen Stimmung trat ich im 2ten Stock desselben Hauses gleich bei dem Rektor *Wolf* ein um ihm auf seinen Brief zu danken u. die Lektion im KatharinenInstitut zuzusagen. Nur seine Frau war da. Ihr werdet sie auch kennen lernen u. ein feines äußerst natürliches Wesen in ihr finden. Ich sagte ihr ich könne sie nie sprechen ohne lebhaft an ihren Vater (Staatsrath Kielmeyer, als Naturforscher berühmt, ein Hausfreund *Georgiis* wie mir die Tochter jetzt bestätigte) zu denken. Sie sagte mir er sey der größten Anerbietungen Cottas u. Andrer ungeachtet, außer einer kleinen medicinischen Schrift niemals zu bewegen gewesen etwas von seinen Arbeiten drucken zu lassen; es seyen aber Manuscripte von ihm da u. sie vermuthe darunter auch allerlei kleine Zettel mit Bemerkungen u. Ansichten allgemeiner Art über Natur u. Welt. Schwab habe immer vorgehabt sie, etwa für das Morgenblatt, zu durchsehen. Wenn ich einmal auf länger komme sollen mir die Papiere vorgelegt werden u. dann soll ich mir auch für meine Handschriftensammlung etwas daraus wählen. Ihre alte Mutter liegt gegenwärtig auf den Tod im Haus; es scheint ein langes Leiden zu werden. Von der HinterSeite des Hauses hat man die große grüne Fläche der sogenannten Seewiese, einen Theil der Stadt mit dem Spitalthurm u. besonders das alte Georgiische Haus, mit dem Garten vor sich. Nun lief ich stracks heim, nach Mergentheim zu schreiben und hatte kaum angefangen, so klopfts u. läutets an der Küchenthür; ich wollte anfangs nicht aufschließen, da fällt mir ein es könnte der Postträger mit etwas Eiligem seyn ich öffne, wer steht da, schon wieder im Begriffe umzukehren der arme Carl Renner; weil er mich schon ein paarmal vergeblich aufgesucht hatte so war es unmöglich ihn wieder abzuführen und doch diese Marter von Unterhaltung in diesem Augenblick; sie war meist schriftl. mit dem Bleistift u. dauerte wohl eine Stunde. – Um halb 7 Uhr war mein Brief doch fertig, ich aber noch nicht angezogen zu dem Thee bei Neffs wo man mich schon um 6 erwartete, mein Caffee unberührt u. kalt auf dem Tischchen und in diesem Strudel versäumt ich es bei der Tante Prokurator mich für das Nachtessen abzumelden, das ich dummerweise angenommen hatte. Ich eilte auf die Post ließ die Epistel in den Schalter schlüpfen und fand sodann den Weg zu der Gesellschaft nach der Beschreibung. Vor dem Charlottenthor steigt links ein gepflastertes Sträßchen aufwärts; dann kommt ein weißer Zaun mit einem Thürchen auf der Mauer, dieß ist der Neffische Weinberg, ein uraltes geliebtes Familienstück, in seinem unteren Theile mehr e. Garten mit Buschwerk, weiter oben ein Häuschen, von innen modern ausgemalt, mit einem altfranzösischen Kamin in der Mitte der hinteren Wand, eine Lampe in Vasenform hängt von der Decke herab über dem Tisch – Wir waren nur zu Sechsen, die beiden ControleursSöhne (Heinrich v. Heilbronn, soeben angekommen) u. ein anderer Verwandter *Wilhelm Gaspar*, Theolog u. Hofmeister. Es wurde recht vergnügt u. lebendig. Anekdoten, ReiseErzählungen, Tübinger Späße; der Neff ist mit dem halben würtemberger Land verwandt; es machte deßhalb Einer die Bemerkung:

wenn irgend ein neuer Name im Gespräch genannt werde und dann fast regelmäßig zum Vorschein komme es sey das auch ein Vetter, so sey nichts zu verwundern da und niemals sage er: Ei so, der ist auch einer! Im umgekehrten Fall vielmehr sey es am Platze zu erstaunen: »Ach wie? ist es möglich? kein Vetter, kein Onkel?« – und wenns der Nachtwächter von Hagelloch wäre. Darum verknüpft sich nun Alles in der Unterhaltung mit diesem wirklich angenehmen Mann sogleich wieder persönlich. Nach dem Thee kamen kalte Fleischspeisen; Zunge, Salat u. dgl. Remsthaler Wein und endlich JohannisbeerTorte; die war so delikat u. dick geschichtet daß ich dabei ganz besonders mit innigen Wünschen an meine beiden liebsten Schwestern denken mußte (Zur Marie sagte ich: Seit einem Essen an der Tafel des Königs von Preussen hab ich nichts mehr so Köstliches genossen. Es hielt das Einer für Ernst und frug sogleich begierig: Sie waren also schon bei dieser Majestät zu Gast? Blos ein einzigesmal, sagt ich, und auch das nur in einem hübschen Morgentraum. Was großes Gelächter erregte) Was aber vorzüglich zur Heiterkeit dieses Abends beitrug war die hohe Lage des Platzes, die prächtige Aussicht über die ganze Stadt, auf Berge u. Gewölk. Die Flügelthür des Hauses, davor zwei Pfeiler dicht in Schlinggewächse eingewickelt stehn, blieb offen noch bei Licht bis es kühler ward. Nun leuchtete der Mond hinter dem nächsten Rebenberg hervor. Es ging schon stark auf 10 Uhr als mir zu meinem Schrecken einfiel daß ich den Hausschlüssel daheim gelassen. Wir brachen auf. Herr *Gaspar*, ein Schüler *Ludw.* Bauers und sehr lieber Mensch, begleitete mich bis vor mein Haus das in der That geschlossen u. ganz im Schlafe war. Ich klopfte, wartete lang; zufällig ging ein Frauenzimmer, an mir vorüber, in das mit meiner Wohnung zusammengehörige Nebenhaus, ich bat sie ihren Schlüssel bei mir zu versuchen, der kannte aber nur sein eignes Schloß u. wußte von nichts Weiterem. Die gute Nachbarin versprach mir dennoch Hülfe, und schickte nach einiger Zeit ein Jüngferchen im NachtKleid mit hängenden Zöpfen herunter, die zwar nichts von Eisen in der Hand hatte, aber eine gute Faust führte gegen den Laden der Alten *Parterre*, aus dem ein Nachtlicht schimmerte: ein übers andremal schrie sie zum Spalt hinein: Base! – Bas! – und dazwischen hieß es: nein! das könnte ja einen Todten aufwecken! das ist nicht wie ein Mensch geschlafen! pp Ich selber that unter dem Schutze des Mädchens mein Möglichstes mit Klopfen, so daß ich glauben mußte das böse Weib *wolle* nur nicht hören. Die Frau im Nebenhaus erklärte sich bereit einen Schlosser holen zu lassen was ich natürlich nicht zugab. Nun endlich regte es sich innen: Was gibts? (Mir fiel die Frau Mayerin ein) Bas, geb Sie doch geschwind den Hausschlüssel heraus, Sie kriegt ihn gleich wieder. Es geschah, ich dankte tausendmal (Unsere liebe gute Mutter würde hier sagen: In Stuttgart sind eben doch die Leute am gefälligsten) Ich war sehr froh in meinem gewohnten Bett übernachten zu können, worauf ich schon verzichtet hatte. Aber nicht wahr, beste Schwestern, was ich doch immer mit Schloß u. Riegel für Noth haben muß!

Henrike Leonhardt

Diese Stadt

Stadt wie Haus
derselbe Schlüssel
derselbe Besen
derselbe Blick
Wer hier wohnt
ist hier
zu Haus
ohne Zweifel
schaut derselbe
recht
zuhause aus
schaut aus seinem Haus heraus
fragt wozu
sollte man
älter als zehn
eine Kastanie aufheben
vom Fremden
werden ihm
keine Fragen gestellt

Georg Herwegh

Ein Beitrag zur
Kenntnis der literarischen Industrie

Eine Literaturgeschichte um die andere – warum nicht auch
einmal eine Geschichte des Buchhandels? Es tut so not, den
Herren Verlegern einen Spiegel vorzuhalten, ehe der letzte
Funken von Ehrgeiz, der noch in ihnen glimmt, völlig erlo-
schen ist! Daß ich's gestehe, eine unwürdigere Stellung, als
im gegenwärtigen Augenblicke, hat der deutsche Buchhandel noch nie behauptet. Die Mehrzahl der Buchhändler von
heute steht auf einem Niveau mit dem Krämer, der seinen
Tabak und Käse auswiegt, und man lacht euch aus, wenn ihr
bei ihnen etwa ein Wort von der Bedeutung, die sie für die
Literatur haben könnten, von den geistigen Beziehungen,
die sie zu derselben haben sollten, fallen lasset. Ich verlange
keineswegs, die Buchhändler sollen sich alle auf einer Höhe
halten – Geld und Talent finden sich auch nicht überall beisammen –, ich verlange nicht, die Buchhändler sollen alle
nur den Verlag einer zeitgemäßen literarischen Richtung
übernehmen –, sie würden ihre Rechnung schlecht dabei
finden; aber sie sollen wenigstens durch ihren Verlag, er sei
welcher er wolle, ein mehr als kaufmännisches Interesse an
der Literatur beurkunden. Es ist so erfreulich, dies bei den
ehrenwerten Buchhandlungen zu beobachten.

Da ist Cotta mit seinem klassischen Verlag, da sind Winter und Mohr, da ist Reimer mit seinem romantischen, dort
Hoffmann und Campe mit ihrem modernen, revolutionären,
hier Brockhaus mit seinem doktrinären, zwischen den beiden

letzteren Hammerich, Engelmann, Hallberger, Wigand, der Verlag der Klassiker usw., Fleischer und Perthes mit ihrem wissenschaftlichen Verlage nicht zu vergessen; überhaupt suche man in Norddeutschland, was ich buchhändlerischen Charakter nennen möchte.

Dagegen, welche Gesunkenheit des Buchhandels im Augenblicke in einem großen Teile Süddeutschlands, welche Gesunkenheit desselben namentlich in der Stadt, aus welcher in der Person des Herrn Wolfgang Menzel in den letzten Jahren aller literarischer Jammer hervorging, in Stuttgart, wo vorzugsweise die Schillerfabrik ist. Hier ist der Sitz der Übersetzungsindustrie, der Sitz der Industrieritter, der Übersetzer. Der Buchhandel geht mit der Kritik Hand in Hand; beide sind reaktionär. Der Geist einer vielleicht unbewußten Reaktion hat neben dem Wuchergeiste dieser Übersetzungen großer Toten, die eine klassische Phalanx gegen die jungen Autoren bilden sollen, hervorgerufen. Wer sich noch keine gesicherte Existenz errungen hat, übersetzt; wer nicht Mut genug in sich fühlt, um in die schlaglustigen Reihen der jungen Literatur einzutreten, übersetzt; wer zu bequem ist, um von seinem eigenen Pfunde zu zehren, übersetzt. Ich war selbst so unglücklich, und habe übersetzt, doch gewiß nicht als Reaktionär oder auf die Inspiration des Herrn Menzel hin.

Mein Gott – und wie wird übersetzt? Da ist die Buchhandlung Karl Hoffmann rühmlichst bekannt durch den Verlag der Rotteckschen und Okenschen Werke; ihre ganze neue Tätigkeit beschränkt sich aber gleichfalls auf Übersetzungen. Schiller-Byron, Schiller-Sterne, Schiller-Tasso, Schiller-Dante, Schiller-Ariosto, und, was weiß ich alles noch. Tasso und Ariost sind von Gries unübertrefflich übersetzt, die Ausgaben auch ziemlich wohlfeil – warum dem Publikum also eine weit geringere Übersetzung aufschwatzen? Von Byron hat man die meisterhafte Übersetzung Böttgers, die sehr gute Gustav Pfizers – wozu eine neue? Weil die alten zu teuer sind. Abgesehen davon, daß z.B. die von Böttger, die, glaube ich, noch nicht vollständig erschienen ist, bloß zwei oder drei Taler kostet – ist der billigere Preis eine Entschuldigung für eine Fabrikarbeit? Die Übersetzung »Don Juans« durch Rottenkamp (warum übersetzt Rottenkamp?) ist schön. Ganz recht! Nun nehme man einmal die lyrischen Gedichte Byrons in dieser Ausgabe zur Hand. Byron und Ernst Ortlepp! Wie kommt Saul unter die Propheten? Ohne Titel wären die Byronschen Lieder Ortlepps ganz unkenntlich geworden. Das Publikum ist betrogen, schmählich betrogen, wenn es der Meinung ist, es lese im Schiller-Byron Byronsche Lieder. – Und mit solchem Quark wird dem Guten der Platz versperrt! –

Das Übersetzen wird auf eine köstliche Weise betrieben. Wo man in Stuttgart hinblickt, nichts als Übersetzungen. Schiller-Shakespeare, Schiller-Viktor Hugo, Schiller-Lamartine, Schiller-Calderon. Alle miteinander ganz schlecht, schlecht, mittelmäßig. Jeder Band soll in einem Monat fertig sein, damit kein anderer Buchhändler zuvorkommt. So habe ich denn Lamartine treu, aber keineswegs schön übersetzt. Der unendliche Wohlklang seiner Verse ging durchaus verloren. Man hat Lamartine, aber seinen Rhythmus nicht, der vielleicht das Beste an ihm ist.

Werden die Stuttgarter Buchhändler ewig mit ihren Übersetzungen fortfahren, ewig den Interessen der Literatur sich verschließen? Wird keine geniale Produktion mehr aus ihren Offizinen hervorgehen? Soll Norddeutschland allein der Ruhm bleiben?

Peter O. Chotjewitz

Wo traf man sich?

Elisabeth Walther und ich sind gute alte Freunde. Als Jüngling las ich die von ihr herausgegebene Reihe »rot«. Das waren in unregelmäßigen Abständen erscheinende quadratische Hefte für experimentelle Literatur.

Elisabeth war Professorin und ist Philosophin.

»Wie geht Semiotik?« frage ich sie.

Sie hat versucht, es mir zu erklären. Sie ist eine gute Tänzerin. Auf ihrem achtzigsten Geburtstag tanzten wir Walzer, Rheinländer und Foxtrott.

Wir sitzen an ihrem runden Wohnzimmertisch und essen. Sie ist eine gute Köchin und ihre Weine sind exquisit. Als wir das erste Mal in ihrer Diele standen, sagte sie:

»Meine drei Männer.«

Sie deutete auf drei Bilder. Bense[1], Peirce[2] und Ponge[3].

»Eine Dame«, sage ich, »sagte mir, an einem bestimmten Tag der Woche immer um dieselbe Uhrzeit sei mein Freund Klaus mit ihr in eine Vorlesung von Max Bense gegangen.«

»Davon weiß ich nichts«, sagt Elisabeth.

Natürlich sei ihr der Name Croissant bekannt gewesen, aber sie erinnere sich nicht, ihm jemals begegnet zu sein.

---

[1] Max Bense war Professor am Institut für Philosophie und Wissenschaftsgeschichte. Nach dem Krieg Professor in Jena. Seit den frühen fünfziger Jahren in Stuttgart, wo er der Kulturbürokratie ebenfalls ein Dorn im Auge war. Vor allem die CDU fürchtete seine freimütigen Äußerungen.
[2] Charles Sanders Peirce, amerikanischer Philosoph.
[3] Francis Ponge, französischer Autor.

»Was war das für eine Vorlesung?«

»Immer montags«, antwortet sie, »um 18 Uhr im Rahmen des Studium Generale, an dem auch andere Professoren beteiligt waren. Die damaligen Studenten, fast nur Ingenieure und Architekten, sollten etwas gebildeter werden.«

Bense las im sogenannten »Tiefenhörsaal« 1702, der 370 Hörer aufnehmen konnte. Besonderen Anklang fanden seine Vorlesungen zur Ästhetik. Was er zu sagen hatte, reichte weit in die Bevölkerung hinein, da er sich nicht auf die Darstellung von Fachwissen beschränkte. Er sprach frei, elegant, präzise, zugespitzt und allgemein verständlich, auch über tagespolitische Ereignisse. Jede Rede eine tour d'horizon.

»Erzähl«, sage ich. »Der Hörsaal war immer voll«, sagt sie. »Manchmal, wenn ihm ein Begriff nicht einfiel, rief er mich zu Hilfe: ›Queen, wie sagt man gleich?‹«

»Du sollst hinter dem Katheder gestanden und mathematische Formeln an die Tafel geschrieben haben, während er redete.« »Warum nicht«, sagt Elisabeth. Sie seien oft zusammen aufgetreten.

Es gibt Dinge, die weiß ich. Dass Klaus von Bense angetan war. Er lag auf seiner Linie. Atheist. Antifaschist. Antimilitarist. Aufklärer. Gegner des Adenauerstaates. Einer der keine Angst hatte.

»In Benses Vorlesung kamen viele«, sage ich, »die längst im Berufsleben standen. Künstler, Schriftsteller, Architekten, Ärzte. Weil sie in Bense einen Vordenker fanden. Einen, der sie bestätigte in ihrem Denken und Tun.«

»Das mag sein. Dazu kann ich nichts sagen«, sagt Elisabeth.

»Nimmst Du noch einen Schluck Rotwein oder soll ich uns jetzt einen Kaffee machen?«

Zum Abschied verbeuge ich mich etwas und bekomme einen Kuss auf jede Wange.

Wilhelm Hauff

Flügelroß im häuslichen Stall

Brief an Tübinger Freunde
Stuttgart, den 23. November 1824

Wie es mir hier ergeht? Fürtrefflich gut und hundeschlecht.
Das erste nemlich quoad meiner Hofmeisterey. Nicht nur daß
ich in dem Hause mit aller Liebe, genugsammer Hochachtung,
gut Eßen und Trinken bedient werde, nicht nur daß meine
Seelöwen [die Zöglinge] wenn ich sie nur ein wenig im Kap-
penzaum reite sich recht gut anlaßen und mir, so viel ich biß
jezt verspühre, keinen Kummer machen, nicht nur – sondern
auch es ist heute hübsch Wetter. Hundeschlecht geht mirs
aber in anderer Hinsicht; denn gleich wie einem Hund gar
übel zu Muth ist, wenn er sich nicht auch mit andern Hunden
herumtreiben und herumbeißen kann, also geht es auch mir.
Den ganzen Tag biß Abends 4 oder 5 Uhr habe ich nichts
zu thun, da könnt ihr euch nun denken wie erwünscht mir
eine lustige Gesellschaft wäre die mir die Zeit todtschlagen
hälfe; so aber habe ich das Glük die H. H. Candidaten [die
»Feuerreiter«-Kollegen] zu sehen nur von 2-3. Da geht es nun
meistens in die göttlichen Anlagen, die der Teufel erfunden hat;
da begegnet man dann den göttlichen Schwäbinnen und Jäge-
rinnen, macht göttliche Complimente, spricht von göttlichen
Museums-Tänzen und den göttlichen Examen und langweilt
sich göttlich. Hol mich der Teufel ich fluche allemal im Stillen
einige kleine Sacramentlein wenn ich nach Hause gehe.

Brief an Moritz Pfaff
Stuttgart, den 18. Februar 1827

Ich habe viele Bilder in diesem Leben gesehen, gedacht, auch wohl erfunden und niedergeschrieben, aber keines hat mir so gefallen, wie ein »Stillleben« das ich Dir beschreiben will. Denke Dir ein kleines (warmes) Stübchen; es ist tief am Abend und die Kerze auf dem runden Tische beynahe abgebrannt. Eine Thüre ist geöffnet in ein Schlafzimmer (was an zwei Betten bemerklich) vielleicht um dort ein wenig warm zu halten. Auf dem Sopha hinter dem Tisch und dem Stümpfchen Licht sizt ein Mann im Pelzschlafrock; er schreibt. Neben ihm sizt eine junge Frau; sie hat das Strikzeug in den Schoos sinken laßen. Sie heftet ihr Auge voll Liebe auf den Schreibenden, sie scheint über ihn nachzudenken und das Licht das auf ihre angenehmen Züge fällt, zeigt daß ihre Gedanken, ein zufriedenes, Glükliches Resultat geben können. – Jezt sieht der Mann von seiner Arbeit auf, er sieht die Frau voll Wonne an und – Du, wenn Du zufällig statt des Mondes ins Stübchen schautest würdest Deinen glüklichen Freund erkennen. […]

In welch anderem Lande Europas, wenn es nicht Lappland ist, stehen dem jungen Mann soviele Hinderniße entgegen, öffentlich aufzutreten, als in diesem lieben Schwaben? Hergebrachte Vorurtheile und Erziehung machen uns furchtsam und schüchtern. Unsere Sprache, unsere Gewohnheiten, die Sitten unserer Männer und Frauen sind Schranken die unüberwindlich scheinen. Ich darf sagen, ich habe sie wie ein Spielzeug zertrümmert, und mit dem ersten Schritt den ich gethan, habe ich mir einen nicht unwürdigen Plaz und eine Stimme erworben, die gültig ist, so weit man unsere Sprache spricht. Und, damit ich nicht wie ein Drache aus Drukpapier gefertigt einige Ruthen hoch der Sonne zufahre, um eben so schnell zu sinken, hat mir das Glük die Möglichkeit bescheert einen eigenen Heerd zu bauen und das Flügelroß im häußlichen Stall einzustellen.

Stuttgart, das ist eine Provinzstadt, die ab und zu mal mehr ist. Das hängt wohl immer von den Leuten ab, die gerade da sind. Allerdings besteht die Neigung, dass Leute, die da sind, niedergebügelt werden.

Peter Härtling

Günter Herburger

Stuttgarter Festschrift

Die ich gesehen habe zwischen den Reben
hoch überm Tal an den Hängen
jeder freundlich auf seinem Thron
mit Zwingern für Hunde und Autos
und Scherengittern vor den Fenstern
im Treppen- und Rosengeflecht
denn Angst hat nur der der recht hat
und hinuntersehen kann ins fruchtbare
steinerne Tal voller Fleiß
das beruhigend zum Topfrand hinaufsummt
so schlummern sie und werfen sich
morgens wieder in die Maschinenpolster
diesen Leitstern für Straßen und Hochhäuser
der immer besser wird schneller
und jeden schützt der gezahlt hat
zum Ruhm dieser Stadt wo der Wein
durch elektrische Rechner
Wicklungen und Vergaser fließt

Ein Aal der sich knotet und windet
am Zungenbaum der Sprache
fette Brühe die zudeckt und immer
recht behalten will wenn sie gebeten werden
ein wenig Platz zu machen
nein nein wo ich sitze sitze ich

sagen sie und blähen den Hals
mögen andere in fernen Ländern kämpfen
und ihre Gedärme wehen lassen
oder mögen die Väter auf Kanzeln gestanden
und gesegnet haben
muldig gebettet und weit weg
von den Stürmen und Nägeln
gedeiht jeder Bauch in der Wärme
von Soßen und Nudeln
Giovanni oder wie er sonst heißt
wenn er in der Bahnhofshalle steht
vor den Gleisen mit allen anderen
und erzählt wie der Kapo war
der Kran und die Tiefe der Baugrube
jetzt schiebt er sich zwischen die Tausend
und ist froh immer noch klein zu sein
mitten unter den Gleichen
wenn manchmal ein Reisender durchdrängt
auf der Flucht vor der Sprache
die zwitschert und schnell ist
diese Rache am Sonntag
für Stunden im Bahnhof
Da haben sie gepredigt und gewohnt
an allen Talausgängen seit Jahrhunderten
wo das Gras dick war
und meistens warmer Regen fiel
unter dem Deckel des Himmels
wo Gott recht hat und Familien beschützt
wie jetzt auch die schönen Fabriken
für Wolle Bücher oder vielleicht
eine besondere Art von Mikroschrauben
aufgetürmt mit Geduld

und der ehrfürchtigen Liebe
für alles was lohnt
denn die andern sind sündig

Ich träume wenn ich wie üblich
Gästen die Stadt zeige
im Hubschrauber um den Fernsehturm
und langsam abwärts überm Schloß
daß sie schon mittags tanzen
in leichten Kleidern vor den Kirchen
und Italienern und Griechen
die an den Zebrastreifen warten
ihre Töchter anbieten
hastig und laut
denn wer gut ißt wird doch freundlich

Manfred Rommel

Ohne Stuttgart kein Lenin

In diesem Lande wurde das Pulver erfunden, das Schießpulver, wohlgemerkt. Dann ist hier in Stuttgart Hegel geboren, woraus sich ergibt, daß bei uns die Dialektik und damit der Marxismus-Leninismus ihren Ausgang gehabt haben. Ohne Stuttgart kein Hegel, ohne Hegel kein Marx, ohne Marx kein Lenin. Außerdem ist in Stuttgart das Kraftfahrzeug erfunden worden. Zwar hat man in Mannheim schon vorher eines erfunden, aber das hat nicht richtig funktioniert und soll deshalb nicht weiter erwähnt werden.

Baden-Württemberg ist überhaupt ein Symbolland für Europa. Wir haben gegen fast alle Länder schon Krieg geführt, haben regelmäßig die Kriege verloren, was uns jedermann sympathisch gemacht hat, und außerdem waren wir mit jedermann schon verbündet. Wir waren mit den Franzosen verbündet gegen die Russen, Engländer, Preußen, Österreicher, waren mit Russen, Engländern, Preußen, Österreichern gegen die Franzosen verbündet, gegen die Schweizer haben wir auch schon Krieg geführt, aber der hat nicht lange gedauert, der ist wegen der Schweizer Kriegstüchtigkeit rasch zu Ende gegangen.

Deshalb, glaube ich, müßte ich noch mal auf Hegel zu sprechen kommen. Hegel hat in der Einleitung zu seiner »Philosophie des Rechts« geschrieben: »Was wirklich ist, ist vernünftig, und was vernünftig ist, ist wirklich.« Dieses Wort muß man sich merken, denn es gibt ein gutes Argument her, je nachdem für die Vernunft oder für die Realität. Mit diesem Wort läßt sich ungefähr alles rechtfertigen, und das ist für einen Politiker wichtig. Idealisten wie Linkshegelianer haben immer behauptet, Hegel hätte mit diesem Worte gemeint, was vernünftig sei, werde wirklich, und was auch wirklich sei, werde vernünftig, aber der Urtext von Hegel gibt hierfür keinerlei Handhabe. Man kann sich dafür lediglich auf die Nachschrift eines Studenten berufen. Wer aber wird schon auf einen Studenten hören?

Außerdem ist dieses Land vereinigt worden, wie wir hoffen, daß eines Tages Europa vereinigt wird, allerdings auf eine unsanfte Methode durch den Kaiser Napoleon, der deshalb hier noch hoch verehrt wird. Vorher herrschten hier grauenvolle Verhältnisse, beinahe solche wie im heutigen Europa. Hegel schrieb, hier herrsche eine konstituierte Anarchie, und das war gut beobachtet. Aber wir hatten einen bedeutenden König in Württemberg, damals war er allerdings noch Herzog, und der erkannte, daß man mit den stärkeren Bataillonen gehen muß und daß man so zu einem größeren Land kommt. Das war Friedrich von Württemberg, und dieser Friedrich von Württemberg war nicht Frédéric le Grand, sondern Frédéric le Gros, er war nämlich unglaublich dick. Man mußte in seinen Schreibtisch ein großes Loch sägen, damit er Platz fand, um seine Staatsverfügungen unterschreiben zu können. Napoleon hat von diesem Frédéric le Gros oder Friedrich von Württemberg ein bedeutendes Wort gesprochen. Er hat gesagt, an ihm habe die Natur beweisen wollen, wie weit sich menschliche Haut ausdehnen könne.

Solche Menschen wie diesen Friedrich braucht unser heutiges Europa, denn worunter leidet Europa? Unter den Agrarüberschüssen, und worauf sind die Agrarüberschüsse zurückzuführen? Darauf, daß zu wenig gegessen wird. Wein,

Milchpulver, Schweinefleisch, Käse, Butter, alles wäre gar kein Problem, wenn die heutigen Menschen den Mut Friedrichs von Württemberg hätten und auf ihren Leibesumfang nicht mehr achten würden. Wollen wir alle hoffen, im Interesse Europas, dass dieses Vorbild auf unsere Jugend wirken möge.

Ich fand in Stuttgard auch die Hauptzüge des Schwäbischen Charakters wieder: im Allgemeinen eben die Zufriedenheit, Ruhe und Gutherzigkeit, welche ich schon als die Hauptzüge des Schwäbischen Charakters rühmte, nur freylich nach den Sitten einer Residenzstadt modificirt, und daher im Allgemeinen vielleicht etwas mehr Hang zur Sinnlichkeit, Geselligkeit und Lebensgenuß.

Friedrich Nicolai

Walter Serner

Das Zéro

Mit Semmelhug wollte es, seit er in Stuttgart war, nicht vorwärts gehen. Schon nach acht Tagen hatte er das Hotel Marquardt mit dem Hotel Wörner vertauschen müssen und wenige Tage darauf dieses mit einem kleinen Zimmer in der Rosenbergstraße. Da er einsah, daß es mit ihm bald soweit sein würde wie vor fünf Jahren, als er, zu sehr seinem Glück vertrauend, plötzlich gepäcklos auf der Straße stand, überzählte er zähneknirschend den Rest seiner Barschaft: »Fünfunddreißig Mark! Entsetzlich!«

Wohl wissend jedoch, daß ein Zustand solch negativer Art am wenigsten dazu geeignet ist, eine miserable Situation durch einen schmucken Einfall zu sanieren, stieg Semmelhug resigniert auf die Straße hinunter, gleichsam um sich selbst aus dem Weg zu gehen.

Verdrießlich vor sich hin pfeifend gelangte er zu der schmalen Stiege, welche von der Rosenbergstraße zum Hoppenlau-Friedhof hinabführt. Dessen Bäume und die mit Recht gemutmaßte Stille zogen ihn an wie jeden, der mit sich nichts Wichtigeres anzufangen weiß.

Semmelhug erging sich sohin auf den engen sauberen Pfaden dieses einsamen Ortes, von Zeit zu Zeit gedankenlos vor einem Grab stehen bleibend. Nach einer Viertelstunde fiel ihm auf, daß er die Inschriften las, und gleichzeitig, daß er soeben eine sehr merkwürdige gelesen hatte. Er kehrte um, trat neuerdings vor den Grabstein und las laut vor sich hin:

»Heinrich von Inten, geb. am 3. März 1850, gest. am 10. März 1911 aus Gram über seinen verlorenen Sohn.«

Kopfschüttelnd, aber grinsend ging Semmelhug weiter: sein Vater hatte sich in dieser Hinsicht bei weitem mehr beherrscht. Bald darauf verließ er, keineswegs heiterer als vordem, den Friedhof und gelangte langsamen Schrittes allmählich auf die Königsstraße. Nachdem er sie etliche Male passiert hatte, ermüdete er. Nie ist man mehr geneigt, Impulsen statt Überlegungen sich hinzugeben, als wenn das Lebenstempo sehr reduziert ist. Und so widerfuhr es auch Semmelhug, daß er in einem spontanen Anfall von galgenhumoresker Gleichgültigkeit sich kurzerhand entschloß, koste es, was es wolle, im Wilhelmsbau zu essen. Als dies nach einer Stunde in opulenter Weise geschehen war, befiel Semmelhug, der nun doch der wiederkehrenden Klarheit sich nicht länger zu entziehen vermochte, eine wahre Katastrophen-Stimmung. Es war ihm, als müsse er unter allen Umständen Bewegung in seine Lage bringen, um eine erfreuliche Änderung herbeizuführen. Und da ihm, der Teufel weiß warum, just jene merkwürdige Inschrift auf dem Hoppenlau-Friedhof durch den Kopf ging, rief er den Kellner in der Absicht heran, irgend etwas zu provozieren.

»Kennen Sie eine Familie namens von Inten?« fragte er mit schwerlich zu überbietender Arroganz den Kellner, der vorsichtig neben ihm stand.

»Von Inten? Aber gewiß. Eine sehr vornehme Familie. Ein von Inten war fünfzehn Jahre lang Bürgermeister. Ich glaube, er dürfte erst vor wenigen Jahren gestorben sein.«

»Richtig«, meinte Semmelhug gnädig. »Er ist auf dem Hoppenlau-Friedhof begraben. Er hatte einen mißratenen Sohn. Der Schmerz darüber hat ihn ins Grab gebracht.«

»Der Herr sind Stuttgarter?« Der Kellner nahm bereits eine zutraulichere Haltung ein.

»Nein.« Semmelhug entaschte seine Zigarre überaus liebe-
voll, um eine distanzierende Pause hinausdehnen zu können.
»Aber ich kannte seinen Sohn. Ich kannte den jungen von
Inten sehr gut ... Ich ...« Er wußte nun doch nicht, wie er
eigentlich weiterlügen wollte.

Der Kellner trat geschmeichelt von einem Bein aufs andere.
»Der Herr wollen wohl Näheres über den alten von Inten
in Erfahrung bringen, wenn ich mich nicht im Irrtum be-
finde ...«

»Sie befinden sich nicht,« versicherte Semmelhug herab-
lassend.

Der Kellner, eine romantische Natur wie viele seiner Be-
rufsgenossen, schien plötzlich mit einer bestimmten Vermutung zu kämpfen. »Wenn der Herr vielleicht ... ich meine ...
sich mir anvertrauen wollten ... Ich glaube, daß eine gewisse
Ähnlichkeit ...«

Semmelhug stutzte. Und überlegte. Kam aber schnell zu
dem Schluß, daß er, selbst wenn der Kellner nicht bloß pro-
biert hatte und wirklich eine Ähnlichkeit vorhanden wäre,
nicht darauf bauen dürfe. »Ich bin kein von Inten. Aber sein
bester Freund gewesen.« Der letzte Satz war ihm entfahren,
er wußte selbst nicht wie.

»Gewesen?« Das Gesicht des Kellners zerfiel, als hätte er
persönlich einen schweren Verlust erlitten.

Das beruhigte Semmelhug und gab ihm seinen Plan ein.
»Ja, gewesen. Er starb in Sevilla in der Calle San Forge. An
der Malaria. Gerade gegenüber der bekannten keramischen
Fabrik von Viuda e Comez. Und hat mich vor seinem Tod
gebeten, eine gewisse Affaire privater Natur hier für ihn zu
regeln. Wissen Sie, ob noch jemand von seiner Familie lebt?«

Der Kellner, von Semmelhugs Distinguiertheit durchdrun-
gen, wußte, es unendlich bedauernd, nichts Bestimmtes mehr

zu sagen, äußerte sich aber, immer wieder nach kleinen Störungen an Semmelhugs Tisch zurückkehrend, noch eine halbe Stunde über die Wechselfälle des Lebens und die Geschicke der Menschen und versprach, ohne dazu aufgefordert worden zu sein, bis morgen Näheres in Erfahrung bringen zu wollen.

Semmelhug fand am nächsten Mittag den Kellner sehr verändert vor; als hätte eine unerwartete Rangerhöhung stattgefunden: von derart schrankenlosem Stolz und selbstbewußter Dienstbeflissenheit troff seine ganze Haltung. Kurzum, nach wenigen Minuten war Semmelhug drei alten Herren vorgestellt, die alle den alten von Inten und seinen verlorenen Sohn gekannt hatten und sich außerordentlich freuten, die Bekanntschaft des Mannes zu machen, welcher der beste Freund des unglücklichen Hans von Inten war und nun dessen Testament zu vollstrecken hatte.

Semmelhug wurde an den Tisch geladen und erfuhr im Verlaufe einer sehr animierten Kneiperei, daß Frau von Inten mit ihrer einzigen Tochter Stella eine elegante Acht-Zimmer-Wohnung in der Cannstatter Straße innehabe; daß das von ihrem Gatten hinterlassene, zweifellos nennenswerte Vermögen sicherlich noch intakt sei; und daß nun die Tochter dereinst alles erben werde. Den zwischendurch immer wieder an ihn gerichteten Fragen über des jungen von Inten Leben und Treiben wich Semmelhug geschickt aus, sichtlich bemüht, dessen Geheimnis zu wahren und sein Andenken in Ehren zu halten. So kam es, daß gegen drei Uhr nachmittags, als man bei der achten Flasche Mosel angelangt war, die ganze Tischrunde nicht nur des Lobes voll war über Semmelhugs Freundestreue und männliches Verhalten, sondern beim endlichen Auseinandergehen in Einladungen sich geradezu überbot.

Diesen kam Semmelhug in den folgenden Tagen mit dem Vorsatz nach, den diversen Ehegattinnen Details über die Familie von Inten zu entlocken. Dies gelang ihm mit auffälliger Leichtigkeit und solchem Erfolg, daß er, als er endlich eines Nachmittags die Wohnung Frau von Intens verließ, bereits zu einer Tasse Tee für den Abend eingeladen worden war. Dessen Verlauf gestaltete sich für Semmelhug zu einem Sieg von unerhoffter Vollständigkeit: Frau von Inten, von den Berichten über ihren immer noch geliebten Sohn stets wieder bis zu Tränen gerührt, kompensierte diese mit endlosen Liebenswürdigkeiten für den Gast, und ihre Tochter, deren Herz nach einer an Desillusionen allzu reichen Verlobungszeit mit einem verlotterten Rittmeister einer edleren Mannesgestalt um so heißer entgegenpochte, befliß sich unter schärfster Einsetzung ihrer immerhin ansehnlichen Reize, Semmelhugs persönliche Zuneigung zu gewinnen. Da dieser, äußerst vorsichtig wie stets, durchaus nicht vom Tode seines Freundes gesprochen hatte, lediglich von einer bereits überstandenen schweren Krankheit, sich aber, angeblich Hansens striktem Auftrag zufolge, weigerte, Genaueres über dessen Aufenthaltsort mitzuteilen, glaubten beide Damen, Semmelhug durch ein Übermaß an Gastfreundschaft und Liebenswürdigkeit doch noch zum Sprechen bewegen zu können. Infolgedessen verlebte Semmelhug, der von sich selber in tiefer Bescheidenheit teils schwieg, teils im Vergleich mit seinem kühnen Freund als Zéro sprach, bei Frau von Inten eine lange Reihe sehr angenehmer Abende, indem er sich stets von neuem überreden ließ, noch einige Tage zu bleiben.

Einmal aber, als er wieder zum Abendessen erschien, empfingen ihn die beiden Damen völlig verstört; es gelang ihnen nur mühsam, nicht sofort in Tränen auszubrechen. Fast eine halbe Stunde dauerte es, bis das in den seltsamsten Wendungen sich ergehende und stets wieder abbrechende Gespräch sich zu verdeutlichen begann.

»Wie ist das nur möglich«, jammerte Frau von Inten hinter ihrem Spitzentaschentuch. »Sie haben uns doch gesagt, daß Sie in der Rosenbergstraße wohnen und daß Sie nicht adelig sind.«

Fräulein Stella schlug heftig die Fingerspitzen auf einander. »Man muß ihn verläumdet haben. Wenn man nur wüßte, wer.«

In Semmelhug stellte sich miteins eine trübe Ahnung ein. Sein Magen zog sich leise zusammen. »*Wer* war denn eigentlich bei Ihnen, gnädige Frau?«

»Zwei Herren.«

»Von der Polizei?« Frau von Inten nickte.

Semmelhug, dem dieser Zwischenfall gleichwohl überraschend kam, hielt es für das Schlaueste, sich nicht verwundert zu zeigen. »Die Herren haben Ihnen sicherlich mitgeteilt,« begann er mit nachlässiger Ironie, »ich wäre ein Hochstapler, hieße mich von Semmelhug, dieweil ich nur ein ganz simpler Semmelhug, hätte mich als Testamentsvollstrecker Ihres Sohnes ausgegeben, der gar nicht tot sei, um Betrügereien zu versuchen, und mich bei Ihnen lediglich in dieser Absicht einzuführen verstanden. Ists nicht so, gnädige Frau?«

Frau von Inten blickte, unter Tränen lächelnd, auf. »Sie wissen sehr wohl, lieber Herr Semmelhug, daß Stella und ich Ihnen vollauf vertrauen und daß wir Sie durchaus nicht für ein Zéro halten. Was die Herren von der Polizei uns über Sie sagten, bewies ja nur, daß Sie uns nie angelogen haben. Das sagten wir den Herren auch, die darüber zwar erstaunt waren, uns aber versicherten, das wäre ein Schachzug von Ihnen, denn Sie wären bereits seit drei Wochen in Stuttgart gewesen, als Sie uns zum ersten Mal besuchten, und …«

»Das Hotel Marquardt …« Semmelhug lachte mokant, »… das Hotel Wörner … die Rosenbergstraße … nun, das sei eine auffällige Peripetie, der nur zu sehr der Wunsch entspräche, vermittels einer ungewöhnlich problematischen Freundschaft mit einem fälschlich Totgesagten sich zu rangieren. Ists nicht so, gnädige Frau?«

Frau von Inten nickte wiederum, diesmal bereits beinahe heiter.

»Daß Sie das alles aber wissen?« Fräulein Stellas Veilchenaugen irrten schmerzlich über Semmelhugs Züge. »Wie ist das nur möglich?« Sie schluckte mit Erfolg etliche Tränen.

»Phantasie macht einsam, gnädiges Fräulein«, Semmelhugs Pupillen erglühten sanft. »Und Einsamkeit schult die Phantasie.«

Fräulein Stellas Schultern hoben sich beseligt. »Und denken Sie nur ... daß *das* diesen Herren nicht die Augen öffnet, begreife ich einfach nicht! Die Herren sagten uns, daß Sie erzählt hätten, mein Bruder sei in Sevilla an der Malaria gestorben, dann wieder in Syrakus am Stich einer Kobra, dann wieder in Batum am gelben Fieber u.s.w. Das beweist doch nicht, daß Sie ein Schwindler sind. Das beweist vielmehr, daß man Sie verläumdet. Denn in Spanien gibt es keine Malaria, in Sizilien keine Kobra und in Batum kein gelbes Fieber. Nicht wahr, Mama?«

Frau von Inten nickte schnell. »Und *uns* haben Sie ja gar nicht einmal gesagt, wo Hans sich eigentlich befindet.«

Semmelhug senkte, von so viel Vertrauen niedergedrückt, schweigend den Kopf.

Nach einer Weile harmonischer Trauer rückte Fräulein Stella mit dem Stuhl. »Und daß die Polizei nicht weiß, was Herr Semmelhug in den letzten neun Jahren eigentlich getrieben hat ... ich meine, wovon er gelebt hat, das beweist nur, daß die Polizei nicht tüchtig ist. Und daß Herr Semmelhug herumreist und auch schon anderswo die Polizei auf ihn aufmerksam geworden ist, das beweist nur, daß er eben infolge seines interessanten Äußern, seiner besonderen Lebensgewohnheiten und seiner überlegenen Art den Idioten auffällt, die sich in ihrem Haß und Neid mit ihm beschäftigen und ihn verläumden und denunzieren.« Sie erhob sich in jäh aufwallendem Zorn. »Dieses Gesindel!«

»Stella!« mahnte Frau von Inten, das Spitzentaschentuch wieder vor den Lippen.

Semmelhug wußte nun, warum es mit ihm in Stuttgart nicht vorwärts gegangen war; wer die fragwürdige Rangerhöhung des Kellners vom Wilhelmsbau herbeigeführt; und weshalb die Tischrunde und die diversen Gattinnen in Höflichkeiten sich geradezu überboten hatten: die Hand der Polizei! Semmelhugs Situation war nicht angenehm. Sie war aber, was er geistesgegenwärtig sofort erkannte, keineswegs so hoffnungslos, wie sie schien.

Semmelhug stand langsam auf und sagte mit leise bewegter Stimme: »Ich danke Ihnen, meine sehr verehrten Damen, für Ihr mich ehrendes Vertrauen und für die so selten gastfreundliche Aufnahme in Ihrem entzückenden Heim. Ich bin glücklich, Hans das Beste von seiner gütigen Mutter und seiner reizenden Schwester berichten zu können. Und ich hoffe, daß es mir gelingen wird, ihn ins Elternhaus zurückzubringen. Ich bedaure nur, daß es mir privater Gründe halber nicht möglich ist, direkt zu ihm zu reisen. Aber ich kann Ihnen versprechen, hochverehrte gnädige Frau, daß Sie von mir *und* ihm in etwa vier Monaten Nachricht haben werden.«

Semmelhug verließ am Abend darauf Stuttgart, dreitausend Mark in der Tasche, da Frau von Inten ihn nach langen Bitten zu bewegen vermocht hatte, *direkt* zu ihrem Sohn zu reisen. Im Netz über Semmelhugs Kopf lag ein geschmackvolles Veilchen-Arrangement, dessen Boden eine deliziöse Bon-

bonnière barg, in welcher ein kleines lila Briefchen ruhte. Als Semmelhug es gelesen hatte, bedauerte er nur zu sehr, daß er den Bruder der Schreiberin nicht persönlich kannte und daß er hier doch nur ein Zéro war.

Aber er hatte keine Zeit, solch wehmütigen Meditationen sich hinzugeben. Er mußte sein Gehirn dem Augenblick zuwenden, der ihn vor die nicht allzu leichte Aufgabe stellte, die Schwierigkeiten, welche die Polizei ihm allenthalben weiterhin bereiten würde, in ingeniöser Weise zu besiegen.

Wenn man die breiten Straßen, die stattlichen Häuser erblickt, glaubt man Wunder was erwarten zu dürfen; klopft man dann aber an, so ist Nichts zu Hause.

Friedrich Hebbel

Reinhard Döhl

Klerri-juhs aus der kleinen Stuttgarter Versschule

Johannes Kapnion Reuchlin
hatte schon ein Bäuchlin
als er der Dunkelheit verpflichtet
an Dunkelmänner Briefe gerichtet.

Christian Friedrich Daniel Schubart
spürte seines Fürsten Schuh hart
auf dem Nacken auf Hohenasperg
darnach am Theater noch als Hofzwerg.

Friedrich später von Schiller
war nach den Räubern kein Stiller
im Land doch statt Stammheim
kam er nach Mannheim.

Friedrich von Matthisson
erfand den angepaßten Ton
keinen stieß er bei keinem eckt er
an auch nicht als Theaterdirektor.

Georg Friedrich Wilhelm Hegel
hob es ab mit vollem Segel
und Prisen welche hanfverstärkt
wie man an der Sprache merkt.

Ludwig Uhland
sich manchmal den Schuh band
doch ins Frankfurter Parlament
ist nicht nur er vergeblich gerennt.

Gustav Schwab
machte Trimmtrab
durch die klassischen Sagen
ohne zu klagen.

Wolfgang Menzel
Kritikerpopänzle
streckte Verse und bieder
männisch Jugenddeutsche nieder.

Nikolaus Niembsch Lenau
nahm seine Gefühle zu genau
kurz zu Besuch wie überall
mit Abstecher nach Winnenthal.

Wilhelm Hauff
gab früh auf
als Mann im Mond
da unbewohnt.

Ludwig Amandus Bauer
war sauer
daß als Professor er aus seinem Leben schied
und nicht als letzter König von Orplid.

Wilhelm Waiblinger
um mehr als ein Weib ging er
aus Rom hat er geschrieben
dort ist er auch geblieben.

Friedrich Theodor Vischer
bekanntlich ein sehr ästhetischer
Kopf voller Grillen
nahm Schnupfenpillen.

David Friedrich Strauß
hielts nirgends lang aus
und ging schon hin in alle Welt
bevor er das Leben Jesu erzählt.

Georg Herwegh
lief vom Heer weg
direkt in die Schweiz und progressiv
bis Emma kam und mit Eginhard schlief.

Theodor Storm
aus Husum nahe Pellworm
kam Mörikes wegen sagt die Geschichte
doch ungelegen lauten Gerüchte.

Ludwig Pfau
kein Eulenspiegel schau
te die Schweiz sich an später Paris
bis man ihn weiter beobachten ließ.

Wilhelm Raabe
sucht in Gotha nach einem Grabe
auch macht er nach schwäbischer Kunde
am Jägerhaus die Runde.

Christoph (Pechle) Pechlin
(Miß Christabel Eddish schwächt ihn)
ist obwohl aus diesem Land
in unserm Ländle unbekannt.

Agnes Breuning Rudolf Günther
führten ihre Ehe hinter
sinnig und wunderbar
sie als Heilige er als ihr Narr.

Robert Edler von Musil
verbrachte zwei Jahre zuviel
eigenschaftslosen Lebens
in Stuttgart vergebens.

Bruno Frank
vertraute zu lang
der Tradition und Thomas Mann
nur Wasserglas war da als der Sturm begann.

Franz Jung
hat auf dem Sprung
des Ausstiegs nach unten
sich Stuttgart verbunden.

Georg von der Vring
hat und das ist ein Ding
den Krieg teils in Stuttgart verschlafen
die Spur verliert sich im Hafen.

Josef Eberle
zog vom Lederle
lateinisch scortillum Sebastian Blau
weiß dies genau.

Max Bense
Hüter der Stuttgarter Gänse
die rot stets sahn wenn Schwarze sich nahn
textet augenblicks seinen Lebensroman.

Helmut Mader
schied im Hader
mit sich der Stadt und mit der Welt
die er in die Umgebung der Logik gestellt.

Reinhard Döhl
Verwandte in Waldbröl
denkt bei Schweinebauer und Wäscherin
manchmal noch an Wekhrlin.

Manfred Esser
Mac doch ohne Messer
kam manches auskostend
schließlich auf Ostend.

Johannes Poethen
und das noch für Moneten
lud Schriftsteller nicht nur zum Schein
gemeinsam mit Rommel ins Rathaus ein.

Friederike Roth
liebte Tollkirschenkompott
die Hochzeitsgäste kamen kaum mit
beim Wartburgritt.

Zsuzsanna Gahse
hat eine gute Nase
nur wofür
steht nicht hier.

Wendelin Niedlich
Hauptsache man sieht sich
blieb in der Stuttgarter Veste
der Fleck auf der Weste.

Hector Wilhelm von Günderode

Ein recht ächter Stuttgarter

Ein recht ächter Stuttgarter weis keinen bessern Aufenthalt,
als eben *Stuägärt*, wie sie es aussprechen; er schlägt Vortheile aus, die er auswärts erhalten könnte, um immerhin diese
Luft zu athmen, die doch meistens viele Nebel verdicken
und erschweren. Wagt er sich aber hinaus und sieht zum
erstenmal fremden Himmel, so wird ihm *weinerlich ums
Herz*, bekommt Beklemmungen und *Vaterlandsahndungen*,
staunt die andere Welt an! und seufz't das Nationalsprichwort
*Eine Suppe hinter dem Schwabenofen ist besser als Braten in
fernen Landen.* Auch wird er sehr leicht mit dem sogenannten
Heimweh befallen, und der kleinste Wink führt ihn wieder in
die geliebte Vaterstadt zurück. Ein Frauenzimmer sagte, ich
habe mich einige Zeit in Wien aufgehalten, bin in manchen
andern grossen Städten gewesen; *es isch aber oinewäg nur oin
Stuägärt.* In vielem Betracht haben sie recht; denn die Bürger
geniessen dort so viele Vorrechte und Versorgungen, daß der
Staat Anspruch auf ihre Erkenntlichkeit machen kann. Sonderbar ist's, daß die Neigung zu diesem Lande auch sehr leicht
auf Fremde wirkt. Wer diese Luft einige Zeit eingehaucht hat,
vertauscht sie ungern gegen eine andre.

Hauptzüge des Nationalcharacters sind Offenherzigkeit,
Redlichkeit und Treue, Religiosität, wenigstens im Äußern,
Gastfreiheit und starker Hang zum guten Essen und Trinken,
Fröhlichkeit, Neigungen zu allen Vergnügungen, Putz und
Wohlleben, ungezwungen, und mehr als in vielen andern Pro-

vinzen Teutschlands, Kinder der Natur! Wenig Thätigkeit, bequem, sich nicht übereilend und immerhin in der alten Gleise fortwandelnd, viele Eigenliebe nebst der daraus entstehenden Verachtung gegen Fremde, ganz eigener Witz und vermeinte Klugheit, woraus die sogenannten Schwabenstreiche entstehen; sehr galant gegen das schöne Geschlecht, welches da viele Vorzüge, ja sogar ein ganz besonderes Weiberrecht hat. Das Äußere ist mit diesen Zügen sehr übereinstimmend. Gesunde, starke, lustige Brüder und Schwestern mit sehr unangenehmer Sprache, welche das schöne Geschlecht eben so führt, übrigens aber in der That von schöner Art ist.

Die Stadt hat keinen Antheil an den Wohlthtaten der Künste genommen, während sie im Lande sich aufhielten. Sie besteht aus einer Masse häßlicher Gebäude. Die Maniren und die Lebensart der Inwohner sind ungebildet. Die Stuttgarter verstehen die Regel der Verbeugung, aber in den Regels der Höflichkeit sind sie unwissend.

Wilhelm Ludwig Weckherlin

Sebastian Blau

D Stuageter

Se hend schao' lang koan König maih,
send nemme Residenz,
ond dia vo'r Villa Reitzenstei'
send älle vo'r Provenz.

Nao ebbes sitz noh fest em Sattel
Ond bläht se uf wia Null:
Dr uralt Residenzlergrattel
vo'r bessre' Stuageter Mull.

Sebastian Blau

D Stuegeter Fasnet

»O wenn mir noh kenntet, wia mir möchtet!«
Eine Zuschauerin beim Stuttgarter Fasnachtsumzug

Wenn d Stuggarter Fasnet habet,
noh spennet se ond begrabet
beim Omzug scho' d Fasnet still und leis:
ma' hört kei' Juzge', kei Lache', kei' Gschrei …
Narr, d Stuggarter könnet net narret sei',
ond wend ses, noh send se baös.

Carl Theodor Griesinger

Ein Stuttgarter Theaterkritiker

Er ist gewöhnlich noch sehr jung, zwischen 20 und 35 Jahren, nebenbei Schriftsteller, Journalist, vielleicht gar Redakteur eines kleinen Lokalblattes. Alle Theatertage findet man ihn im Schauspielhaus, meistens auf dem Parterre und gewöhnlich an demselben Platze, oft geht er auch in dem Gang auf und ab, um die Leute zu mustern. Er tritt nicht vorher ein, als bis es daran ist, daß das Stück seinen Anfang nimmt. An der ganzen Haltung kennt man, daß er hier zu Hause ist. Denn er bewegt sich so ungeniert wie in einem Wirtshause. Das erste, was er tut, ist, daß er sein großes Opernglas hervorzieht, der Bühne den Rücken kehrt und die Galerien vor seinen Augen vorbei passieren läßt. Dann kommt die Musterung an's Parterre. Da hat er nun eine Menge Bekannter. Er nickt dorthin, und an einen anderen Ort versendet er ein Lächeln. Bald verläßt er seinen Platz, um mit diesem oder jenem ein paar Worte zu wechseln, und dies tut er so vertraulich, so flüsternd, daß jedermann meint, es sei sein genauester Bekannter oder die Sache betreffe ein großes theatralisches Geheimnis.

Nun kommt die Reihe an ihn selbst. Es nähern sich ihm viele. Man fragt ihn aus, man will sein Urteil zum voraus hören, ob man gleich durchaus nicht damit einverstanden ist, man sucht zu erfahren, welche Sängerin nächsten Sonntag auftreten werde, ob der Schauspieler, der letzthin hier gastierte, für die Bühne gewonnen sei, ob Demoiselle Stubenrauch in Prag gefallen habe, ob Herr Seydelmann in Berlin oder in

Wien Vorstellungen geben werde, ob Mademoiselle Haus immer noch heiser sei, und dergleichen mehr. Er muß über alles Rede stehen, was das Theater angeht. Und das tut er, innerlich sehr gerne und sehr geschmeichelt, weil er sich für einen gewichtigen Mann hält, äußerlich aber ganz gleichgültig, nur kurz und oft trocken antwortend, wie wenn ihm das viele Fragen lästig wäre. Dabei hat er den Vorteil daß er durch sein bedeutsames Schweigen immer noch mehr hinter sich vermuten läßt, als hinter ihm ist.

Während des Stückes beträgt er sich ganz anders als gewöhnliche Menschen. Ist es eine neue Oper oder ein neues Lust- oder Schauspiel, das gegeben wird, so paßt er außerordentlich auf, anscheinend aber wie wenn er nichts hörte. Muß er ja doch nachher den Inhalt wieder erzählen und die handelnden Personen kritisieren! Manchmal schreibt er auch insgeheim eine Bemerkung nieder, und er hat es nicht ungerne, wenn man ihn dabei beobachtet; denn daran wird er als Kritiker erkannt. Ist aber das Stück schon längst bekannt, so kann es oft der Fall sein, daß er sich geradezu umkehrt und gar nicht auf die Bühne sieht. Das sind längst bekannte Geschichten, was soll er die noch einmal hören? Oder es ist ein schlechtes Stück, was soll er da hinsehen und sich ennuyieren? Es liegt etwas Verachtendes in dem Sichumdrehen, etwas Sicherhabenfühlendes über solche Alltagslumpereien, und eine solche Meinung soll man von ihm haben. Deswegen spricht er auch gerne während der Aufführung am liebsten mit fremden Herren oder mit bekannten Frauenzimmern. Wird ein Ballett gegeben, so verläßt er das Parterre und begibt sich auf die zweite Galerie. Er muß die Füße der Tänzerin beobachten können. Ihre Füße sind ihm die Hauptsache, während sie tanzt. Oft hat er aber auch ihre ganze Person gern. Wenn das Theater aus ist, so pflanzt er sich am Ausgange auf und läßt die Herausgehenden die Revue passieren. Eine solche Revue ist oft unterhaltender als eine Theater-Revue.

Der Theaterkritiker ist für die Schauspieler eine sehr wichtige Person. Mag das Blatt auch noch so unbedeutend sein, in welches die Kritiken geliefert werden, mag auch die Kritik selbst noch so sehr nach Jugend und Unkenntnis im Dramatischen riechen, mag auch der Referent durch sein Referat zeigen, daß er von Musik wenig oder gar nichts verstehe, – das Publikum liest einmal diese Kritiken, man kann darin tadeln oder loben, und es gibt keine eitlere Menschen als die Schauspieler. Darum wird der Theaterkritiker auch von allen Schauspielern und Schauspielerinnen, allen Sängern und Sängerinnen honoriert. Sie grüßen ihn überall zuerst, und wäre er sonst auch eine ganz unbedeutende Person; sie sprechen freundlich mit ihm und laden ihn zum Mittagessen ein, sie machen ihm Komplimente und sind seine Freunde, im Innern aber hassen sie ihn von ganzem Herzen, wenn er sie nur einmal getadelt hat.

Ein Stuttgarter Theaterkritiker hat kein Frei-Billett in's Theater. Er würde eines bekommen, wenn er untertänigst darum anhielte und sich anheischig machte, nichts gegen das Theater und hauptsächlich nichts gegen die Intendanz zu schreiben. Verfehlt er sich hierin einmal, so wird ihm das Frei-Billett wieder abgenommen; es kann auch der Fall vorkommen, daß die hohe Intendanz sich bewogen fühlt, ihm das Theater ganz zu verbieten.

Carl Theodor Griesinger

Eine geborne Stuttgarterin

Eine geborne Stuttgarterin ist gewöhnlich hübsch gewachsen, mehr üppig als schlank, mittelmäßig groß, hat blonde Haare, blaue Augen, eine kräftige Statur und als besondere Auszeichnung: große Füße. Auch ist es ihr unmöglich, außerhalb Stuttgart zu wohnen.

Die großen Füße hat sie daher, daß sie sehr gerne geht; denn sie kann unmöglich lange zu Hause sitzen. Wenn sie aber zu Hause sitzt, so sitzt sie am Fenster und strickt oder näht; das Stricken oder Nähen ist aber nicht die Hauptsache, sondern das Hinausschauen auf die Straße, was wohl da passiert und wer vorbeigeht. Doch zu lange hält sie's nicht aus, sie muß entweder eine gute Freundin besuchen, oder eine gute Freundin besucht sie. Und nun geht's fort auf den Spaziergang, die Königstraße hinauf und hinab, die Anlagen entlang oder bergan die Neue Weinsteige. Menschen muß sie sehen, damit sie deren Anzug kritisieren kann; an gewissen Häusern muß sie vorbeigehen, damit sie schaue, ob nicht ein gewisser jemand freundlich herausgrüße.

Am liebsten geht sie sonntags und feiertags; da geht sie eigentlich den ganzen Tag. Morgens zu allererst in die Kirche und zwar am liebsten in die katholische Kirche. Da darf man etwas zu spät kommen und kann doch noch hinein. Man kann auch früher wieder heraus, wenn man etwa Lust dazu hat, weil die Türen nie geschlossen werden. Und kommen nicht überdies die meisten Herren dorthin, wenn sie auch nur zehn Minuten bleiben? Warum sollte also eine geborne Stuttgarterin nicht auch hingehen? Man sieht, sie ist nicht stockprotestantisch. Nach der Kirche geht sie spazieren und zwar immer in der Königstraße. Dies dauert bis 12 Uhr, d.h. so lange, bis die Wachtparade aufzieht. Nach dem Mittagessen gibt's eine Landpartie. Es geht nach Cannstatt, nach Degerloch, nach Heslach. Zu weit darf sie nicht gehen, denn um 6 oder vielmehr um halb 6 Uhr muß sie doch wieder zu Hause sein. Käme sie denn sonst noch in's Theater? Und am Sonntag muß sie doch wenigstens im Theater sein, wenn sie es auch werktags manchmal vernachlässigte. Darum ist auch das Theater sonntags stets gefüllt, die Oper, die da gegeben wird, mag gut sein oder schlecht. Im Sommer aber ist's eine ganz andere Sache. Wer wird da in's Theater gehen, wenn draußen die Sonne so hell scheint? Kein Mensch tut's, darum haben auch die Schauspieler Ferien im Juli und August. Man darf also sonntags auch weiter gehen als bloß nach Cannstatt. Braucht man doch erst um 9 Uhr zu Hause zu sein! Also eine Wasserpartie nach Münster, nämlich zu Wasser von Cannstatt aus, weil der Nesenbach bis jetzt noch nicht schiffbar ist. Oder auf die Solitude, in diese alte verlassene Herrlichkeit, wo man eine Welt unter sich hat. Oder nach Vaihingen, das liebliche Tälchen hinauf, zu einem göttlichen Biere in der Linde. Oder endlich auch nach Echterdingen in den Hirsch mit seinem stets duftenden Sauerkraut. Hohenheim ist auch keine üble Partie.

Man sieht nun wohl ein, warum eine geborne Stuttgarterin von Stuttgart nicht weg kann. Wo fände sie so viele Annehmlichkeiten als da, wo sie geboren? Sie kann deswegen auch durchaus nicht fort, partout nicht; es gibt nur ein Stuttgart. Und wenn auch die beste Partie käme, auf's Land kann sie nicht, und wenn der schönste Mann von der Welt um sie anhalten würde; in's Ausland könnte sie vollends gar nicht. Lieber einen Schneider in Stuttgart als einen Oberamtmann auf dem Schwarzwalde. Vor diesem hat sie ohnehin einen Abscheu wie vor dem lebendigen Teufel, denn sie ist selten aus der Umgegend ihrer Residenz gekommen, darum kennt sie auch gar keine andere Gegenden unseres Vaterlandes; den Schwarzwald aber stellt sie sich vor als ein Stück von Sibirien, das Oberland als eine Art Siebenbürgen und das Unterland als ein Anhängsel von Stuttgart. Nur in Stuttgart ist's gut, darum muß sie auch in Stuttgart bleiben. Die Stuttgarterin kann auch ein anderes Klima durchaus nicht ertragen.

Die Stuttgarterin ist sehr belesen, denn es gibt bei uns viele Leihbibliotheken. Sie ist Kunstkennerin, denn sie kommt sonntags in's Theater. Sie ist bibelkundig, denn sie hört alle Woche einmal eine Predigt und kritisiert sie. Nur mit der Politik befaßt sie sich nicht sehr viel, denn sie ist sehr zornig darüber, daß ihr der Zutritt in's Ständehaus verschlossen ist. Ein Lieblingsausdruck von ihr ist das Wörtlein »zu«. Sie sagt nie: »Das Wetter ist sehr schön«, sondern immer: »Das Wetter ist zu schön.« Das »als daß«, welches eigentlich darauf folgen sollte, kann sich jedermann selbst dazu denken.

Eine geborne Stuttgarterin ist sehr lebenslustig und würde für ihr Leben gern heiraten, wenn nur ein Stuttgarter käme.

Jella Lepman

Die Stuttgarterin von heute

Was könnte es bedeuten, wenn eine Stadt ihre Arme über alle Hügel spannte, wenn sie von hunderttausend Automobilen durchsurrt wäre, wenn sie Riesenbauwerke wie Spielzeug auf ihrem Handteller trüge und nicht den Blutstrom ihrer Bürger in ihren Adern strömen fühlte? »Der Mann sei der Kopf der Gemeinde, aber die Frau das Herz«, sagt einer jener entzückenden Aussprüche, die man immer wieder aus dem Antiquitätenschranke holt, um sich daran zu ergötzen. Und da die Stuttgarterin helle genug ist, um zu wissen, daß das Gehirn ohne den Motor des Herzens rettungslos verloren wäre, so nimmt sie mit heiterer Ruhe und unter allem Vorbehalt den hier zugewiesenen Platz ein. Sie schenkt ihrer schönen Heimatstadt viele Gedanken der Liebe, und wiewohl sie nicht unkritisch ist, rötet ihr Stolz die Stirn, wenn andere deren Emporflug rühmen. Sie fühlt sich wunderbar in dieses Geschehen hineinverflochten. Reckt die Stadt ihre Bauten immer steiler in die Höhe, so sucht die schwäbische Frau Stufe um Stufe mitzuschreiten. Sie tut es zäh und bedacht, ihre Stammesart nicht verleugnend. Auch wenn sie vielleicht rückschauend über ihre eigene Kühnheit ein wenig erstaunt ist, geht sie mit klarer Sicherheit den einmal für richtig erkannten Weg. –

Ein Blick durchs Postkutschenfenster hat dem Zureisenden laut Chronik schon vor 150 Jahren gezeigt, daß in Stuttgart »schwerlich ein bedeutungsloses Frauenzimmergesicht« zu finden sei! Wenn dort weiter festgestellt wird, »daß die Bewohnerinnen der herzoglichen Residenz nicht eben nach der neuesten Façon gekleidet gingen«, so sei dies unseren Urahnen um des ersteren Ausspruchs willen verziehen. Kein deutsches Land hat so viel Dichter- und Denkermütter aufzuweisen als das schwäbische, die Erziehung solcher Söhne ließ wenig Zeit für Modefinessen.

Allzu starke Eigenkultur eines Bürgertums verhindert dieses, sich rasch mit der Weite zu verbinden. So blieb die Schwäbin lange nur in ihrem Boden verwurzelt, und die Welt schien ihr höchstens der Rahmen für ihre Heimat zu sein. In ihrem Hause empfing sie die Menschen anderer Städte und Länder. Sie tat es großzügig und höchst originell, und nicht nur die Gattin Justinus Kerners schlief unter dem Dach, um ihren Gästen Quartier zu schaffen. Trotzdem blieb der Ruf, daß sie die Eierschalen der Kleinstädterin nicht ganz abgestreift habe, ja sogar ein wenig mit ihnen kokettiere.

In den letzten zehn Jahren trat auch hier der gewaltige Umschwung ein. In jener Wechselwirkung, die alle Ereignisse verbindet, begannen Stadt und Bewohner wettzueifern. Und so kann es beinahe als Symbol gelten, daß in diesen Tagen ein junges Schwabenmädchen vor dem ersten Turmhause ihrer Vaterstadt stand, hinaufblickte und schelmisch sagte: »Mit dem Aufzug hinauffahren ist schön, aber immer über zwei Stufen zumal *selbst* hinaufklettern, ist schöner. Wir Frauen sind jetzt trainiert für solche Dinge!«

Sicher und selbstverständlich schreitet die Stuttgarterin durch ihre sich mächtig entfaltende Stadt. Längst hat sie gelernt, sich auch rein äußerlich der herrschenden Modelinie anzupassen, ohne allerdings ganz auf ihrer Individualität zu verzichten. Noch immer steckt sie selbst und nicht irgend eine Modepuppe in ihren Kleidern. Nicht jede von Paris überkommende Torheit überfällt sie wie ein Schicksal, aber sie trägt ihr Abendkleid mit derselben Anmut wie die andere Großstädterin. Sie stürzt nie, wie die Legende behauptet, mit der Hausschürze in den Nibelungenring, was zwar der Gipfel der Begeisterung wäre, aber ein wenig erfreulicher Anblick. Sie weiß sehr genau, was sie in ihrer Erscheinung ihren Landestheatern, die elegante Kleinodien sind, zu gewähren hat. Flitter ist ihrem Wesen fremd, und so mag es wenig Städte geben, deren Schaufenster so viele feine und auserlesene Qualitätsdinge zeigen, wie dies in Stuttgart der Fall ist.

Außerdem hat die Schwäbin ein ausgesprochenes Verständnis für Kunst. Ihr Sinn öffnet sich überraschend leicht deren jüngsten Bestrebungen. Die Stuttgarter Kunstgewerbeschule, die stark von Frauen besucht ist, hat einen weithin klingenden Ruf. Die Stuttgarterin setzte ihre Stimme mit dafür ein, daß die berühmt gewordene Weißenhofsiedlung erstehen konnte. Sie suchte einem seiner Zeit Vorauseilenden, wie Corbusier, Widerhall zu verschaffen. Ihre »Wohnung der berufstätigen Frau« galt als Musterbeispiel dieser Art. Sie turnt mit ihren Kindern auf den Dachgärten dieser Hügelhäuser, und ihre Vorfahrinnen würden bildlich auf dem Kopf stehen, wenn sie die Hausfrau als schlanke »Kerze« dort leibhaft in den Himmel ragen sähen.

Trotzdem ist diese Hausfrau gewiß nicht weniger tüchtig und erfahren als diejenige vorhergegangener Generationen. Die schwäbische Hausfrau, die lange Zeit auch in Stuttgart viel von der Tradition des Landhaushaltes aufrecht erhielt, hat es beinahe ruckartig erfaßt, die Errungenschaften der modernen Technik für sich nutzbar zu machen. Wie überall im Reich hat sie sich einer der verschiedenartigen Hausfrauenorganisationen angeschlossen und versucht nun, das, ach, so verzweigte Gebiet des Hauswesens in ein gewisses System zu bringen. Dies ist garnicht sehr einfach und besonders hier, denn die schwäbischen Hausherren gelten nicht ohne Grund als die verwöhntesten weit und breit.

Gegen das Novemberende beginnt auch heute noch in jedem guten schwäbischen Hause die heftige Vorbereitung für die Weihnachtsbäckerei. Es ist allgemein geübte Tradition, mindesten fünfzehnerlei verschiedene »Weihnachtsgutsles-Sorten« auf den Festtisch zu bringen. Da sind »Springerlesformen«, welche schon die Urahne in den Teig preßte, und die Kinder von 1928 naschen mit der gleichen Begeisterung vom Schüsselrand wie diejenigen hundert Jahre zuvor. Hier scheint der Zeiger der Zeit stille gestanden zu sein, obgleich die Stuttgarterin von heute bei aller Vorliebe für Süßigkeiten sich die schlanke Linie ebenso standhaft erkämpft wie ihre Schwestern im Reiche.

Eine nicht weniger gepflegte Sitte ist die schon erwähnte Gastfreundschaft. Es gehört zum guten Ton, ein blütenweiß bezogenes Gastbett für Vettern oder Basen vom Lande bereit zu halten. Die Hausfrau in der schwäbischen Hauptstadt empfände etwas wie zarte Scham, wenn ein Verwandter siebten Grades im Hotel übernachten müßte.

Wie dies allerdings in Zukunft sein wird, läßt sich heute noch nicht enträtseln! Es sei verraten, daß Stuttgart mit zu den Städten gehört, welche die interessanteste, nach neuartigsten Prinzipien aufgebauten Erziehungsanstalten besitzen, und daß dort die Jungens für alle Fälle zierlich stopfen, Knopf annähen und Pantoffeln häkeln lernen!

Längst ist der Horizont der schwäbischen Frau nicht mehr von den Hügeln ihrer Heimatstadt begrenzt. Auch sie strebt in die Weite. Ihr grüblerischer und doch leicht empfänglicher Geist will teilhaben an den Problemen der Zeit. Sie braucht eine Stunde, die ihr allein gehört, in der sie Musik in sich aufnehmen, in der sie einer Vorlesung folgen, in der sie an einer Diskussion teilhaben kann. Und auch hier hat sie sich mit den Jahren ihre eigenen, von ihr selbst gegründeten und geführten Vereinigungen geschaffen.

Noch ehe sie gleichberechtigte Bürgerin ihrer Stadt war, arbeitete sie auf sozialen, fürsorgerischen, erzieherischen Gebieten mit. Ihre Wohltätigkeitsorganisationen weisen ganz besondere Wesenszüge auf. Sie sind durchaus auf den notleidenden Einzelmenschen aufgebaut und meiden jede typisierte Geschäftsführung. Sie erfordern so ein heftiges Maß von Kleinarbeit, kommen aber der Gemütsverfassung des schwäbischen Menschen wundervoll entgegen.

Im Verband württembergischer Frauenvereine sind interkonfessionell und überparteilich die hervorragenden Organisation des Landes und indirekt der Stadt zusammengefaßt. Er gewinnt immer mehr an Bedeutung und umschließt verschiedenartigste Schichten, Berufsarten, Altersstufen. Aus ihm sind auch die führenden Persönlichkeiten hervorgegangen, die 1918 die neuernannten Staatsbürgerinnen in ihre Rechte und Pflichten einführten. Dies allerdings ist noch ein dunkles Kapitel, und auf dem Stuttgarter Rathaus gehören die Stadtmütter ebenso zu den Seltenheiten wie anderswo. Jahrhundertelange, wenn auch sinnlos gewordene Tradition läßt sich nicht in wenigen Jahren überrennen. Die Frauen müssen in ihrer großen Masse zuerst zu sich selbst erwachen. Ihr Wunsch, wirklich mitverantwortlich, als gleichgewertete Kameradinnen und Bürgerinnen neben dem Manne zu stehen, muß immer lauter auch in das schwäbische Land hinausklingen. In den vier Wänden des Hauses hat ihr klarer Rat dem Manne schon immer viel gegolten und manche Weisheit, die er nachher im öffentlichen Rate zum Besten gab, hat er sich merklich oder unmerklich bei ihnen geholt. Viel Geduld, Klugheit und nicht zuletzt List wird dazu gehören, uralte

Vorurteile zu überwinden. Gerade die Frau, die in die Öffentlichkeit hinausstrebt, wird in sehr vielen Richtungen der Vollkommenheit zueilen müssen. Sie muß die entzückendste Hausfrau sein, die liebevollste Mutter, die anmutigste Gefährtin, und stets eine ganze Frau. Sie muß durch Beispiel, das immer häufiger wird, zeigen, daß sie wie Stuttgart selbst, mit der neuen Zeit schreitet. Daß sie den Geist versteht und in sich schwingen fühlt, der *ihre* Stadt – und Städte sind immer weiblich – turmhoch emporführt.

Stuttgart gehört zu den schönsten Städten des Kontinents. Im Sommer ist's im Talkessel heiß wie im Süden. Die Vegetation gedeiht wie im Treibhaus. Der Schloßplatz erinnert an Paris, der Hasenberg an Florenz, die Weißenhof-Siedlung an Algier, dank den Errungenschaften einer sowohl südlichen als auch radikal modernen Bauweise. Zwei Turmhäuser dienen der Orientierung in der Stadt der prozentual meisten Autos Deutschlands.

Willi Baumeister

Anna Schieber

Eine von den Geschichten
der Großmutter

»Als ich so alt war wie du«, erzählte die Großmutter, »gab es bei uns noch keine Eisenbahn. Die erste, von unserer Stadt nach der Hauptstadt, wurde erbaut, als ich eine ganz junge Frau war. Das war eine große und verwunderliche Sache; die Menschen zeigten wieder einmal, ob sie ein Neues aufnehmen und sich dafür begeistern konnten, oder ob sie ihm mit Angst und Grauen oder doch mit Vorsicht begegneten. Das ist immer so, man sieht daran, wie die Menschen beschaffen sind. Aber das verstehst du noch nicht.«

Und dann erzählte sie die Geschichte von ihrer Butterfrau aus dem Remstal, wie sie zum ersten Mal mit der neugebauten Eisenbahn fuhr und was sie dabei erlebte. Ungefähr so: »Als nun die Bahn im Gange war und man durch sie in einer halben Stunde in die Hauptstadt kommen konnte, da kam eines Tages die Bogerin – sie hieß Boger – aus Stetten im Remstal mit ihrem Butterkorb zu mir und sagte ein wenig verlegen: ›Wie ist es denn mit der Eisenbahn? Ich habe doch meinen Sohn in Stuttgart. Er ist bei der Stadt angestellt als Taglöhner und hat im vorigen Jahr geheiratet und vor acht Tagen ist ihm ein Bub geboren worden. Da schreibt er jetzt, daß ich doch zur Taufe kommen solle. Ich solle mit der Bahn fahren, damit ich das vor meinem Tod auch noch erlebe, und er wolle mir die Fahrkarte zahlen.‹ Da sagte ich: ›Ja, ja, Bogerin, das tut Ihr natürlich. Das ist eine feine Sache, das geht wie geflogen.‹ Da sah aber die Bogerin auf den Erdboden und sagte – und zupfte an ihrem Schurzbändel –: ›Ja, wenn nicht der Weber Jedele wäre.‹ (Der Weber Jedele war der Stundenhalter der pietistischen Gemeinschaft und ein strenges Oberhaupt.) ›Der Jedele sagt, die Eisenbahn sei vom Teufel erfunden und sei der Antichrist selber, und die Glieder der Gemeinschaft dürfen da nicht mittun, sie müssen dem Argen widerstehen und keines von ihnen solle diese gottlose Sache mitmachen. Jetzt stecke ich da mitten drin: einesteils möchte ich gern fahren und auch meinen Wilhelm nicht erzürnen, und andernteils, wenn es der Jedele hört: er ist im Stande und bringt es in der Stunde vor und macht mich da schlecht.‹

Da habe ich gesagt: ›Ach, Bogerin, der Jedele versteht nichts davon, daß der Mensch immer etwas Neues erfinden muß, weil er die Welt kennenlernen und beherrschen soll. Er hat zu viel in der Offenbarung Johannis gelesen, da ist ihm der Kopf wirbelig geworden und er hat Angst bekommen und hat keinen hellen Blick mehr. Darum könnt Ihr ruhig fahren, die Eisenbahn, das ist eine gute Sache. Ich, wenn mein Kindlein zur Welt gekommen ist, das jetzt unterwegs ist, fahre sogleich auch. Mein Mann hat es mir versprochen, er fährt selber mit mir.‹ Die Bogerin aber ging bedrückt wieder in ihr Remstal heim, denn sie hätte zwar den Mut gehabt, mit der Bahn zu fahren, aber nicht, dem Jedele zu widerstehen, der eine große Gewalt ausübte. Nach drei Wochen aber in einer Sonntagmorgenfrühe kam sie dennoch gegangen und stand eine Stunde vor dem Zugabgang am Bahnhof, heimlich hinter der Wand und kam erst hervor, als mit Schnauben und Zischen die Lokomotive ihre Wagen daherbrachte und stillstand. Sie sah sich auch ängstlich um, ob niemand aus ihrem Ort um den Weg sei, und stieg ein, nicht ohne einen Seufzer. Sie hatte aber einen Brief ihres Wilhelms in der Tasche und las ihn noch einmal, der schrieb, die Mutter sei ein tapferes

Weib ihr Lebtag gewesen und das solle sie auch bleiben bis zuletzt, Jedele hin oder her. Es war denn auch eine heimliche und schöne Lust, wie da in der Morgensonne die Weinberge unserer Stadt und die Türme, und die Felder und darauf die Dörfer vor den Fenstern dahinzufliegen schienen, ein Bild ums andere. Der Neckar glänzte auf und rauschte über sein Wehr und die Bäume an der Landstraße sagten alle mit heiterem Winken: ›Guten Morgen, Bogerin.‹ Und in dem Herzen des guten Weibleins, das seine fünfundsechzig Jahre alt war, kam eine Freude auf und ein Vertrauen, es werde gut ausgehen, trotzdem, daß der Jedele gesagt hatte, wer in sein Verderben fahren wolle, der solle. Er, der Obere der Gemeinschaft habe seine Schuldigkeit getan. Es kam auch eine Haltestelle um die andere. Leute stiegen aus und ein, es geschah ihnen im mindesten nichts, und meine Bogerin begann, eine Weltlust zu spüren und einen leichten Sinn, den sie im Herzensgrund eigentlich hatte. Aber Unglück schläft nicht. Kaum hatte der Zug in Cannstatt den Bahnhof verlassen und die Brücke über den Neckar, so fuhr er mit einem überlauten, ja höllischen Pfiff in ein dunkles Loch hinein. Schaurig widerhallte an engen Wänden das Rollen der Räder, und dicker Rauch drang zu den nicht verschlossenen Fenstern in den Wagen ein: ein Qualm, der nicht anders zu deuten war samt allem andern, als daß es eiligen Laufes in die Hölle ging mit der Bogerin, die es hätte wissen können, weil sie zu denen gehörte, die gelehrt worden waren. Da überfiel aufs neue die Angst das ungehorsame Weib, und es kniete in der Dunkelheit nieder auf den zitternden Boden des Wagens und rief – und dachte nicht an die Mitfahrenden – laut zu Gott, er solle nicht ihrer Sünden gedenken, sondern sie noch einmal entlassen, sie wolle auch nun und nimmermehr solche Übertretung tun und ihrer Lebetage nicht wieder in der Eisenbahn fahren, wenn er ihr nur noch diesmal heraushelfe. Eine Angst kann lang oder kurz dauern, sie dringt darum doch in alle Poren des Herzens und Gemütes ein: die Bogerin kniete noch, der Hilfe des Unheils erharrend, da tat der Zug zum andernmal einen lauten Pfiff, diesmal aber war es wie ein Jubelschrei und der helle Tag brach zu den Fenstern herein, da nun der Tunnel durchfahren war, von dem das Weiblein nichts gewußt hatte. Ein dicker Händler aber, der auch im Wagen war, schlug ihr kräftig auf die Schulter: ›Auf, Weib und seid getrost. Es geht nicht in die Hölle, im mindesten nicht, sondern wir sind gleich in Stuttgart.‹ Als sich aber verwirrt und zitternd die Bogerin erhob, da schauten grüne Baumwipfel zu den Fenstern herein und bald auch kamen sie in eine hohe Halle, in der, als der Zug anhielt, der Wilhelm der Bogerin stand und mit freudigem Gesicht seine Mutter erwartete und heimgeleitete.

Es war dann ein schönes Tauffest in aller Einfachheit, und die Ahne tauschte mit der Schwiegertochter Erfahrungen aus, wie es gegangen sei im Wochenbett und vorher und nachher, und sagte abschließend: ›Wenn es vorbei ist, denkt man nicht mehr an die Angst um der Freude willen.‹ Aber sie dachte an ihre eigene Angst, die sie erlitten hatte, davon redete sie nicht, das war etwas zum Beschweigen. Als aber der Abend kam, da wäre sie doch um keinen Preis mit ihrer Rückfahrkarte, man sagte damals Retourbillett, in einen Zug gestiegen. Sie wandelte, es war Mondschein zu erwarten, durch Berg und Tal die drei bis vier Stunden weit in ihre Heimat zurück, so viel auch der Sohn ihr zureden mochte mit Ernst und Lachen. Und als sie, da der Mond nun heraufgestiegen war, durch den Buchenwald ging, und auf dem Boden die Lichter und Schatten webten, da sang sie aus ihrem Herzen heraus das lange Lied, das ein Morgenlied ist: ›Wach auf mein Herz und singe‹, alle Verse, für sich hin, und sang auch, und das Grundwasser wollte ihr dabei gehen: ›Heut, als die dunklen Schatten, mich ganz bedecket hatten‹, und wie es da weiter heißt, und sang in den Mondschein hinein: ›Ich kann das Licht noch sehen‹, und kam gegen Mitternacht tief befriedigt an ihrem Häuslein an ohne jeden Schaden.«

So erzählte die Großmutter und sagte, als die Enkelin wißbegierig fragte, ob die Bogerin nicht doch später wieder, als sie gesehen habe, daß da nur ein Tunnel gewesen, in der Bahn gefahren sei: »Nein, das hat sie nicht getan, und da hat ihr auch niemand dreinreden dürfen. Denn was man in der Not dem Herrgott verspricht, das zu halten darf einem keiner verreden, es muß es einer selber wissen. Aber das verstehst du noch nicht«, setzte sie hinzu, wie sie so oft tat.

Warum nicht nach Stuttgart? Dort hat sich
angenehm Provinzielles schwäbisch-gediegen
erhalten, auch greift schön die Landschaft hinein
in die Stadt, die ihrerseits sich hinaufbewegt in
die Hügel, so daß man niemals genau weiß, wo
Stuttgart beginnt und wo das Land endet.

Jean Améry

Karl Julius Weber

Bestreben nach Verschönerung

Stuttgart zählt 22 000 Seelen, mit Hof, Militär und Fremden 24 000, und kann in einer Stunde bequem umgangen werden. Überall sind Vorstädte mit schönen neuen Gebäuden, die Thore weiter hinausgerückt, und fast überall sieht man von den Straßen und Häusern aus die grünen Berge, meist Weinberge, die die Stadt umgeben, daher jener Franzose dichtete:

Sie on ne cueilloit à Stuttgart les raisins
La ville iroit se noyer dans le vin. *

Daher ist auch Stuttgart am lebendigsten zur Zeit der Weinlese – überall Gesellschaften, Spiel und Tanz – Familienfeste, die manchen soviel kosten, als der Weinberg einträgt – überall Feuerwerke, die den Abend eigentlich brillant machen.

Außer dem Schloßplatz sind die übrigen Plätze unbedeutend, jedoch hat der Markt in der Altstadt viel gewonnen durch die Wegräumung des hier gestandenen großen Bibliothek-Gebäudes.

Überall sieht man das Bestreben nach Verschönerung, denn überall bemerkt man Wohlstand – nur keine Kunstgärten? Die ganze Gegend ist ein Garten!

---

* Wenn man in Stuttgart nicht die Trauben brächte ein
  Ersöffe halt die ganze Stadt im Wein.

Schade, daß zwei Elemente des Lebens in der so angenehmen Stadt nicht angenehmer sind – Luft und Wasser! Im Winter liegen langdauernde Nebel auf dem Thale, und im Sommer stören mephitische Ausdünstungen den Genuß der herrlichen Anlagen, man muß die Höhen suchen, wenn man die *mala aria* vermeiden will, daher ich im Sommer das hochliegende und schattenreiche Ludwigsburg vorziehen würde. Cannstatter und Berger Mineralwasser muß das Brunnenwasser ersetzen. Der Krug kostet 2 kr., was ich bei meinem ersten Aufenthalt nicht wußte, und daher an der *table d'hôte* mich nicht wenig über meinen Nachbar wunderte, der sich *sans façon* von meinem Wasser einschenkte, das ich *au pied* des Selzers oder Fachingers zahlen zu müssen glaubte. Luft und Wasser könnten, wie gesagt, besser seyn, indessen gehen doch die Dinge nicht so weit wie in Holland: bis zum kalten Fieber!

Sehr viel ist für Stuttgart geschehen, aber eine eigentlich schöne Stadt kann es nie werden, eingezwängt in diesen Kessel von hohen und nahen Bergen, der sich bloß gegen Cannstatt hin öffnet in ein schmales, drei Viertelstunden langes Thal, das aber durch die neuen Anlagen einzig ist, worüber man Planie und Allee vergißt. […]

Stuttgart bietet, wie nur wenige Hauptstädte, die herrlichsten Spaziergänge und abwechselndsten Aussichtspunkte, wenn man sich Zeit und Mühe nimmt, die Höhen zu besteigen – sie sind »herzig nett!« Das Leben ist gut, gesellig bei der Menge Zentralstellen, dem Militär- und Fremdenzufluß und alles wohlfeil, Hausmiete und Holz abgerechnet. Alle, die im Winter stark geheizte Zimmer fliehen, befinden sich zu Stuttgart stets in der angenehmsten Temperatur! […]

Ulrich von Hutten, der doch Italien kannte, fand die Lage der Stadt trefflich, Land, Himmel, Berge, Flüsse, Thäler,

Früchte, Wein etc. alles trefflich, selbst Luft und Wasser, und schließt: *ipsam Stuttgardiam terrae Paradisum appellant Suevi**, zu deutsch: Es geit nur oi Stuagert!

Dies Hochgefühl erinnert mich an die Zeitungsanzeige eines Mannes, der da Paris zeigte: »Das Eintrittsgeld ist von 30 kr. auf 18 herabgesetzt, da die Stadt Paris sich nur noch kurze Zeit in Stuttgart aufhält.« Der Stuttgarter ist schwer aus seiner Stadt zu bringen, und sage man, was man will, er entgegnet: Es isch onewäg nur oi Stuagert! Und sonderbar, diese Neigung den glücklichen Gefilden am Neckar wirkt bei längerem Aufenthalt auch leicht auf den Fremdling!

Stuttgart sollte eigentlich da liegen, wo das weit ältere Cannstatt liegt, am schönen Neckar; der verdammte Nesenbach verdirbt alles.

---

* Stuttgart selbst nennen die Schwaben das Paradies der Erde.

Victor Hugo

In der Stiftskirche

Die Kirche neben dem Schillerstandbild hat recht schöne Seitenansichten. Die beiden konisch zugespitzten Glockentürme nehmen sich mit der Apsis zusammen sehr wohl aus. Einer jener Küster, wie sie in diesen lutherischen Bethäusern üblich sind, hat mir das Tor geöffnet, und ich bin eingetreten.

Auch hier findet man eine dieser protestantischen Inneneinrichtungen vor, die eine Kirche zur Schule machen. Überall Bänke, mitten davor ein Tisch. Das mag vernünftig sein, aber es ist häßlich. Einige alte katholische Gräber werden noch hier und da unter dieser hugenottischen Tischlerarbeit sichtbar.

Im äußersten Ende der Kirche, dem ehemaligen Chor, bot sich mir ein Anblick, der mich in Erstaunen versetzte. Wurmstichiges Gestühl, Bänke, Bretter, Leitern, Kübel, zwei oder drei ramponierte Reisekoffer, zerschlagene, auf einen Haufen Gipsbrocken und Staub geworfene kleine Statuen und Basreliefs, und, inmitten dieses ganzen Kehrrichts, unter Asche und Spinnweben, drei Denkmäler aus Ebenholz mit Vergoldungen und Bildnissen aus dem 17. Jahrhundert, sechs Sarkophage aus behauenem Granit aus dem 13. bis 15. Jahrhundert und schließlich elf Gräber aus der Renaissance – an eine dunkle Wand gelehnt, unter einem häßlichen Gerüst aus Tannenholz, das die Frontansicht durchschneidet und die Grabinschriften verdeckt.

Diese kaum erkennbaren Monumente, in einem Innenraum, der an einen schlecht gepflegten Stall erinnert, sind die Gräber der Grafen von Württemberg, der Vorfahren des jetzigen Königs. Eines dieser Gräber, das aus dem 14. Jahrhundert stammt, ist ein wunderschönes Denkmal. Vier knieende Männer tragen das mächtige Gestänge einer Bahre auf ihren Schultern, auf der der tote Fürst ruht. Jedes der Renaissancegräber trägt seine unter einer kräftigen und einfachen Archivolte aufrecht stehende Statue, die mit mächtigen Hammerschlägen aus *einem* Block gehauen wurde. Das sind im ganzen elf Grafen, und sie scheinen sich in dieser Dunkelheit entrüstet und mit leiser Stimme zu unterhalten. Sie haben unter ihren eisenbeschuhten Füßen elf Löwen, die sich anblicken und schweigen. Der erste, der einzige, den man gut erkennen kann, ist Graf Ulrich, der düstere Gast des brotlosen Abendmahls. Über seinem Kopf hat man die Grabinschrift eingraviert: *Comes Wirtembergae ac montis Peligardi.* Wegen eines direkt vor die Grabverzierungen gesetzten Balkens kann man mehr nicht lesen.

Die Kirchen, selbst die verwüstesten, sind stets aufgeschlagene Bücher. In dem Augenblick, in dem ich mich umwandte und mit lauter Stimme sagte: Ist so etwas möglich? habe ich mitten auf jenem Trümmerhaufen auf einer zerbrochenen und weggeworfenen Altarwand diese drei in Goldbuchstaben geschriebenen Worte gelesen: *Omnia possibilia sunt.*

Ich war traurig, es war kalt, es regnete, ich fand das Schillerstandbild mittelmäßig, ich war über die Vernachlässigung dieser Gräber empört, und ich hörte meinem armen alten braven Führer kaum zu, der mir noch einen sehr schönen spätgotischen Stuhl aus dem 15. Jahrhundert zeigte. Dieser wackere Mann schuf sich aus dem Deutschen und dem Französischen eine Sprache, die weder Französisch noch Deutsch war. Sie war irgend etwas Wunderliches und Unverständliches. Auf diese Weise sagte er mir bezüglich der Könige von

Württemberg, die Könige von Napoleons Gnaden sind, daß der jetzige König Wilhelm erst der zweite König ist; der erste hieß Friedrich; und er fügte hinzu, daß der jetzige König 1781 »geborné« ist und es sei noch keine zehn Jahre her, daß sein Vater »gestorbé« ist.

Eine Stunde später habe ich Stuttgart verlassen und bin auf der Bergstraße nach Waldenbuch gefahren.

Das beste an Stuttgart ist die Nähe zu Marbach.

Käte Hamburger

Joseph Viktor von Scheffel

Abenteuer im Rosensteintunnel

i

Item so fuhr ich noch desselben Tags auf der Eisenbahn von dannen; und habe auf dem Weg bis München drei Abenteuer bestanden, beziehungsweise *nicht* bestanden, die ich einem löblichen Engeren unmöglich vorenthalten darf. Das erste aber war, von Stuttgart nach Ulm, *eine versäumte* und nie wieder gutzumachende *Gelegenheit.*

Denn wie ich jenseits des dunkeln Stuttgarter Bahnhofes meine Augen über die verschiedenen Mitglieder der menschlichen Gesellschaft gleiten ließ, mit denen ich im gleichen Coupé befördert zu werden die Ehre hatte – auch im Vorübergehen dem umsichtigen Walten der Direktion der württembergischen Verkehrsanstalten meine Anerkennung dafür gezollt, daß sie überall durch Anschlag vor der Lebensgefahr warnt, in die der Reisende verfallen kann, der den Kopf, oder Arm »oder andere beliebige Teile des Körpers« zum Wagenfenster hinausstreckt, – bemerkte ich rückwärts schauend ein feines Mägdleinantlitz, welchem ich auf württembergischer Eisenbahn und sonst allhier nicht zum erstenmal begegnet. Da aber die Vorgeschichte dieser Geschichte außer den Archiven des Engeren liegt, auch keine schriftlichen Quellen vorliegen, als vielleicht einige vergilbte Tagebuchblätter aus früheren Jahren, deren eines mit dem Datum »Markgröningen« und den Zeilen schließt:

Und als wir uns zum letztenmal

Die Hand gereicht hatten –

Da warf der Asberg übers Thal
Einen dunkelspöttischen Schatten –
so möge die Andeutung genügen, daß besagtes Mägdlein
schön war und zwischen Mutter und Tante, deren Bekanntschaft mir noch nicht zuteil geworden, eingekeilt saß, und wir
– nach württembergischen System, uns die Rücken zukehrten,
etwa nach folgendem Situationsplan, wobei die Pfeile die ord-
nungsgemäß aus den eingenommenen Plätzen entspringende
Richtung der Augen bezeichnen.

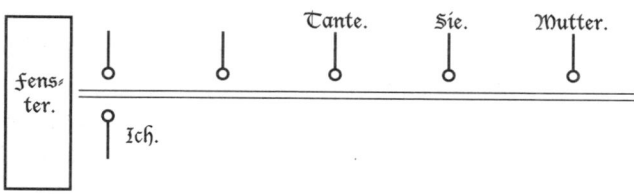

Dennoch aber – während wir zwischen den grünen Baum-
alleen Cannstatts durchfuhren, trafen sich unsere Blicke
flüchtig – und ebenso flüchtig wandte sie den ihren wieder
– und da für mich entscheidende Gründe vorlagen, mich weder der Mutter noch der Tante, deren Halskrause dann und
wann drohend in die Landschaft nickte, vorzustellen, war's
ein stummes Wiedersehen. Sie war etwas blasser als damals,
da sie mit ungerechter Spröde von mir Abschied nahm und
ich vergebens um einen Kuß als Zehrgeld für die Weiterreise
von Markgröningen gebeten. Sie trug einen breitrandigen
Strohhut nach Art der Florentinerinnen und einen Strauß
Rosenknospen drauf. Sie brach das Gespräch mit ihren Be-
gleiterinnen ab und saß stumm, mir zu Rücken.
Nachdem wir eine Weile gefahren, pfiff die Lokomotive,
so daß ich unwillkürlich meinen Blick zum zweitenmal nach
dem ihren wandte. Da schaute sie mich durchbohrend an und

lächelte süß und warf eine Knospe ihrer Rosen wie spielend zu dem Fenster hinaus und deutete unmerklich mit dem Zeigefinger nach der Bergwand, die sich mir zur Rechten hob, und schaute mich abermals scharf an – und ich erkannte, daß Blick und Rose was zu bedeuten habe, und war ein Esel, der zu wenig Topographie studiert, sonst hätt' ich wissen müssen, daß im Moment der Zug in den Rosensteiner Tunnel einfahre, und daß, nach solcher Augensprache, in eines Tunnels Dunkel trotz Mutter und Tante mancherlei geschehen kann – und ich Mitleidswerter beugte, trotz der Warnung der Direktion der Verkehrsanstalten mein Haupt zu dem Fenster hinaus, durch das sie die Rose geworfen, und starrte der Blume nach und dachte an alte Zeiten und vergaß die Gegenwart, – und die Lokomotive pfiff abermals und es ward dunkel um uns, – was ging mich der Tunnel an? – und ich achtete kaum, daß eines breitrandigen Strohhutes äußerste Spitzen während der Dunkelheit sich bis zu meines grauen Hutes Krempe herüberneigten und nickten – und es wie ein Hauch unsäglicher Jugendblüte von jenseits zu mir herüberwehte – und es ward wieder Licht, und der Tunnel war passiert, da wandte ich mich wehmütig um, da wölbte sich ihr breiter Strohhut wie ein Palmendach über meinem Haupt, und ihr Auge flammte auf kaum drei Zoll Entfernung in das meine – und ihre Lippen hatten die meinen gesucht und nicht gefunden, und – es war zu spät, und kaum mochte sie ihren Schwanenhals wieder zurückwerfen, so war alles im Tageslicht wie vorher, und die Tante glänzte im Sonnenschein wie der Berg Ararat zwischen ihr und mir, und die ganze rauhe Alb empor kam kein zweiter Tunnel mehr, und in Ulm stieg sie aus und verschwand im Gedränge der Reisenden, und es wird zeitlebens kein Tunnel mehr für mich kommen, wo ich das Antlitz statt zum Fenster hinaus ihren honigsüßen Lippen entgegen wenden darf …

Und bleibt mir nichts übrig, als diese Geschichte mit dem tiefgefühlten Wort eines Mitreisenden zu schließen, der in Göppingen einstieg, und Rock und Regenschirm im Wartsaal hatte stehen lassen, welche Entdeckung er, als der Zug schon im Fahren war, mit dem breitgesprochenen schwäbischen Wunsch begleitete: »Da soll doch gleich ein Mordmillionen-Hutschachtel-Nachtsack- und allgemeines Effekten-Donnerwetter dreinschlagen.«

Es ist schwer, in Stuttgart nicht moralisch zu sein.

Heinrich Heine

Paul Bonatz

Der Bau des Stuttgarter Bahnhofs

Der Bau des Bahnhofs in Stuttgart ist für meine Entwicklung als Baumeister das wichtigste Kapitel. Frühling 1911 kam ich von einer vierwöchigen Reise aus Sizilien zurück, mit den Freunden Hugo Wach, Fritz Behn und Otto Knaus. Ich hatte Abstand gewonnen und kehrte unbekümmert und Freiheit gewohnt heim und war nicht gerade sehr darauf aus, mich nun Hals über Kopf in die Arbeit zu stürzen. Doch Freund Scholer sagte: »In vier Wochen ist Termin für den Bahnhofswettbewerb, den müssen wir mitmachen.« – »Müssen wir? Aus dieser Programmstellung ist nichts Gescheites zu entwickeln!« – »Du mußt dich heute abend an die Pläne setzten.«

Abends war oben im Haus bei Scholers in der Ehrenhalde Einladung von Freunden. Ich saß allein unten im Büro, mißmutig bei der schlechten Programmstellung, und hörte von ferne fröhliches Lachen. Da kam Dora Scholer, deren helle Freundschaft mich ein Lebensalter lang begleitete, die Treppe herunter: »Wie geht es?« – »Komm, ich will dir zeigen, warum es *nicht* geht.

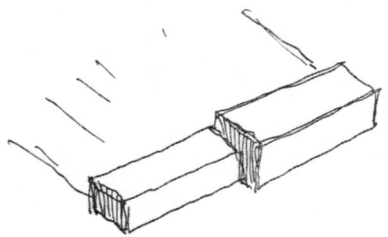

Aus lang-lang so nebeneinander kann man keine Baumasse mit Rhythmus machen, das geht nicht und alle Mittelchen helfen dabei nichts, das bleibt eine Mißgeburt – – man müßte denn – – man müßte denn – – ja, man müßte die Eingangshalle der Tiefe nach stellen und mit einem Turm das Gleichgewicht suchen – – So kann es gehen – ja – so geht es, dann kommt's ins Gleichgewicht.

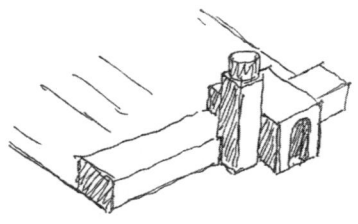

Morgen fangen wir an, kerzengerade aufs Ziel los, jetzt geh' ich mit dir hinauf zu den Freunden.«

Das große Büro konnte die Arbeit leicht bezwingen. Stadthalle Hannover und Universitätsbibliothek Tübingen waren damals in Arbeit. Trotz Sizilien, wo mir mehr Abklärung hätte zuteil werden müssen, lastete noch viel Romantik auf mir. Aber die Arbeit bekam den ersten Preis. Als Kennwort hatte ich »umbilicus sueviae« genommen – »der Nabel Schwabens«. Wir wußten von Delphi, daß dieses als der *omphalos*, der Nabel der Welt, angesehen wurde.

Nun wollten wir natürlich den Bahnhof bauen und ich besuchte den Ministerpräsidenten, gleichzeitig Verkehrsminister, Weizsäcker. Das war ein Diplomat der alten Schule, glatt rasiert, kultivierter Prälatenkopf, langer schwarzer Gehrock, und er empfing mich mit vollendeten Manieren: »Ich beglückwünsche Sie zu diesem schönen Erfolg ... Wie alt sind Sie?« – »Dreiunddreißig Jahre, Exzellenz, aber ich habe schon ...« – »Für Ihr Alter ein außerordentlicher Erfolg ...

unter so vielen Bewerbern ...« – »Aber wie ist es mit der Ausführung, Exzellenz?« Ach, mir fiel die Unterhaltung mit Beemelmanns vor rund zehn Jahren ein, aber Weizsäcker blieb verbindlich: »Nun, darüber wird man später sprechen müssen, es ist heute verfrüht« und so weiter. Und da erfuhr ich, wie das ist, wenn ein guter Diplomat eine halbe Stunde die verbindlichsten Dinge sagte, ohne überhaupt etwas gesagt zu haben.

In der Generaldirektion der württembergischen Bahnen war ein ehrgeiziger junger Baurat Mayer, der die Vorentwürfe gemacht hatte und den Bahnhof gerne selbst gebaut hätte. Ich wäre an die Aufgabe vielleicht nie gekommen, wenn sich nicht folgende Geschichte begeben hätte:

Die Stuttgarter Verwaltung schickte die Entwürfe einem berühmten Eisenbahngeheimrat nach Berlin, er möge über die Grundrißfrage ein Gutachten abgeben. Dies Gutachten kam mit sechs Forderungen, es wurde auch mir zugeschickt und ich wurde zu einer Sitzung unter Präsident Stieler eingeladen, in welcher diese Fragen besprochen werden sollten. Ich fand, daß der Berliner recht hatte, und zeichnete in kleinem Maßstab einen neuen Grundriß auf, der sich etwa deckt mit dem heute ausgeführten. Diese Skizzen behielt ich in der Brusttasche und lauschte fast eine Stunde lang den Ausführungen Mayers, der alles besser wußte als der Berliner. Er hat mir später bei der Ausführung viel zu schaffen gemacht, ich war mit einem Satz noch nicht zu Ende, als er es schon besser wußte. Er erklärte, dies ginge nicht und sei Unsinn – – – Ich lauschte noch eine weitere Stunde der Debatte. Ich war ja nur als Gast eingeladen und der Präsident wollte gerade die Sitzung aufheben, da fiel ihm noch ein, mich zu fragen: »Und was ist Ihre Meinung, Herr Professor?«

Es war mir sehr schwer gefallen, so lange still zu sein, aber nun wurde ich belohnt. Ich sagte: »Fünf der Forderungen sind ausgezeichnet, sie ergeben einen guten Plan, die sechste ist ein Irrtum, sie ist nicht vereinbar mit den anderen«, – dann zog ich meine bescheidenen Skizzen aus der Tasche. »Sehen Sie: er fordert eine Haupteingangshalle, eine Vorortverkehrseingangshalle, dazwischen eine Ausgangshalle – natürlich müssen diese dann alle quer zur Front liegen –, alle anderen Dinge gehen hierbei spielend. Sein Irrtum ist nur, daß er Gepäckannahme und Gepäckausgabe symmetrisch zur Haupthalle beiderseits legen will, das geht offensichtlich nicht – und die Vereinigung von Gepäckannahme und -ausgabe zwischen Haupthalle und Ausgangshalle ist von klarem Vorteil.« Alle machten lange Hälse, kamen nah heran, sogar Herr Mayer war still, und wir wurden aufgefordert, diesen Gedanken in einem Vorentwurf großen Maßstabes auszuarbeiten.

Mit dieser Grundrißumstellung kam der Turm an die heutige Stelle, gleichzeitig entstand die Arkade der Hauptfront – aber die Architektur wurde noch romantischer, es gab große Modelle und dann, Gott sei Dank, eine Pause und Abstand. […]

Präsident Stieler hatte Vertrauen, aber ich merkte ihm immer an, wenn einer seiner alten Kollegen aus dem Reich bei ihm gewesen war und gesagt hatte: Was macht ihr denn da? Bei der nächsten Bausitzung konnte er seine Verdrießlichkeit nicht verbergen. Als aber der taube Fritz Stahl, der Kritiker des »Berliner Tagblatts«, Verfasser guter Bücher über Paris und Rom, den Bahnhofsneubau entdeckt hatte, »endlich die Konventionen durchbrochen und Vorstoß in eine freie unbelastete Welt …«, da glänzte unser Präsident und von da an war das Spiel gewonnen. Später wurde viel darüber disputiert, ob ein Bahnhof einen monumentalen Rang überhaupt haben dürfe. Die Weißenhöfler prägten 1927 das Wort: »Dieser Bau erstickt seine Funktion in wilhelminischem Bombast.« Ein

Bahnhof sei eine primitiv technische Angelegenheit. Heute würde man einen Bahnhof auch viel einfacher bauen. Aber damals waren alle Beteiligten sich darüber einig, daß dieser Bau, der mehr bedeutet als früher ein Stadttor, mehr als alle Tore einer Stadt zusammen, der wirklich der Nabel des Landes und im Stadtorganismus ein wichtiges Glied ist, wohl einen höheren Rang und Ausdruck verdiene. [...]

Wir haben zunächst viel geplant, aber wenig gebaut. Der wesentliche Inhalt bis 1922 war die Fertigstellung der ersten Bahnhofhälfte, die sehr langsam vor sich ging. Die Nachkriegsarmut gab auch hier viele Schwierigkeiten. Der Stahl für die Bahnsteighallen wurde als Reparationsleistung beschlagnahmt; deshalb mußten wir so viel in Holz ausführen.

Erst im Oktober 1922 wurde der Verkehr aus dem alten Bahnhof neben dem Hotel Marquardt in den neuen umgelegt. Vier Stunden in der Nacht fuhr kein Zug ein und aus. Welche planvolle Arbeit darin steckte, die sich weit außerhalb des eigentlichen Bahnhofs im Talkessel bis zum Rosensteinhügel erstreckte – in fieberhafter Nachtarbeit neue Weichen einbauen – das kann ein Laie nie ermessen. Die Fernzüge Paris-Wien liefen planmäßig ein und aus. Mit äußerst komplizierten Kunstbauten der Ingeniere längs der Anlagen waren die Überwerfungen manchmal in drei Stockwerken übereinander so gelöst, daß keine Schienenkreuzung mehr blieb.

Es war für Stuttgart ein großer Tag. Am Vortag war eine würdige Feier in der Schalterhalle. Verkehrsminister war damals der General Groener, Chef des Eisenbahnwesens im Krieg. Statt der bisherigen vier Geleise hatte die neue Bahnhofshälfte acht, der fertige Bahnhof später sechzehn. Und die City Stuttgarts gewann 400 Meter – die auch heute noch nicht voll ausgebaut sind.

Ilja Ehrenburg

Doppelleben

Provinz gibt es in Deutschland auch heute nicht. Jedes Kräh-
winkel kann auf die Rolle einer europäischen Großstadt
Anspruch erheben. Das nur wenigen bekannte Dessau ist
weit moderner als Brüssel, Warschau oder Lyon. Stuttgart
gleicht in seiner Einwohnerzahl Bordeaux oder Werchne-
Dnjeprowsk. Hier beschränkt man sich jedoch nicht auf
Weinfässer und fünf Parteiklubs. Es ist ein Kulturzentrum:
mehrere Zeitungen, alle umfangreich und gediegen, ungefähr zwanzig Buchhandlungen, und zwar können einige von
ihnen, was geschickte Auswahl, Unterrichtetheit der Ver-
käufer und Geschicklichkeit der Schaufensterauslagen anbelangt, sich mit den besten Berliner Buchhandlungen messen,
eigene Verlage und Zeitschriften, viele Gemäldeausstellungen,
Theater, prächtige Konzertsäle. Was die moderne Architektur
anbelangt, so ist Stuttgart ein Amerika. Diese Stadt besitzt
mehr wirklich zeitgemäße Häuser als Paris. Auf einer Anhöhe
liegt eine neue Stadt: weiße Würfel, Glas, Licht, die ganze
doppelte Krankenhaussauberkeit unseres syphilitischen und
mißtrauischen Jahrhunderts. Hier arbeiteten alle besten Architekten Europas von Gropius bis Corbusier-Sognier. Über
der alten Stadt, wo unvermeidlich Linden rauschen, die schon
soviel erlebt haben, über der ehemaligen Residenz eines her-
untergekommenen und harmlosen Königs, über den wie das
gotische Alphabet rätselhaften Ziegeldächern von allerhand
»Goldenen Löwen« und »Hirschen«, erheben sich diese Ba-

racken der Zukunft. Es erscheint sogar sonderbar, daß darin lebendige Menschen wohnen, daß es keine Ausstellung ist, sondern Familienleben von soundso viel Durchschnittsbürgern. Wer weiß, ob dieser Gegensatz natürlich ist, wie es mit dem seelischen Drama all dieser Maximalisten der »weißen« und der »Dachziegel«-Stadt bestellt ist und was hier eingetreten sein mag: ob die legitime Geburt eines Nachfolgers oder eine Frühgeburt? …

Ich steige hinab zu den Linden. Dort sind heute nicht die Seufzer Schumanns, sondern das Schmettern des Jazz: im Stadtpark ist »Vorführung der Sommermoden«. Das riesengroße Café ist überfüllt: kleine Bürger, Handlungsgehilfen, Kontoristen, Doktoren und Buchhändler der zwanzig Musterbuchhandlungen bringen hier ihren Tagesverdienst durch, indem sie Torte essen oder schlechte Erdbeerbowle trinken. Die Erinnerung an die Jahre der Inflation öffnet die Geldbörsen selbst berüchtigter Geizhälse. Wer wollte einem Spieler Vorträge halten über die verschiedenen Vorzüge der Sparkasse? Die Deutschen sind nicht gerade reich geworden. Sie haben einfach das Geldausgeben gelernt. Augenblicklich trinken sie hier, essen und betrachten die defilierenden Mannequins. Die Neuheiten der Pariser Mode werden hier bis ins Komische übertrieben. Aber die Zuschauer lachen nicht, sie seufzen begeistert. Sie betrachten ein hübsches, junges Mädchen im Badetrikot, das einen riesengroßen Gummidelphin anpreist, als wäre sie die Sixtinische Madonna. Unwillkürlich erwartet man ein lautes Nasenschnauben. Auch dem Mädchen fehlt die puppenhafte Leichtigkeit ihrer Pariser Berufsgenossinnen. Sie wird allen Ernstes verlegen. Sie wird allen Ernstes rot. Ihre Augen, die geradezu anekdotisch verträumt sind, suchen an den Cafétischen nicht nur nach reichen Mäzenen, sondern auch nach dem klassisch armen, seufzenden Verehrer, der bürstenartig geschorenes Haar bei Gott nicht schlechter zu tragen weiß als die Locken seligen Angedenkens.

Täglich von zwölf bis zwölfeinhalb Uhr spielt in Stuttgart auf dem Schloßplatz eine Militärkapelle Märsche und vorhistorische Potpourris. Ob die Einwohner der »weißen« Häuser ihr zuhören, weiß ich nicht, doch ist um den Pavillon des Orchesters die ganze Stadtjugend versammelt. Die Korpsstudenten halten sich in Gruppen streng abseits. Sie unterscheiden sich voneinander durch die Farbe ihrer Mützen: gelbe, himbeerrote, hellblaue. Sie stehen da und betrachten die Mädchen, die gesittet, paarweise auf dem Platz promenieren, indem sie Lippenstift mit Schillerscher Treue und Liebe zu Seidenstrümpfen mit Liebe zu alten Linden vereinen. Der Schloßplatz sieht zu dieser Stunde genauso aus wie vor fünfzig Jahren. Wohl weisen die Gesichter der Korpsstudenten eine geringere Anzahl edler Schmisse auf, wohl können die alten Herren über den Sittenverfall seufzen – kommen doch die Duells aus der Mode. An ihre Stelle sind Sportkunststücke und politische Skandale getreten. Aber geblieben sind die bunten Mützen und unter den Mützen ein äußerst komplizierter Blödsinn von »Ehre«, »Rasse«, »Nation«. Was soll man von dem ehrfürchtigen Staunen der Mädchen sagen? Ich wage es als musenhaft zu bezeichnen.

Fünf Minuten von diesem Platz entfernt, dessen Blicke in die Vergangenheit zurückgerichtet sind – befindet sich der Bahnhof; der Stuttgarter Bahnhof aber ist eine Rarität. In seiner Feierlichkeit ähnelt er dem Tempel eines unbekannten Kultes. Dutzende blinkender Bahnsteige, Läden, Restaurants, Cafés, Zeitungen, Blumen, Zifferblätter, ganze Reihen von Schaltern – das alles ist durchdacht, reguliert. Ich kann mich nicht einmal entschließen, diese Struktur mit dem vulgären Wort »Ordnung« zu benennen. Nein, hier liegt etwas

Größeres vor, hier herrscht eine religiöse Einstellung zum Fahrplan, zur Bequemlichkeit des bescheidenen Reisenden, zur Verteilung der aus und ein gehenden Menschenmengen, wobei sowohl das Rasen der Schnellzüge, die aus Rom nach Amsterdam oder aus Paris nach Konstantinopel eilen und hier wenige Minuten rasten, wie auch die Fahrt eines Druckereikorrektors in die nächste Vorstadt, der rechtzeitig sein Bier austrinken, die Zeitung lesen, die Rosen und das Zifferblatt betrachten muß, um dann in der vierten Klasse der Phantastik des nächsten Achtstundentraumes entgegenzueilen (nicht entgegenzuzotteln), gleich hoch bewertet werden.

Was aber bleibet, stiften die Wirte. Vor allem die guten, die wirklich guten – sie schaffen Originalschauplätze, die mehr als alle Staatsgalerien, Staffeln und Schlösser das unverwechselbare Gesicht einer Stadt ausmachen.

Matthias Politycki

Kurt Schwitters

Stuttgart, die Wohnung

Der Volk wil glauben, and the man of Geist will see, will se-hen, will reisen om to see. Dieses Wort von Rosenberg paßt auf die Stuttgarter Ausstellung »Die Wohnung« 1927. Der Volk, der glauben wil, das sind in diesem Falle die Laien, die zwar nicht viel von Architektur verstehen, aber gern glauben, daß die Ausstellung der Stadt Stuttgart, »ihre« Ausstellung, gut ist, die große Reden halten, etwa »Wenn auch ... so ... «. Denn keine der vielen offiziellen Reden ist frei von dem Un-terton: »Man kann zwar darüber reden oder denken, wie man will, ... aber ... « Sie fühlen es zwar, daß da eine Tat getan ist, aber sie begreifen es einfach nicht, warum. Nicht das Resultat der Ausstellung und der Siedlung überzeugt sie, sondern die Tatsache, daß the men of Geist gereist gekommen ist, om to see. Denn zu der Eröffnung sind sie alle gekommen, die man immer wieder bei solchen Gelegenheiten trifft. Und Herr Werner Graeff hatte ja auch eine geradezu aufregende Propa-ganda für die Ausstellung unter the men of Geist entwickelt, die den Volk in aller Herren Ländern glauben machen sollte.

Aber ich denke, die Behörden in Stuttgart und Württem-berg kommen mir vor, als wären sie Hühnerglucken, die falsche Eier ausgebrütet haben, und nun stehen sie am Ufer des Teichs und sehen mit Stolz und mit Grauen, wie die En-tenküchlein, die sie aber doch für ihre Kinder ansehen, weit hinaus auf die Wasserfläche schwimmen, wo sie ihnen nicht folgen können. Ein schönes Bild, was? Und die Hühnerglu-cke ruft und lockt die Wasserkinder, wenn auch vergeblich.

Hier in Stuttgart beim officiellen Diner aber macht sich die Opposition am Tische der Behörden Luft, indem der betagte Vertreter der Universität Tübingen in seiner Eigenschaft als »Heimatschutzmann,« wie er sich selbst nennt, erwähnt, daß doch Stuttgart nicht in Holland oder Californien läge, deshalb gehörte auch das flache Dach nicht hierher. Für ihn scheint das flache Dach bei Häusern das zu sein, was beim Menschen die Plattfüße sind, denn er nennt es plattes Dach. Zum Schluß wurde dann der Herr Schutzmann auch verhindert, noch mehr Plattheiten über das platte Dach hervorzubringen, weil doch diese platte Diskussion nicht auf der Tagesord- nung stand, indem die meisten Mitesser so laut redeten, daß ihn niemand mehr verstehen konnte. Ein besonders frecher Mitesser mit einem ovalen Gesicht, sagte sogar: »Danach ist der Mann ja gar nicht gefragt«, was allgemeine Heiterkeit erweckte. Wie officielle Essen eben so sind. Aber finden Sie es nicht auch selbstverständlich, daß so ein alter Professor sich doch nicht von heute auf morgen an die neue Zeit gewöhnen kann? Dazu ist doch wohl die kurze Spanne von 1918 bis 1927 nicht lang genug. […] Ich habe dann mit Herrn Mies van der Rohe angestoßen, weil der mir so leid tat, daß er nun keine »platten« Dächer mehr bauen darf, aber der hat sich furchtbar schnell damit abgefunden und hat über das ganze Gesicht dazu gelacht. Ich habe ihn lange nicht so lachen sehen.

Aber Sie wollen wissen, weshalb ich Ihnen das alles erzähle. Ja, das hängt damit zusammen, daß aus diesem Geiste heraus die Ausstellung und die ganze Weißenhofsiedlung geboren ist.

Viele reden, wenn Sie von Wirtteberg schpreche von de Creischschewahn. Und wenn ein Berlina oder Herr Westheim selbst die Rede mit angehört hätte, daß wir Stuttgarter in Schtuggert dies alles geschaffen haben, weil wir doch ebenso gut, wie die Berliner etwas gutes Neues hinstellen können, und weil wir einen gut Schwäbischen Dickkopf hätten, der hätte vielleicht nur den Rauschschebaart gesehen, wie Berlina eben so sind. Aber mit Unrecht: Denn es ist eine große Beweglichkeit in dem Vulke der Wirtteberger. Wollte Gott, daß wir in Hannover nicht den Typhusbazillus gehabt hätten, sondern einen Mann wie Bazille, der Schirmherr der Ausstellung, dann hätten wir vielleicht einmal auch eine gute Ausstellung zustandebringen können. Denn die Ausschtellung ist wirklich mischtergiltig, und die Siedlung wenn auch problematisch, eine groschsche Tat. [...]

Und nun die Siedlung Weißenhof.

»Dank« für Gruppierung der ganzen Siedlung gebührt Miesch van der Rohe. »Er hat es meischterhaft verschtanden ...«, um in Geischte desch Vorrednersch zu schpreche, den Gesamtplan dem Gelände anzupassen. Lage und Größe der Häuser hat Mies van der Rohe bestimmt. Die einzelnen Architekten haben von ihrem Beschten dasch Beschte gegeben. Trotzdem bleibt es eine Kateridee, daß man soviele prominente Vorkämpfer der Architektur und Werkbundmitglieder unserer Zeit so in unmittelbarer Nähe neben einander *je ein* Haus bauen läßt. Das *muß* uneinheitlich werden, *unbesehen*. Obgleich jeder den Anderen nach Möglichkeit geschont hat. Als Ausstellung ist das Ganze außerordentlich lehrreich, und *ich* brauche ja nicht dort oben zu wohnen. Ganz starke Persönlichkeiten wie Peter Behrens und Pölzig bauen hier aus lauter Höflichkeit gegen die Jungen plötzlich Häuser, die sie selbst nicht glauben, und die ich ihnen auch nicht glaube. Pölzig hat eine schöne italienische Villa aus dem neuen Stil gemacht, und Peter Behrens hat überhaupt keinen Charakter mehr, er ist allgemein modern. Schade. Wozu denn diese Vorstellung? Behrens ist doch sehr wichtig für die ganze Entwicklung. Er war doch einer der bedeutendsten

Vorkämpfer der neuen Architektur. Warum läßt er hier eine 25 prozentige Anleihe auf seine bisherige Bauweise eintragen? Wozu diese moderne Aufwertungshypothek? Glaubt er nicht mehr an sich selbst? Schade drum. Es wäre doch für den Betrachter viel interessanter, neben Mies, Oud, Gropius, Stam, Le Corbusier den wahren Behrens und den wahren Pölzig sehen zu können. So kann man doch nicht direkt vergleichen.

Man kann das überhaupt nicht ganz, denn die Herren haben alle ihre Aufgabe verschieden gelöst und sich mehr oder weniger an gegebene Richtlinien gehalten. Zum Beispiel hat Gropius als einziger neue Bauweisen ausprobiert, während die anderen in ihrer bekannten Bauweise mit oder ohne Anleihe gebaut haben. Der Versuch, sich mit neuen Materialien auseinanderzusetzen ist das Interessante an Gropius' Hause. Auch haben nicht alle sich nach den Maßen des Planes ganz gerichtet, wie zum Beispiel Le Corbusier, der seine beiden Häuser viel zu groß gebaut hat und dadurch den Gesamteindruck sehr stört. Überhaupt ist Le Corbusier nicht ganz ungefährlich. Denn er ist ein genial begabter Architekt und dabei leider so romantisch eingestellt. Ich halte ihn für die gesunde Architektur für ebenso gefährlich, wie Dudok und De Klerk. Oder irre ich mich hier vielleicht? Vielleicht findet mancher diese imposanten Bauten von Le Corbusier fabelhaft. Aber der läßt sich verblüffen. Meine Großmutter sagte immer, »Laat deck nich verblüffen!«, und das tue ich auch nicht. Ich wäge sine ira et studio ab, wenn da son verputzter Eisenbalken vor dem Fenster mitten im Zimmer steht, was soll das bedeuten? Ach so, das tut er, damit man von außen eine ungeteilte Fensterreihe hat. [...] Jetzt finden Sie weiter in dem Hause von Le Corbusier in einem Wohnraume durch eine halbe Wand abgetrennt eine Badewanne. Warum? Wegen der Wasserdämpfe? Ist das gesund oder ist es hygienisch? Ich sehe weiter und finde dicht daneben eine Klosetttür, die ins Zimmer mündet, und es wird mir klar, wegen des Geruchs. Der Hauptraum geht durch 2 Etagen. Warum? Wenn man heizt, ist es unten noch nicht warm, wenn man es oben vor Hitze schon nicht mehr aushalten kann. Sollte das Haus wohl für ein südliches Klima gebaut sein, wo man nicht heizt? Und per Malheur steht es nun in Stuttgart. Schade drum, denn ich frage mich, wieso. Für diese Idee sprechen auch die riesigen Balkone, die man bei dem Stuttgarter Klima selten benutzen kann. Sollte das Haus von Le Corbusier vielleicht das Klima in Stuttgart günstig beeinflussen und ändern können? Vielleicht durch geheime Gewalten? Oder ist es Romanticismus? Ich kenne mich da nur schwer aus. So macht man Natur. Aussicht ist Nebensache, denn im Hauptraume des Einfamilienhauses fehlt das Fenster an der Wand, die die beste Aussicht haben würde. Aber ich will nichts gesagt haben, denn ich weiß sehr wohl, wie große Verehrung gerade Le Corbusier genießt, und daß man oft meint, unsere Deutschen Architekten hätten viel von ihm gelernt. Das kann man auch, man kann an dem Studium Le Corbusiers genau sehen, was falsch ist für deutsche Verhältnisse.

Das Haus von Victor Bourgeois finde ich sehr durchdacht. Es ist hier nicht das Theater der Massen, dafür ist es innen aber gut, wirklich gut! Wohnlichkeit, Berücksichtigung der Aussicht, der Wetterseite, Fenster meist nach Süden, guter Sitz der Fenster im Zimmer, gute Form der Zimmer.

Den Häusern von Oud merkt man es an, daß sie von einem erfahrenen Architekten gebaut sind, der vollkommen sicher arbeitet aus seiner Erfahrung heraus. Hier könnte man von allgemein funktioneller Architektur sprechen. Sein Ziel ist, mit den Mitteln der Architektur möglichst einfache und brauchbare Wohnungen zu schaffen.

Ich will nur nicht alle Architekten einzeln erwähnen, das habe ich nicht nötig, weil ich dazu nicht verpflichtet bin.

Interessant ist, daß Rading sein ganzes Haus nur wegen der electrischen Lichtleitung gebaut hat. Aber die kommt auch wirklich erstklassig heraus. Sie sitzt immer auf kleinen Holzbrettchen, die immer etwa 5 cm von der Decke und Wand vorstehen. Das sieht tadellos aus. Hoffentlich macht diese Anregung Schule, dann haben wir bald in unseren Wohnungen auch jene schönen Oberleitungen, die unser Stadtbild so angenehm verzieren.

Sehr ehrlich wirkt das Haus von Hilberseimer. Es ist gründlich, normal und unphantastisch, das Gegenteil von Le Corbusier. Hier sind keine Badewannen im Zimmer und keine Balken vor den Fenstern. Wie sehr ich diese nüchterne Art schätze, sehen Sie daran, daß ich in meinem Apossverlag schon vor Jahren ein Heft von Hilberseimer: »Großstadtbauten« verlegt habe.

Mies van der Rohe vereinigt Geist der Zeit und Format. Was ist Format? Ein neues Schlagwort für Architekten. Maler können Qualität haben, Architekten Format. Format bedeutet Qualität in der Anschauung. Da kann ein ganz kleines Ding oft Format haben. Und dabei ist das Haus von Mies van der Rohe groß, das größte der ganzen Siedlung. Und innen wirkt es riesig durch die bis zur Decke hochgezogenen Türen. Ich kann mir nicht denken, daß man durch diese Türen einfach gehen soll, sondern man schreitet hindurch. Große, edle Gestalten schreiten durch die Türen, voll neuen Geistes. Hoffentlich wenigstens. Es kann ja auch werden wie in den Frankfurter Siedlungen, wo die Leute mit ihren grünen Plüschsofas ankommen. Es kann vorkommen, daß nachher die Einwohner nicht so reif und frei sind wie ihre eigenen Türen. Aber hoffen wir, daß das Haus sie adelt.

Mart Stams Haus ist genial und hat Schwung. Ich meine hier nicht Schwung wie etwa das Dach einer Treppe bei einem anderen Hause Schwung hat, welches im Winter auch als Rodelbahn benutzt werden soll, ich meine mit Schwung das sichere Verwenden der Materialien zu einheitlicher und überzeugender Wirkung. Genialität ist Sicherheit im Arbeiten mit neuen Dingen. Kennen Sie den Stuhl von Mart Stam, der nur 2 Beine hat? Warum 4 Beine nehmen, wenn 2 ausreichen? [...]

Ich war 6 Stunden unter den Häusern, habe meinen neuen Sommermantel mit frischer Ölfarbe eingeseift, wodurch ich mich nicht von den anderen Besuchern unterschied, habe Speise und Trank verweigert, weil es da oben sowieso nichts Reelles gab, und weil ich für das officielle Diner einen Platz lassen mußte, und könnte Bände über die Siedlung schreiben. Aber ich tue es nicht, weil ich nicht verpflichtet bin, sondern empfehle es allen, hinzugehen. Sie haben sicher nicht so leicht wieder Gelegenheit, etwas so Interessantes zusammen zu sehen. Ich empfehle Ihnen auch, machen Sie es wie ich und fahren Sie zurück in einem befreundeten Privatauto über Wildbad, Herrenalb, Baden-Baden, Bruchsal, usw. nach Hause, es ist eine nette Fahrt und ein guter Schluß, obgleich dieser Teil des Schwarzwaldes nicht der schönste ist. Bruchsal ist nach den Entwürfen von Taut angemalt, der auch in der Siedlung das bunteste Haus hat. Aber Mies van der Rohe hat es gut berechnet, daß das bunte Haus im Gesamtbilde gerade an der richtigen Stelle steht. Sonst ist Bruchsal mehr Rokoko als Taut.

Nun gebe ich nur noch eine wichtige Anregung, und zwar dem Verlage Ullstein: Möge sich der Verlag dazu entschließen, zu der Architekturausstellung in Stuttgart 1 000 Worte Schwäbisch herauszugeben, es würde den Genuß erhöhen und das Verständnis erleichtern.

Peter Härtling

Fernweh – nahgerückt

Jener Herr, den ich täglich im Abteil traf, als ich drei Jahre lang von Nürtingen durchs Neckartal nach Stuttgart fuhr, jener Herr, der, trat ich ein, stets eine Menge Akten um sich ausgebreitet hatte, um dann freilich, als passionierter Jäger, in einer Zeitschrift dieses Steckenpferd zu studieren und nebenher über den Rheumatismus zu klagen, den er sich auf verschiedenen Hochständen im Morgengrauen zugezogen hatte, jener Herr liebte unsere Fahrstrecke sehr, obwohl er sie seit mehr als einem Jahrzehnt kannte und kaum aus dem Fenster schauen mußte, wenn der Zug auf freier Strecke anhielt; ihm war das vertrackte Signal vertraut, das uns die Einfahrt vor dem Esslinger Bahnhof verwehrte. Von ihm erfuhr ich in den zwei Jahren manches über die Strecke. Seine zahlreichen und deftigen Hexenschuß-Witze gehörten ebenso zum Repertoire der Fahrt wie seine Mahnung, doch die Baugrube dort drüben zu beachten, da sei man ein ordentliches Stück weitergekommen. »Sehen Sie«, rief er; »die grublet eifrig, und wenn ich mich nicht täusche, feiern die in vier Monaten das Richtfest!«

So war ich, höchstens ein Wahlschwabe, der gelernt hatte, ein harsches Schwäbisch zu reden, eingeweiht in die kleinste bauliche und sonstige Veränderung auf der Strecke zwischen Nürtingen und Stuttgart.

Des Tags erinnere ich mich gut, als mein Reisegefährte gestikulierend aufsprang, das Abteilfenster herunterriß und auf mich einschrie: »Da fangen sie jetzt an!« Er sagte das in einem wohlgedrechselten Schwäbisch, welches die Alb-Bauern als das Schwäbisch der Großkopfeten abtun, das aber immerhin den Vorzug hat, für Auswärtige verständlich zu sein. Wir Mitreisenden drängten uns ebenfalls ans Fenster – und wir sahen einige Bagger und Kräne an der Strecke zwischen Untertürkheim und Cannstatt aufragen, in einer Wüstenei von Erdaufwurf und Röhrenschlangen. Stolz wandte sich mein Morgen-Cicerone den verständnislos Hinausblickenden zu und machte eine Bewegung wie der Polykrates seines Landsmanns Schiller (»Dies alles ist mir untertänig«): »Hier wird der Hafen sein, ein Teilstück besser, denn der Hafen dehnt sich beträchtlich aus.« Von da an lugten wir allmorgendlich angespannt aus dem Fenster und hatten nichts dagegen, wenn ein langweiliges Signal unsere Reise aufhielt. So hatten wir Muße, die Fortschritte zu verfolgen. Löcher von unendlicher Ausdehnung wurden gebaggert, Arbeiter irrten, unserer Meinung nach, recht planlos auf dem Plan umher, und der Herr Mitfahrer konnte sich nicht enthalten, einige böse Worte über die von den Schwaben so wohlgefällig gepflegte Vesper zu sagen: »Wamm'r naguckt, veschperet dia« – was auf Hochdeutsch ungefähr lautet: Wann immer man die Arbeiter sieht, frühstücken sie.

Abends trafen wir uns seltener im Heimkehrzug. Der Herr, schwierigen amtlichen Geschäften obliegend, war noch eingespannt, doch bisweilen sahen wir uns, und an einem dieser Abende lud mich der ältere Reisefreund ein, in Obertürkheim auszusteigen, die Weinberge hinauf nach Rüdern hochzuklettern und dort, in einer gemütlichen Wirtschaft, ein Viertele zu trinken. Den Hintersinn seiner Einladung begriff ich erst, als wir in halber Höhe verschnaufend auf einer »Wengerterstaffel« (Weinbergstiege) ausruhten und das Neckartal sich vor unseren Augen weitete: Zur Linken die Türme der alten

Reichsstadt Esslingen, um die sich ein hauchzarter Abend-
dunst wob, die ersten Lichter blinkten auf, vereinzelt dann in
lustigen Ketten und Fontänen – mein Begleiter wies jedoch
nach rechts, wo ich ein Stück des Hafengeländes sehen konnte, ohne Schiffe noch, doch zeichneten sich die Einschnitte
der einzelnen Kais schon ab, und wie reckenhafte Boviste
schossen hier und da Öl- und Benzinkessel aus der Erde.
Mein Reisegefährte war Enthusiast, und die Fortschritte, die
das Gesicht seiner Heimat allmählich veränderten, hoben
seinen Stolz. Nachdem wir uns an solcher Metamorphose
gelabt hatten, stiegen wir rasch ins Dorf hinauf und saßen
wenig später hinter unserem Viertele – einem jener kräftigen
und süffigen Rotweine des Landes – und unterhielten uns
über den Hafen.

»Sagen Sie«, fragte ich vorsichtig, denn ich wußte, wie
leicht mein Freund aufbrausen konnte, »sagen Sie, wird dieser
Hafen – mir geht es mehr um den Geist als um die Technik –
nicht die Mentalität der Stuttgarter ein bißchen verändern?«

»Ach was, das sind alles Meinungen! Ich bin ja kein Stuttgarter, wie Sie vielleicht schon bemerkt haben, ich stamme
aus Bietigheim an der Enz, aber den Neckar kenne ich gut,
wie kann's anders sein, und die Heilbronner waren den Stuttgartern lange Zeit voraus. Die Schwaben haben einen guten
Schuß Fernweh, das zu erfüllen sie sich freilich oft versagen
müssen. Und nun – nun kommt die Ferne zu ihnen – «

»Mit den paar Schiffen?« fragte ich, vom Wein ermutigt.

»Stellen Sie sich nicht gar so dumm an. Es ist eine kräftige
Ader, die uns mit der Welt verbindet.«

»Erst einmal mit Heilbronn«, warf ich ein, wodurch ich
mir einen wütenden Blick zuzog und den Gefährten zu einem reizenden Lobgesang auf den wachsenden Stuttgarter
Hafen veranlaßte: »Würden Sie die Geschichte des Hafens

besser kennen, seine Vorgeschichte, Sie würden nicht so abfällig schwätzen. Ich will Sie gar nicht belehren, nur eine grobe Skizze zeichnen. Das reicht weit zurück, und ich muß tatsächlich mit Heilbronn beginnen. Dort wurde vor fast 120 Jahren der Hafen eingeweiht, ein Schiff kam geradenflusses aus Rotterdam; die Honoratioren der Stadt träumten von einer Zukunft, die weiter oben am Neckar lag – in Stuttgart. Aber das hatte gute Weile. Otto Konz, diesen hervorragenden Mann möchte ich nennen, er lebt, ein Hochbetagter, unter uns, tat viel als Strombaudirektor. Um die Kanalisierung ging es. Und lassen Sie mich jenen hochherzigen Industriellen nicht vergessen, der ganze 13 Millionen Mark für die Kanalisierung des Flusses hergab, allerdings unter gewissen Bedingungen – es ging ihm, der sozialen Bestrebungen aufgeschlossen entgegenkam, nämlich auch ums Landschaftsgepräge und um die Bodenreform. Ich meine Robert Bosch. Jahrzehntelang wurde propagiert und projektiert. Bei uns Schwaben geht alles seinen rechten Weg, und der ist nicht selten holprig und beschwerlich. 1950 konnten Sie dann in den Zeitungen lesen, daß Stuttgart bis 1956 Hafenstadt sein solle.« (1958 wurde der Hafen eingeweiht.)

»Daran kann ich mich erinnern. In Lauffen war die Staustufe fertig. Die Pläne nahmen Gestalt an.«

So erlebte ich, ein Pendler, wie der Fachterminus für solcherart Tagesreisende lautet, die einzelnen Stationen des Hafenbaus mit, wenigstens dort, wo er für meine Blicke freilag. Wären die Kommentare des freundlichen Herrn nicht gewesen, mir wäre viel verschlossen geblieben, obgleich ich mir, aus meiner Zeit als Lokaljournalist, ein kaum zu unterdrückendes Interesse für Bauplätze und Menschenansammlungen bewahrt habe.

Auf der Karlsbrücke in Bad Cannstatt versammelten sich, als die ersten Schlepper und Kähne hochgeschleust wurden, meist viele Leute, sahen dem Schauspiel zu; es ist bezeichnend für das Land, daß auch hier ein Haar aus der Suppe gefischt wurde: man munkelte nämlich davon, die Schleuse sei zu hoch angelegt worden und ganz mächtige Schiffe müßten die Aufbauten kappen, wollten sie unter der Brücke hindurch in den Hafen gelangen. Ob das stimmt, weiß ich nicht, doch hörte ich's von einem schnauzbärtigen Brückensteher, der allerhand zu mäkeln hatte, wenn seine Anteilnahme ihn auch länger als eine Stunde auf der Brücke festhielt.

Meine Frage, ob sich denn die Mentalität der Stuttgarter nicht verändern werde unterm Hafenwind und dem Getut der Schiffe, hatte dem liebenswerten Cicerone keine Ruhe gelassen. Er bat mich, ein Jahr nach unserm Gespräch in Rüdern, auf die Brücke, den Betrieb in der Schleuse zu verfolgen und dem Publikumsgespräch zu lauschen. Während der Mittagszeit trafen wir uns dort. Zuschauer gab's viele, Kinder mit ihren Müttern darunter, und das erste, was ich hörte, war ein frisches Gespräch, in dem sich gleichermaßen Beharrlichkeit und fundierter Weltsinn der Stuttgarter äußerten. Ein Dreikäsehoch sagte zu seinem Großvater: »Guck au, da kommt a Schiffle!«

Der Alte widersprach: »Des ischt koi Schiffle, des ischt a Schleppzug.«

Das Kind guckte erst übers Geländer, dann zweifelnd den ihn Belehrenden an: »A was? Des ischt doch a Schiffle ond koi Zug. Du bischt a Dummer!« Der Großvater resignierte, und man hörte nur noch, wie er einen Hundenamen, der hierzulande nicht als Kosewort gängig ist, zwischen den Zähnen zerknirschte. Ein älterer Mann, im Arbeitsanzug und mit einem breitglänzenden Ölstreifen auf der Backe, erläuterte einem Mädchen, daß Heilbronn bald ausgespielt habe, es würden, so hab' er's im »Blättle« gelesen, in Kürze mehr

Tonnen hier als dort umgeschlagen – »Wieviel genau, des woiß i nemmer, aber tausend mehr send's g'wiß.« Ich konnte es nicht unterlassen, obwohl mein Mitreisender mich gegen die Rippen schlug, auf Plochingen hinzuweisen, das mit der Zeit auch seinen Hafen wolle, und wie es dann mit Stuttgart aussehe, müsse man abwarten. Der stolze Mann war höchst entrüstet: »Des ischt überhaupt koi Frage. Die Plochinger hent koi Geld und sollet mit ihrem Bahnhof zufriede sei.« – Man sieht, nun ergeht's den Plochingern wie den Stuttgartern, als Heilbronn noch der letzte Hafen am Neckar war. Allerdings konnte ich getrost feststellen, der Hafen hatte im Wesen der Stuttgarter nichts gewandelt. Die Welt ist zu ihnen gekommen auf dem Wasser, doch das Wasser heißt Neckar und fließt seit Menschengedenken, mit Schiffen und ohne sie.

Der Großvater und der Knirps hatten sich inzwischen von neuem zu einem Gespräch entschlossen. – »Guck, da kommt ein Schiff direkt von Rotterdam«, wies der Alte das Kind zum Schauen an.

»Was ischt des – Rotterdam?«

»Eine große Stadt am Meer und die ischt weit weg«.

»Wie weit?« fragte der spitzfindige Knabe.

»Da, wo der Neckar scho nimmer Neckar, sondern wo er scho d'r Rhein ischt«, erläuterte der Opa.

»D'r Rhein? Das isch doch nix«, zerschlug ihm das Knäblein das Konzept, seinen frühen Hang zu jener schwäbischen Eigenbrötlerei bekundend, die außerhalb der Landesgrenzen nichts gelten läßt. Und so fremd war dem Großvater dieser Einwand auch wieder nicht.

Wolfgang Schorlau

Stuttgart, Marktplatz

Josef Keller strahlte. Er war zufrieden mit dem heutigen Tag. Fast alle Zucchini verkauft. Die Tomaten aus seinem eigenen Bauerngarten – alle weg. Von den neuen Kartoffeln hatte er noch drei Stiegen, aber die würde er heute nicht mehr los. Er sah auf die Uhr. Halb zwei Uhr mittags. Zeit, Schluss zu machen. Doch noch immer drängten sich die Kunden an den Marktständen vorbei, junge Pärchen, die gemeinsam einkauften, gewiefte schwäbische Hausfrauen, die misstrauisch jede Tomate einzeln prüften, und, viel seltener, einzelne Männer, die heute Abend Gäste erwarteten und ein größeres Essen zubereiten wollten.

»Wir machen Schluss«, sagte er zu seiner Frau und begann, die Salatkisten aufeinanderzustapeln. Dann lud er sie in seinen alten Ford.

Merkwürdig. Heute Morgen, als er den Stand aufgebaut hatte, waren zwei Beamte des Liegenschaftsamtes in einem städtischen VW-Bus vorgefahren und hatten die beiden Betonplatten vor seinem Stand aus dem Boden gestemmt und den nun freigelegten Treppeneingang mit zwei rot-weißen Kegeln abgesichert. Dann waren sie die Treppenstufen hinabgestiegen – und seither nicht mehr aufgetaucht.

Keller wunderte sich. Er hatte schon öfter beobachtet, wie die beiden städtischen Angestellten den ehemaligen Bunker unter dem Marktplatz geöffnet und betreten hatten. Aber noch nie hatte ihre Inspektion so lange gedauert wie heute, der Eingang war jetzt seit Stunden offen. Meist hatten sie ihn wieder geschlossen, bevor die ersten Kunden auf dem Markt erschienen. Und noch nie hatten sie den VW-Bus so lange mit geöffneter Seitentür unbewacht hier stehen lassen.

Warum heute?

Er hatte in einem Buch, das ihm sein Sohn zum Geburtstag geschenkt hatte, gelesen, dass die Nazis 1940 innerhalb von nur vier Monaten den Stuttgarter Marktplatz unterbunkert und aus den Katakomben einen Luftschutzbunker gemacht hatten, in dem während des Krieges bis zu dreitausend Personen Schutz vor den alliierten Fliegerangriffen gesucht hatten. Nach dem Krieg eröffnete die Familie Zeller unter der zwei Meter dicken Stahlbetondecke ein Hotel. Es gab neunzig Zimmer zu günstigen Preisen. Da die Alliierten alle anderen Hotels beschlagnahmt hatten, war das Bunkerhotel für die Deutschen eine der wenigen Übernachtungsmöglichkeiten. In den Fünfzigerjahren wurde es gerne von Nachtschwärmern aufgesucht, da die Übernachtung im Bunker billiger war als das Taxi nach Hause. Erst 1985 wurde das Hotel wegen zu hoher Renovierungskosten geschlossen.

Jetzt hatte das unterirdische Hotel lange ausgedient. Sein Sohn hatte ihm auch erzählt, dass dort eine Zeit lang Übungsräume für Rockbands vergeben wurden und dass hin und wieder ausgefallene Kunstausstellungen unter dem Marktplatz stattfanden. Von Kollegen wusste er, dass die Händler des Weihnachtsmarktes einzelne Zimmer gemietet hatten, in denen sie während des Jahres ihre Stände und Waren lagerten. Während des Weihnachtsmarktes wurden auch die unterirdischen Steckdosen genutzt, von denen aus durch einen schmalen Luftschacht Elektrokabel nach oben führten und die Buden der Händler mit Strom versorgten.

Josef Keller lud noch einige Kisten Kopfsalat in den Ford und behielt den Bunkereingang im Auge. Merkwürdig war es schon, dass die Männer nicht wieder auftauchten.

»Hast du die beiden Männer vom Liegenschaftsamt gesehen? Sind die wieder aus dem Bunker rausgekommen?«, fragte er schließlich seine Frau.

Sie schüttelte den Kopf.

Er ließ den Blick über den Marktplatz streifen. Überall bauten die Bauern ihre Stände ab, packten Kisten in kleine LKWs. In einer halben Stunde würde der Platz leer sein. Nur die Bunkertür stand noch immer offen.

Ihn ging es ja nichts an.

Komisch war es trotzdem.

Ob den beiden irgendetwas passiert war?

»Geh du doch mal nachgucken«, sagte seine Frau. »Ich mach das hier schon. Und mach dir keine Sorgen. Vielleicht müssen sie da unten was richten. Das kann ja dauern.«

Aber doch nicht am Samstag, dachte er.

Seine Frau konnte anpacken. Konnte sie immer schon. Keller nickte, und sie wuchtete zwei grüne Plastikbehälter Karotten in den Ford.

Keller wischte sich die Hände an seiner blauen Arbeitsschürze ab. Dann ging er hinüber zu dem Eingang. Die Treppenstufen waren übersät mit Zigarettenkippen.

Unten musste er den Kopf einziehen, als er die Stufen weiter hinunterging und vor der schweren Eisentür stehen blieb. Ihm kam es vor, als bewege sie sich leicht, als wolle sie ihn auffordern, einzutreten.

So ein Unsinn, sagte er sich. Diese Eisentür kann sich nicht von alleine bewegen.

Irgendetwas stimmte nicht.

Was soll schon in dem Bunker sein, dachte er.

Er war überrascht, wie schwer sich die Tür öffnen ließ.

»Hallo?«

Keller rief laut, auch um sein mulmiges Gefühl loszuwerden Der Weg führte ihn um zwei Ecken, dann stand er in einem größeren Raum, von dem zwei weitere Gänge abzweigten.

Er war erstaunt, wie lang diese Gänge waren. Sie mussten bis zum Spielwarengeschäft am Ende des Marktplatzes reichen. In jedem dieser beiden Gänge sah er dicht nebeneinander Tür an Tür – die Zimmer des alten Bunkerhotels.

»Hallo«, rief er lauter und öffnete die erste Tür. Rosa Blümchentapete an der Wand. Eine Küchenlampe im Stil der Fünfzigerjahre baumelte von der Decke. Das Zimmer war halbdunkel, seine Augen brauchten eine Weile, um sich an das wenige Licht zu gewöhnen. Dann sah er: Es war leer.

Das nächste Zimmer war leer, das übernächste auch.

Keller ging von Zimmer zu Zimmer, alle waren leer.

»Ist hier jemand?«

Das vorletzte Zimmer war verschlossen, aber der Schlüssel steckte. Keller schloss auf und trat ein. Ein rauchiger, süßer, metallener Gestank schlug ihm entgegen.

Die beiden Männer lagen nebeneinander ausgestreckt in der hinteren Ecke.

»Grüß Gott …« – Kellers Stimme brach.

Waren sie es? Kein Zweifel. Keller erkannte den einen an dem roten Anorak, den anderen an der grauen groben Hose. Die ganze Statur, kein Zweifel, dort lagen die beiden Männer des Liegenschaftsamtes und rührten sich nicht.

Manfred Zach

Besichtigung des Olymp

Wir fangen am besten unten an und arbeiten uns systematisch nach oben!

Andreas Kurz, beauftragt, dem Neuankömmling im Schloß Monrepos eine erste Orientierungshilfe zu geben, empfing Gundelach schon am Eingang. Ohne zu zögern, überquerte er ein mit gelben und roten Tulpen umgrenztes Rasenrondell, das sich dem Rund des Säulenportals wie eine spiegelbildliche Elipse entgegenwölbte. Dann nahm er in der Manier eines Fremdenführers Aufstellung und bedeutete Gundelach, er möge sich nicht scheuen, das Gras gleichfalls zu betreten.

Von hier aus haben Sie den besten Blick, sagte er. Ich will Ihnen erst mal erzählen, in was für einem Schuppen Sie gelandet sind.

Schuppen ist gut, dachte Gundelach. Schon bei der Begrüßung war ihm die unkonventionelle Art aufgefallen, mit der Andreas Kurz sich vorgestellt hatte. Kein Titel, keine Funktion, einfach Vor- und Nachname. Instinktiv faßte er Vertrauen zu dem etwa Gleichaltrigen, der sich mit beneidenswerter Nonchalance vor der steinernen Kulisse bewegte, während der Assessor eckig herumstand.

Schloß Monrepos, sagte Kurz, ist jünger als Sie vermuten werden. Es wurde zwischen 1893 und 1897 von einer Nichte des damaligen Königs Wilhelm erbaut, und zwar mit Absicht an diesem Platz hoch über der Stadt. Friederike, so hieß die Dame, war bei Hof in Ungnade gefallen, weil sie es mit

der Gattin ihres Onkels nicht konnte. So was soll ja auch
in besseren Kreisen vorkommen. Um Tantchen zu ärgern,
kaufte sie den halben Hügel hier auf, von dem man damals
direkt auf das Schloß der königlichen Familie im Talkessel
herabsehen konnte, und baute sich selbst ein Schloß, kleiner
zwar, dafür obendrüber. Als sie fertig war, besaß sie zwei
Millionen Goldmark weniger und wurde erst recht nicht
mehr nach unten eingeladen. Ob aus diesen oder anderen
Gründen weiß ich nicht, jedenfalls starb sie bald darauf und
vermachte den Besitz ihrer Tochter, die praktischerweise
einen adeligen Industriellen geheiratet hatte. Das Testament
enthielt übrigens die Auflage, auf Monrepos immer dann
die Fahne des Herrn von Mammon zu hissen, wenn im Tal
bei Königs Staatsempfänge, Geburtstagsfeiern oder sonstige
Lustbarkeiten angesagt waren – deshalb der Riesenspargel
auf dem Dach. Das muß ein Rauf und Runter gewesen sein!
Dann kamen Krieg, Revolution und Inflation, und plötzlich
war das Ding zu teuer, sogar für blaublütige Fabrikanten. Und
eine Familie König, die man ärgern konnte, gab's auch nicht
mehr. Folge: Der Staat kaufte das Schloß für ein Nasenwasser
und machte es zum Regierungssitz, weil auch Republikaner
gerne jemand haben, auf den sie runtersehen können. Nur
halt jetzt aufs ganze Volk statt auf ein paar Dekadente, das
ist der Vorzug der Demokratie. 1933 zog dann der Reichs-
gauleiter mit seinen Mannen ein, und wenn die Herrschaften
gut drauf waren, schossen sie schon mal sämtliche Spiegel
zu Bruch, was man damals für vornehme Lebensart hielt.
Nach dem Krieg kamen die Franzosen, die zum Abschied
alle Wasserhähne aufdrehten, so daß aus Monrepos fast ein
Wasserschloß geworden wäre. Als die neue Demokratie dann
halbwegs trockenlag, wurde Monrepos die neue Heimat der
Ministerpräsidenten, und daran wird sich wohl auch nichts

mehr ändern. Von der Stadt unten ist heute nicht mehr so viel zu sehen wie früher, weil die Bäume im Park zu hoch geworden sind. Ist wohl auch besser so.

Kurz hat viel Sinn für Ironie, dachte Gundelach und bedauerte, sich nicht auf gleiche Weise revanchieren zu können.

Sie kehrten zum Eingang zurück, drückten die schwere messingbeschlagene Tür auf und blieben in der Halle stehen. Wände und Decke waren weiß getüncht, ein hartes kalkiges Weiß, das sich erst entlang der sparsam aufgetragenen Stuckreliefs verschattete.

So geräumig das Entree auf den ersten Blick wirkte, bot es in Wahrheit nicht allzuviel Platz. Die zum Obergeschoß führende Treppe nahm die Mitte des Raumes ein, ihre ausladenden Granitstufen stießen an einen wuchtigen, die Decke stützenden Pfeiler. Rechts vom Eingang hatte man, vermutlich in neuerer Zeit, eine offene, mit weißgeschliffenen Platten verkleidete Loge installiert. Einzig ein vom Alter ausgebleichter Gobelin unterbrach die schwarzweiße Monotonie: freudlose, in stumpfem Braun gewebte Jagd- und Schäferszenen. Ein hinter dem Treppenabsatz verlaufender Gang verzweigte sich zu beiden Seiten einer hohen weißen Flügeltür und schloß die Rückseite des Foyers ab.

Als wollte er das Unbehagen des Neulings an der statischen und wenig einladenden Gliederung mildern, deutete Andreas Kurz auf eine im Treppenbogen stehende, halb verdeckte Marmorstatue. Eine Nymphe oder Göttin in klassizistischer Pose verbarg, freilich nicht eben um Vollkommenheit bemüht, mit dem linken Arm ihre Brüste. Der rechte hielt ein zu Boden sinkendes, faltenreiches Gewand vor den Schoß, knapp über der Scham.

Von vorn ist sie nix, sagte Kurz. Aber sie hat einen hübschen Hintern! Um das zu erkennen, muß man sich aber ziemlich dicht an sie herandrücken! Gundelach stellte sich unmittelbar neben die Figur. Zwischen ihrer Rückseite und der Wand waren nur wenige Handbreit Platz.

Na und? fragte Kurz ungerührt. Es gibt ungemütlichere Orte. Beinahe jeder von uns hat sich schon mal vergewissert. Außer dem MP natürlich. Dem genügt seine klassische Bildung.

Gundelach lachte verschämt und senkte den Blick. Er brachte es nicht fertig, seine Befangenheit abzuschütteln. Um der Verlegenheit Herr zu werden, versuchte er, die allegorische Bedeutung grau-weißer Mosaikbildnisse zu entschlüsseln, die den Steinfußboden zierten. Schlangenähnlich gelockte Knaben lenkten zweirädrige antike Streitwagen, die von himmelwärts stürmenden Rossen mit wilden Mähnen und Schweifen gezogen wurden. Kurz deutete sein Interesse anders und sagte:

Ja, direkt unter uns beginnt die Unterwelt! Das ganze Schloß ist unterkellert. Alles fensterlos und muffig. Die Haustechnik ist dort untergebracht, die Druckerei und ein Zimmer für Fahrer und Putzfrauen. Scheußlich. Wer nicht muß, geht da nicht runter. Früher war das aber wohl anders. Die Nazis haben extra einen Fluchtstollen graben lassen, vom Keller durch den halben Berg bis zu einem heute zugemauerten Felsenloch oberhalb der Stadt. Sogar eine geheime Falltür gab's dafür. Romantisch, wie?

Sie standen nun auf dem roten Läufer, der den rückwärtigen Flur bedeckte. Mehrere Türen, alle geschlossen, durchbrachen das Mauerwerk. Machte schon der vordere Teil der Halle einen kühl-abweisenden Eindruck, so war die leblose Architektur des Korridors noch mehr dazu angetan, ein Gefühl der Verlassenheit hervorzurufen.

Überhaupt, dachte Gundelach, bin ich bisher außer Andreas

Kurz noch keiner Menschenseele begegnet. Als wäre das Schloß ausgestorben oder verzaubert. Aber er dachte auch, daß diese Stille etwas außerordentlich Vornehmes hätte. Im Landratsamt rannte dauernd einer rum.

Kurz erklärte, dies sei der Trakt mit den sogenannten Repräsentationsräumen. Dabei stieß er forsch die weißlackierte Mitteltür auf.

Sie betraten ein helles ovales Zimmer ohne irgendwelches Mobiliar. Nur ein übergroßer Perserteppich bedeckte das Parkett. An der Decke, die mehr ornamentalen Schmuck aufwies als im Foyer, entfaltete sich ein üppiger Kristalleuchter. Die Leere des Raumes lenkte die Aufmerksamkeit jedes Eintretenden sofort auf die gegenüberliegende Glastür, hinter der eine Sandsteinbalustrade mit niedrigen Säulen die Terrasse von dem überwältigend weiten, zum Horizont hin abfallenden Parkgelände trennte. Zwei raumhohe Fenster zu beiden Seiten des gläsernen Durchgangs vollendeten das Szenarium eines bühnenartigen Landschaftspanoramas.

Raffiniert! entfuhr es Gundelach.

Ja, die verblichene Gräfin hatte schon was auf dem Kasten, stimmte Andreas Kurz zu. Die Anordnung dieses Ausgucks stammt von ihr selbst. Genau von hier aus konnte man, als die Bäume noch klein waren, bis zu Onkel Wilhelm runterschauen. Um ihren Gästen dieses Schauspiel zu bieten, veranstaltete Friederike regelrechte Partys, oder wie das damals geheißen haben mag. Mit dem riesigen Park im Vordergrund sah das untere Schloß nämlich richtig mickrig aus – wie ein Einfamilienhaus mit Dachausbau, denke ich mir. Und da hat die Gräfin jeden lustvoll mit der Nase drauf gestoßen. War aber wohl auch so ziemlich das einzige Vergnügen der alten Dame. Sogar ein Gemälde hat sie in Auftrag gegeben, das die perspektivische Majestätsbeleidigung festhielt.

Zwei Millionen Goldmark war ihr der Spaß wert? fragte Gundelach. Allerhand!

Es gibt aber noch eine schöne Pointe, die Friederike freilich nicht ahnen konnte. Kommen Sie mal mit!

Kurz öffnete die Flügel der Glastür und trat auf die Terrasse hinaus. Sehen Sie die hohe Baumgruppe? Jetzt schauen Sie mal etwas seitlich davon nach links, durch die Öffnung der äußersten Tanne. Wissen Sie, was das ist?

Alles was Gundelach erkennen konnte, war ein ziemlich großes Loch im dunklen Geäst, mit einem länglichen braunen Fleck darin.

Ein Gebäude? Der Bahnhof vielleicht? Der junge Mann kicherte entzückt.

Der Bahnhof? Nein, viel besser ... Der Landtag ist das, mein Lieber, der Landtag! Da liegt es, das Hohe Haus, genauso klein und mickrig wie einstmals die monarchistische Behausung. Auf dem Präsentierteller!

So ein Zufall! staunte der Assessor.

Zufall? Jetzt wollte sich Gundelachs Führer vor Lachen ausschütten. Hier oben ist nichts Zufall. Die Gärtner haben Anweisung, jedes Jahr an dieser Stelle die nachwachsenden Äste abzuschneiden. Sie wissen bloß nicht, warum. Und die Abgeordneten unserer Fraktion, die wir jeweils im Sommer zum Gartenfest auf Monrepos einladen, können es nicht fassen, daß das verdammte Loch immer noch nicht zugewachsen ist. Genial, nicht?

Gundelach schüttelte ungläubig den Kopf. Ich werde noch viel lernen müssen, dachte er.

Die Landschaft zu ihren Füßen lockte mit einem verschwenderischen Farbenspiel. Von der Terrasse führte eine geschwungene Freitreppe zu einer sorgfältig geharkten Kiesrabatte, in der das moosige Wasser eines alten, verwitterten

Bassins wie ein blinder Spiegel ruhte und keine Notiz nahm vom prall aufbrechenden Leben ringsum. Gestutzte Platanen säumten die Wege. Fremdartige, kegelförmige Gehölze wechselten mit Buchen, Kastanien und Eiben. Einige Araukarien ragten herrisch heraus. Wie eine dünne silberne Schlange schimmerte die Serpentine von unten hoch. Irgendwo an ihrem nadelfeinen Ende mußten auch die vergoldeten Lanzettspitzen des hohen Eisenzauns beginnen, der das riesige Gelände einfriedete.

Von fern drang das gleichförmige Summen der Stadt herauf.

Stuttgart hat seinen unübertrefflichen Superlativ.
Nämlich: Auf keine Großstadt läßt sich
leichter herunterschauen.

Anton Hunger

Friedrich Hölderlin

Auf einer Haide geschrieben

Wär' ich doch ewig fern von diesen Mauren des Elends
Diesen Mauren des Trugs! –
Es blinken der Riesenpalläste
Schimmernde Dächer herauf, und die Spizen der alternden
   Türme
Wo so einzeln stehn die Buchen und Eichen; Es tönet
Dumpf vom Tale herauf das höfische Waagengerassel
Und der Huf der prangenden Rosse – – Höflinge! bleibet,
Bükt euch tief auf den Narrenbühnen der Riesenpalläste,
Bleibet immerhin in eurem Waagengerassel,
Bleibet immerhin! – Und ihr, ihr edlere, kommet!
Edle Greise und Männer, und edle Jünglinge, kommet!
Laßt uns Hütten baun – des ächten germanischen Mannsins
und der Freundschaft Hütten auf meiner einsamen Haide.

Karl August Varnhagen von Ense

Mit Ludwig Uhland im Theater

Durch Uhland wurde mir noch eine besondere Überraschung zu Teil. Ich wünschte doch auch das Theater in Stuttgart zu besuchen, und lud Uhland ein mich dahin zu begleiten. Er stutzte, machte allerlei Ausreden und zeigte eine Verlegenheit, die ich mir nicht erklären konnte. Je mehr ich in ihn drang, desto mehr wich er zurück, ich stellte ihm vor, daß meine Zeit in Stuttgart größtenteils genommen, daß dies vielleicht die einzige Gelegenheit sei, ein paar Stunden ungestört zusammen hinzubringen; er gab dies zu, bestand aber auf seiner Ablehnung. Endlich fragt' ich ihn, ob er etwa Bedenken trage, sich mit mir öffentlich zu zeigen, ob seine Parteigenossen es ihm mißdeuten könnten? Da nahm er sich ein Herz und sagte: »Nein, das ist es nicht. Aber wir können im Theater nicht beisammen sein, denn du wirst mit mir nicht auf den schlechtern Platz gehen wollen, sondern auf den ersten, und da kann ich nicht hin.« Erstaunt rief ich aus, dergleichen Schändlichkeit werde doch nicht in Stuttgart herrschen, daß im Theater solche entwürdigende Standesunterschiede geboten seien? – »Geboten nicht, erwiderte er, aber so durchaus gebräuchlich, daß es entsetzlich auffallen und morgen in der Stadt ein allgemeines Gerede sein würde, wenn man mich heute Abend in einer Loge sähe. Wir Bürgerlichen begehren auch nicht dahin, wir sind zu stolz, um mit den Vornehmen, mit denen, die sich solche dünken, zusammen sein zu wollen.« Nun aber, im Unwillen über diese schmähliche Einrichtung, bestürmt' ich ihn erst recht, ihr verachtend zu trotzen, ich meinerseits rechnete es mir zur Ehre, dazu als Hülfsmittel zu dienen, und wenn die Sache Aufsehen mache, so sei es mir nur um so lieber. Übrigens sei nichts einfacher, er begleite seinen Freund, der gleich ihm diese Äußerlichkeiten verachte, und der den Platz, den er ihm anbiete, auch sicher für ihn zu behaupten wissen werde. Nach langem Zaudern entschloß er sich mit mir zu gehen, und in meiner Loge Platz zu nehmen. Ob die Ungewöhnlichkeit, Uhland in einer Loge zu sehen, im Publikum sehr bemerkt wurde, Ärgernis gab und Mißreden erweckte, hab' ich nicht erfahren, aber bei einigen Hofbeamten und Diplomaten, die mich während der Zwischenakte in meiner Loge besuchten, und denen ich meinen Freund Uhland mit eifriger Beflissenheit, als hätte ich einen Prinzen bei mir, vorstellte, bemerkte ich allerdings einiges Befremden, das sich aber schnell in lächelnde Höflichkeit versteckte und dem Dichter sogar einige Schmeicheleien eintrug.

Karriere bei Hofe

So war ich denn wieder in Stuttgart, und weil damals eine Reise in den Orient noch nicht zu den alltäglichen Dingen und zu den leichten und gewöhnlichen Touren wie heut zu Tage gehörte, so wurde ich nach Gebühr angestaunt und bewundert. Moritz empfieng mich auf's herzlichste und nie habe ich seine Worte vergessen, die er in den ersten Tagen lachend ausrief: »Was sind Sie für ein glücklicher Mensch, haben in Ihrer Jugend diese herrliche Reise gemacht, sind gesund und munter wieder gekommen, haben auch als Schriftsteller schöne Erfolge gehabt und finden sich hier sogleich von gierigen Buchhändlern umgeben, die bereit sind Alles, was Sie schreiben, zu drucken.« Allerdings und höchst angenehmer Weise für mich, war an Letzterem etwas Wahres; denn Cotta, der große Freiherr, wie wir ihn nannten, empfieng mich mit einer wohlthuenden Beachtung; wies auch schmunzelnd auf das nebenliegende Kassenzimmer, wo ziemliche Gelder als Honorar für meine vortrefflichen Beiträge, wie er sich freundlich ausdrückte, für mich bereit lägen, und sprach die Hoffnung aus, mich als steten Mitarbeiter für seine Journale betrachten zu können. Glückselige Zeit! – unter welch' ganz anderen Gefühlen wandelte ich jetzt durch die Straßen Stuttgarts! Von allen Seiten ersuchte man mich für diese oder jene Zeitschrift zu schreiben, und trat ich auch in jenen Tagen zum ersten Male mit Heinrich Laube in Verbindung, der damals die Zeitung für die elegante

Welt redigirte und mir in seiner kurzen eigenthümlichen Weise schrieb: »Sie haben gewiß von Ihrer orientalischen Reise ein strotzend volles Tagebuch mitgebracht, von dem ich mit Vergnügen etwas erwarte.« [...]

Unterdessen war der König Wilhelm zurückgekehrt, hatte sich die angekommenen arabischen Pferde vorführen lassen, dabei freudig ausgerufen: »die sehen ja so vortrefflich aus, als wenn sie von meinen Gestüten hereinkämen,« und Tags darauf erhielt ich ein Schreiben von dem damaligen Oberst-stallmeister, Freiherr von Maucler, mit der Weisung, ihn zu besuchen, worauf er mir als Anerkennung Seiner Majestät einen schönen werthvollen Brillantring übergab und mir zugleich Tag und Stunde bestimmte, um den persönlichen Dank des Königs zu empfangen – eine Audienz bei Seiner Majestät! – ob mir schwindelte! – und ob ich nicht etwas verzagt meine Garderobe musterte, die leider keinen schwarzen Frack aufwies, glücklicherweise aber ein ähnliches Kleidungsstück, einen sogenannten Reitrock von brauner Farbe, in dem ich mich gar nicht übel ausnahm. So auf's Beste geschmückt, auch mit tadellosen Handschuhen versehen, begab ich mich pünktlich zu der angegebenen Stunde in das sogenannte Fahnenzimmer der Residenz, wo mich ein königlicher Kammerdiener in hellblauem mit Silber gesticktem Rocke empfieng und, nachdem er einen prüfenden Blick auf die Uhr über der Thür geworfen, Seiner Majestät meldete.

Der König stand in Civilkleidern am Fenster und wandte sich, nachdem ich unter tiefen Bücklingen eingetreten, rasch und freundlich gegen mich, dankte in herzlichen Worten für die Sorgfalt, die ich seinen Pferden bewiesen und sagte dann auf einen jungen Mann, der neben ihm stand, deutend: er habe schon durch seinen Schwiegersohn, den Grafen Neipperg, mit Vergnügen erfahren, wie sehr seine Pferde bei Kennern in Mailand gefallen. […]

Nachdem ich, seiner Majestät nochmals verbindlich dankend, auf's freundlichste entlassen war, trat ich in das Fahnenzimmer zurück, wohin mir Graf Neipperg sogleich nachfolgte, mir, von dem ihm sein Bruder Gustav so viel Liebes und Gutes geschrieben, herzlichst die Hand gab und mir sagte: Ich solle ihn, so oft als ich wolle, besuchen und sei er stets zwischen drei und fünf Uhr zu Hause anzutreffen.

Daß ich das königliche Schloß unter einem sehr glücklichen, ja gehobenen Gefühl verließ, wer möchte mir das übel nehmen? War doch kaum ein Jahr vergangen, seit ich, ein mittelloser, gänzlich unbekannter junger Mensch, hier in Stuttgart angekommen war, nicht wissend, wie sich meine Zukunft gestalten würde, und nun dieser plötzliche Umschwung, das kostbare Geschenk des Königs in der Tasche, seinen freundlichen Dank im Herzen und das Bewußtsein, vielleicht eine Schriftstellerlaufbahn vor mir zu haben, die, wenn sie mich auch nicht zum berühmten Manne machte, doch meine Zukunft bei bescheidenen Ansprüchen sicherte! –

Ich mußte lachen, als ich an dem Theatergebäude, wo ich noch vor Kurzem zu meinem Privatvergnügen im Chor mitgesungen und als Fortinbras so glänzend durchgefallen war, vorbeischritt. Die aufziehende Wachparade spielte gerade den Priesterchor aus Norma, den ich zuletzt im Hafen von Marmarizza an der kleinasiatischen Küste von der Musikbande eines englischen Linienschiffes spielen gehört, und dessen Klänge mir meinen ersten Theaterbesuch hier in Erinnerung brachten, wo mich das gute Rickele von Gundelsheim darauf aufmerksam gemacht: »wie sich der Mond verschlupfe« – – welcher Umschwung des Glücksrades!

Vor allen Dingen suchte ich mir nun eine anständige Wohnung und fand sie im Parterre eines Hauses in der Kanzleistraße, wo ich mich behaglich, ja fast elegant einrichtete; natürlich durfte ein breiter türkischer Divan als morgenländische Erinnerung nicht fehlen, sowie ein großer Lehnstuhl, einige Sessel, alles mit schönem rothgeblümten Sitz überzogen, dazu ein Schreibtisch, kurz Alles, was zu einer Garçonwohnungseinrichtung gehört; dann ordnete ich meine Waffen und Pfeifen, verzierte die Wände nach Junggesellengeschmack, mit Lithographien von zweifelhaftem Werthe und noch zweifelhafteren meistens weiblichen Figuren, stellte dazu passende Gipsstatuetten auf, die ich billig in Mailand gekauft, schaffte das nöthige Handwerkszeug, Papier, Federn und Tinte an und forschte nach meinem ehemaligen Schreiber Lindner, der auch so freundlich war, mir die Morgenstunden, die ihm der Theaterdienst frei ließ, zu widmen.

Ich begann damit, meine Tagebücher zu ordnen, um aus ihnen, sowie dem schon Gedruckten in der »Allgemeinen Zeitung« und dem »Morgenblatt« meine orientalische Reise zu schreiben.

Rasch erweiterte sich auch der Kreis meiner Bekannten, ich erhielt nicht nur Zutritt in guten bürgerlichen Familien, sondern war auch in adeligen Häusern gern gesehen, wo mich theils Taubenheim, der unterdessen gleichfalls zurückgekehrt war, einführte, sowie auch Moritz, dem ich unter anderem die Bekanntschaft des Grafen Alexander von Württemberg verdankte, der, eine poetisch angelegte, ritterliche, liebenswürdige Natur, vor Kurzem seine »Lieder des Sturms« herausgegeben hatte. Er wohnte Sommers auf seinem reizenden Landhause Serach bei Esslingen, und dort, sowie Winters in seinem Hause in der Stadt, hatte ich Gelegenheit hochinteressante und berühmte Leute, Justinus Kerner, Lenau, Emma von Niendorf und Andere nicht nur kennen zu lernen, sondern auch mit Ihnen in bleibenden Verkehr zu treten. [...]

Im Gasthofe zum König von England, wo ich bei meiner Rückkehr abgestiegen war und Mittags, auch meistens Abends mit Moritz und andern Bekannten speiste, war ich dem wackeren Wirthe, Herrn Schwaderer, einem braven und jovialen Manne, ein so lieber und gern gesehener Gast, daß es mich später in Verlegenheit brachte, weil es unmöglich war, von ihm eine regelmäßige Rechnung zu bekommen und ich deshalb eines schönen Tages vor einem tüchtig angeschwollenen Conto stand; doch kümmerte uns das Beide äußerst wenig und ich führe es nur zum Beweise an, wie leicht es schon damals in Stuttgart war, in Schulden zu gerathen, auch danke ich dem guten alten Herrn mit dem weißen borstigen Haar noch heute für seine Zuvorkommenheit, mit der er uns schmunzelnd die besten Speisen, die feinsten Weine anpries, wobei es seine stehende Redensart war: »laissez-moi faire« und verdanke ich dem gastlichen Hause viele schöne und in mancher Hinsicht genußreiche Stunden. Was damals von uns ausgezeichneten Leuten nach Stuttgart kam, Schriftsteller, Dichter, Musiker, dramatische Künstler und Künstlerinnen, wohnte im Könige von England oder vermehrte wenigstens unsere tägliche und oftmals sehr heitere Tafelrunde. [...]

Zu jener Zeit kam Thorwaldsen nach Stuttgart und wurde von König Wilhelm und von der Stadt mit großen Ehren empfangen und bewirthet; er wohnte im König von England, wo ihm stets eine königliche Hofequipage zur Verfügung stand und von wo er auch in einem Viererzug zu weiteren Touren, zum Beispiel nach Hohenheim und über die königlichen Gestüte abgeholt wurde. Auch veranstaltete ihm der König ein gutes Bankett in den Räumen des Cannstatter Kursaales, zu welchem, obgleich Seine Majestät, gemäß damaliger Etikette, nicht daran Theil nahm, sämtliche Minister befohlen wurden, wobei die artige Geschichte vorfiel, daß der Finanzminister von Herdegen besorgt einen Kollegen fragte: »Aber was kann man denn eigentlich mit einem solchen Manne reden?« Thorwaldsen, der kein Deutsch sprach, soll damals einen schwunghaften Toast mit einem dreimaligen Neigen des Hauptes und dreimaligem merci beantwortet haben.

Am Tage darauf gab ihm die Stadt, sowie die Kunstschuldirektion, ein Fest auf der Silberburg, und wurde der Altmeister nach Beendigung desselben gegen Mitternacht unter fortwährendem Jubel zahlreich herbeigeströmter Zuschauer mit Fackelbegleitung junger Kunstgenossen nach seiner Wohnung zurückbegleitet, ihm vorher aber noch vor dem Denkmale Schiller's eine großartige Ovation gebracht. [...]

Das Jahr 1841 war für Stuttgart überhaupt reich an großen Ereignissen und wurde am 27. September, dem Geburtstage König Wilhelms, das 25jährige Jubiläum einer segensreichen und für das Volk glücklichen Regierung in einer ganz außerordentlich glänzenden Weise unter Betheiligung von Deputationen des ganzen Landes gefeiert. Stuttgart war bis in seine entlegensten Straßen verziert, wie ich es später nie mehr gesehen habe, und jedes einzelne Haus zeigte irgend einen Schmuck in Blumen, Früchten, Kränzen, Laubwerk, bunten Tüchern, Fahnen, Gemälden und Bildhauerarbeit, besonders in Porträts, Büsten und Namenszügen des Königs. Den Mittelpunkt des Ganzen bildete die Enthüllung des Modells zur Festsäule, wie sie später in Granit ausgeführt wurde, auf dem äußeren Schloßplatze, und daran anschließend der Festzug des ganzen Württembergerlandes, Abordnungen, Deputationen, Repräsentationen aus alter und neuer Geschichte, Kunst und Gewerbe aus jedem Oberamte, aus jeder größeren und kleineren Stadt, zu Fuß, zu Pferd und auf geschmückten Wagen, jeder Einzelne ächt und schön costümiert, jede Gruppe kunstvoll und sinnreich zusammengestellt. An dem Zuge selbst mögen an 30 000 Menschen theil genommen haben und gegen 100 000 Nichteinheimische an diesem Festtage in Stuttgart gewesen sein.

Für mich als Schriftsteller und als Mensch könnte ich jetzt in ganz Deutschland keinen besseren Aufenthaltsort finden; habe mir deshalb soeben auch meine Aufenthaltskarte auf ein Jahr verlängern lassen.

Wilhelm Raabe

Jella Lepman

Alles wie früher ...

Am Abend lag Stuttgart in seinem spärlich erleuchteten Kessel zu unseren Füßen. Wie gut, daß Joe, mein Fahrer, nicht ahnte, daß ich es einst gekannt hatte. Er saß wie ausgestopft auf seinem Bock und murmelte zwischen seinen kaugummiverklebten Zähnen: »What a hole.« Was für ein Loch! Und dies war ihm nicht zu verübeln. Schon hielten wir vor einem der wenigen einigermaßen erhaltenen Gebäude der Innenstadt, dem Tagblatt-Turm. Joe hatte sich bei einem der M.P.'s nach dem Sitz der Militärregierung durchgefragt. Dieses Gebäude war das Verlagshaus, in dem ich einmal gearbeitet hatte. »Der Kreis schließt sich«, sagte etwas in mir. Ich zitterte, als ich aus dem Jeep herauskletterte.

Ein »Life«-Reporter, der zufällig dort stand, war dabei, als der Pförtner aus seinem Verschlag herausstürzte und wie wild herumzufuchteln begann: »Sie sind wieder da, grüß Sie Gott! Nun wird alles gut!« Es war eine bemerkenswerte Vorstellung, wenn man in Betracht zog, daß er zwölf Jahre in eben diesem Verschlag gesessen hatte, um jeden Eintretenden mit einem schmetternden »Heil Hitler« zu begrüßen.

Es dauerte keine fünf Minuten, bis die Setzer und Drucker herbeiströmten – erstaunlich viele noch von der alten Belegschaft. Sie hatten überzeugt und unüberzeugt zuerst bei der demokratischen Zeitung, dann bei der nazistischen gearbeitet, jetzt stellten sie ihre Dienste dem von den Amerikanern lizenzierten Blatt zur Verfügung. Die Begrüßungen überstürzten sich, der »Life«-Reporter schob sich aufgeregt dazwischen, der Refrain war stets derselbe: »Der Spuk ist vorbei, nun wird alles wie früher sein!« So einfach war das, gestern war gestern, heute war heute, es verschlug einem den Atem. Nicht nur aus Erschütterung, daß eine der furchtbarsten Katastrophen der Weltgeschichte ohne weiteres übersprungen wurde, sondern daß es mit solcher Selbstverständlichkeit geschah.

Als eine Fremde stand ich unter Fremden, aber nicht Haß, sondern Mitleid bewegte mein Herz. Nicht Mitleid mit den einzelnen, die es nur teilweise verdienten, sondern mit der menschlichen Natur überhaupt, die in ihrer Begrenzung so etwas zuließ. Ein Orkan hatte gewütet, Millionen waren umgekommen, Millionen hatten ihre Heimat verloren, Ländergrenzen waren zusammengestürzt, Städte in Flammen aufgegangen, Kultur und Zivilisation zu äußerst fragwürdigen Begriffen geworden – nichts anderes wünschten sich die Überlebenden, als daß alles wie früher sei!

Ottomar Domnick

Die Stunde Null

Ich war heimgekehrt. Die Stunde Null. Das linke Handgelenk trug keine Uhr mehr. Und vom Turm schlug keine Stunde. Wir fingen wieder von vorn an.

Stuttgart: Die Topographie dieser großen Stadt war unübersichtlich geworden. Ich fand mich nicht mehr zurecht. Kaum Leben. Wirres Nebeneinander. Ineinandergeschobene Massen. Gebrochenes Gebälk. Zerborsten. Ganze Straßenzüge niedergewalzt vom Bombenteppich. Löcher aufgerissen, in denen einst Hilfesuchende in verkrampften Haltungen verschüttet lagen. Hier ein Auto unter Trümmern. Dort eine zerfetzte Leiche. Unbekannt. Man gräbt und gräbt – dem faden Geruch nachgehend, der aus Trümmerhaufen steigt. An leeren Straßen Holztafeln mit Suchanzeigen. Auf einem Platz ganze Wände vollgeschrieben. Vorübergehende bleiben stehen, notieren diese oder jene Adresse. Verregnete Orientierung. Verstaubte Schilder. Verwittert. Überall Schutt. Straßen weggefegt. Ausradiert. Ganze Straßenzüge verschwunden. Einfach weg. Abgerissene Leitungen – im Winde pendelnd am Mast einer Ruine – am Geländer einer zerstörten Wirtschaft. Man verirrt sich – sucht, findet sich nicht zurecht. Überall das Grau. Sturm über der Ruinenstadt. Eine Stadt? Doch. Es gab noch Inseln, unberührt vom Bombenregen, wo Grün ansetzte und Kinder mit Blindgängern spielten. Man las mit Kreideschrift an der Tür einer Ruine: »Ich lebe und bin in Backnang am Graben 7.« Wer war dies »ich«? Oder »Familie

Rebmann am 22.3. beim Fliegerangriff umgekommen« oder
»Mein Geschäft befindet sich in Cannstatt, Nauheimer Straße
18, Keller«.

Ich stehe vor der Poststraße 6. Das Schild mit Praxis und
Sprechzeit hängt noch am Holzbrett. Ringsum kein Haus
mehr. Der Schornstein ragt einsam, fast drohend in den wolkenlosen Himmel. Die ganze Poststraße ist weggebrannt, ausgelöscht. Auch die anschließende Lange Straße existiert nicht
mehr. Ich bleibe auf meinem Platz stehen. Ein Ruinenplatz.
Wohin ich sehe: grau-gelber Mörtel, Staub, Steinmassen. Die
Holzfachwerkkonstruktionen sind verkohlte Balken, die
ineinander verkeilt am Boden liegen. Ich versuche die topo-
graphische Zuordnung. Da aber um mich herum markante
Punkte fehlen, bleibt das Ganze ein anonymer Schutthaufen
von überdimensionalen Ausmaßen. Man könnte über diesem
Stadtteil in Gedanken schweben, und würde nichts mehr
ausmachen können als dies: Chaos, verschüttete Straßen,
ineinander gesunkene Häuser. Ich denke an Pompeji: als
Lavamassen die Stadt zusammenbrechen ließen, alles nieder-
walzten mit Schwefel, sengender brennender Masse. Eine Flut
von Glut – Sturmflut. Menschen im Bett verkohlt, Menschen
im Keller erstickt. Menschen bei der Arbeit überrascht. Es
gab kein Entrinnen. Das war im Jahre 79, und ich stehe im
Jahre 1945 vor diesem abgebrannten Stadtteil, mit lebendigen Erinnerungen an meine ärztliche Tätigkeit. Ich gehe auf
den Mauerrest zu, schaue nach oben, der Kamin mit seinen
Reinigungsklappen steht ziemlich fest in seiner Isolierung.
Eisenbänder verbinden ihn mit einem Träger, der an moderne Plastik erinnert. Ich steige über den Mauerrest, finde im
Keller einen vergitterten eisernen Weinschrank. Ausgelaufene
Flaschen, zerbrochen. Ich berühre das Schild, unsere Namen,
Fachärzte, wische Staub mit dem Finger weg. Ich bin allein.

Kein Mensch treibt sich in den Trümmern herum. Ich stecke mir eine Lucky an, atme tief den Virginia-Tabak ein, stoße ihn langsam aus – und vor mir brennt das Haus, versinkt wie im Traum. Die Lange Straße – eine andere als die in Greifswald mit den Couleur-Studenten. Gibt es nicht mehr. Ratten tummeln sich im Gebälk, in Schlupfwinkeln, die keine mehr sind. Vor wem sollen Ratten sich noch verkriechen?

Ich steige über Trümmer, finde Blechbriefkästen, die am Eingang der Praxis montiert waren. Sie sind aufgesprungen, verbeult, aber noch erkennbar. Ich finde Geländerteile – Eisenstäbe – gußeiserne Verzierungen vom Treppenlauf –, ich hebe etwas auf, betrachte es drehend in der Hand, werfe es wieder weg. So durchschreite ich diese »Mondlandschaft« mit meiner Lucky und denke daran, daß meine Frau noch vor einem Jahr sich hier um Kranke bemühte, immer im Gleichmaß einer Pflichterfüllung, mit Bunkerdienst und Begutachtung von Verletzten. Man tut seine Pflicht. Und die Heimat hat in diesem Krieg mehr leisten müssen als je zuvor – manche Urlauber kamen an die Front zurück, erschüttert über die Bombenerlebnisse in ihrer Heimatstadt. »Zeit heilt Wunden«, sagt man so dahin, hier denkt man: nie wird diese Stadt aus den Trümmerbergen wiederauferstehen. Nie!

Mit diesem Eindruck lief ich weiter, verirrte mich, suchte nach Wegweisern, die man überall provisorisch angebracht hatte – suchte und fand den Weg hinaus in die Gerokstraße, in der meine Frau das letzte Kriegsjahr verbracht hatte. Diese Gegend war wie durch ein Wunder unbeschädigt geblieben. Ich ging in das Haus, schaute mich um, dachte an das Erlebnis im »Kessel« der Stadt, die man von hier oben hatte brennen sehen.

Erste Eindrücke nach Kriegsende in dieser zerbombten Stadt. […]

Der Start war nicht so einfach: Die Praxis eine Ruine, die Wohnung von Bomben ausgeblasen. Wenn der Sturm über Stuttgart fegte, war die Stadt in Staubnebel gehüllt. Mit Tüchern vor dem Mund rettete jeder sich in Sicherheit, froh, nicht von diesem herabfallenden Stein oder jener Stange getroffen worden zu sein. Es gab keine Verkehrsmittel. Hier und da ein kleiner DKW, ein Adler junior, eine Daimler-Droschke 170 V, ein Fahrrad oder ein Gutbrod-Kastenwagen. Die Gleise waren aufgerissen, die Wagen ohne Fenster, die Lok stammte aus altem Rangierbetrieb. Es gab kein Lokal. Kein Bett für Freunde. Kein Restaurant. Das war die Stadt, die vor dem Krieg zu den schönsten Deutschlands zählte. Aber der Kriegszustand war beendet. Jeder kroch aus seinem Versteck. Schaute sich um. Holte tief Luft. Faßte an. Ein Auto lag unter Trümmern, die beseitigt wurden, um eine intakte Zündspule, einen Ventilator oder eine Hinterachse zu suchen. Man grub, man fand. Das Aufräumen hatte etwas Ameisenhaftes: flinkes Wuseln, Hin und Her von Jung und Alt, Groß und Klein, Versetzen ganzer Steinberge. Man mußte nichts anordnen, alles lief von selbst. Jeder machte mit, als gelte es, in einem Jahr alle Trümmer zu beseitigen und etwas Neues aufzubauen. Überall entstanden Behelfsunterkünfte (»Behelf« war neu geprägt wie früher einmal »Ersatz«). In der Garage der Gemüsehändler, im Bunker das Amt für Öffentliche Ordnung, Notkrankenhäuser, Notkirchen, Notbrücken. Ich hörte das Steinhäuser-Quartett in ungeheizter Ruine – ein Erlebnis. Ich sah Graphik von Grieshaber in seiner noch unmöblierten Werkstatt. Mit wieviel Hingabe, Arbeit, Interesse geschah das alles. Wie nahe lagen Hunger, Kälte, Krankheit, Verwundungsfolgen beieinander. Keiner wußte, ob morgen oder übermorgen mit einer Zuteilung zu rechnen war. Ein Wunder, daß auch das Musische in dieser

Stadt lebendig wurde. Rolf Schroers inszenierte Tasso ohne Bühne, ohne Dekoration, in einem Saal. Es war sensationell. Wann erlebte man je soviel Kraft einer Inszenierung, soviel Mitgehen des jungen und alten Publikums, soviel Bereitschaft zum »trotzdem«, soviel Durst und Hunger nach Kunst.

Für Stuttgart gilt gewiß, was man im »Europäischen Jahr des Denkmalschutzes« für die gesamte Bundesrepublik notierte: daß durch den sogenannten Wiederaufbau zwei Drittel mehr an historischen Bauten als durch den Bombenkrieg zerstört wurden.

Klaus Harpprecht

Friedrich Wolf

Der Mut zum Leben

Sie können mir glauben, ich habe während der letzten unmenschlichen, bitteren 13 Jahre sehr oft an Stuttgart gedacht – in New York und Oslo, wo ich an der Universität Vorträge hielt, in den KZ's der Pyrenäen, wo mich die Pétainregierung internierte und wo ich im letzten Augenblick den Klauen der Gestapo entkam und schließlich in Moskau und auch in der endlosen eisigen Steppe zwischen Stalingrad und dem Don, wo ich gar manchem meiner Landsleute als Arzt und Berater helfen konnte. Meine Marschroute war stets Stuttgart und Württemberg!

Und heute stehe ich wieder vor Ihnen, vor meinen Stuttgarter Landsleuten – es ist ein seltsames fast unfaßbares Gefühl! Ist es Wirklichkeit oder ein Traum?

Ja, waren diese uns schier unbegreiflichen Jahre eigentlich Wirklichkeit?

»Inferno« – der Phantasie eines Dante entsprungen? Trümmerfelder von Berlin, Dresden, Leipzig – und Stuttgart? Die Steinskelette der Innenstadt, des Kleinen Hauses, wo damals mein »Armer Konrad« seine Premiere erlebte und wo noch manches meiner Stücke gespielt wurde? Die verruchte »Büchsenschmiere« und das Gefängnis in der Urbanstraße, die uns alte Antifaschisten mehrmals kostenlos beherbergten. – Nein, diese Trümmerhaufen unsrer Stadt belehren mich sinnfällig, daß diese unmenschlichen grauenhaften 12 Jahre des 1000jährigen Reiches kein Traum waren.

Aber außer diesem verwandelten Bild der geliebten Stadt gibt es noch eine andere Erscheinung, die mich dennoch wieder an der Wirklichkeit und der Realität des Lebens zweifeln lassen: es sind die *Menschen,* es sind meine deutschen Landsleute, in deren Sprache ich schrieb, für die ich schrieb, die mich damals verstanden! Werden sie mich *heute* noch verstehen? […]

Alle die hierhergekommen sind und die mich noch von früher her kennen, werden von mir *keine fade, lauwarme Limonade* erwarten, keinen banalen Optimismus über dem furchtbaren Trümmerfeld, dem materiellen und geistigen in unsrer Heimat – denn die totale Niederlage nach Hitlers totalem Krieg war mehr noch eine *geistige Niederlage* als eine militärisch-politisch-wirtschaftliche.

Thema: Geistiger Zusammenbruch – geistiger Wiederaufbau! Das ist die erste Voraussetzung unsres materiellen Aufbaus! Kultureller Zusammenbruch – kultureller Aufbau! Das ist die Voraussetzung eines Mutes zu einem wahren gelebten Leben!

Geistige Besinnung auf unser Kulturerbe!
Geistige Einigung! Deutsche Kultur – Deutsche Sprache – Deutsche Musik über alle Grenzen hinweg. Grade *Ludwig Uhland* hat 1848 im Frankfurter Paulskirchenparlament fest an die deutsche Einheit unter demokratischem Vorzeichen geglaubt! *Herwegh* war ein Stuttgarter! »Der Arme Konrad« aus dem Remstal. »Der Bundschuh« aus dem Hegau/Freiburg. Aber auch *Thomas Münzer:* »Man muß den Brüdern übern Main die Hand reichen!« […]

Wenn es sich erweist, daß *Stuttgart* wieder ein *Kulturzentrum* wird, so wie ich es in den Jahren 1920–1930 kenne, wie es zu Uhlands, Herweghs Zeiten war, daß es einen Lenau, einen Börne nach Stuttgart hinzog, wie es zur Blütezeit des Tübinger Stiftes war, da Hölderlin, Hegel und viele erlauchte Geister in Schwaben lebten, dann wird Stuttgart den frischen geistigen Wettkampf mit Berlin nicht zu scheuen haben! Mich selbst zieht es mit magischer Kraft wieder nach Stuttgart, die Schwaben sind Hartschädel, aber Menschen, mit einem tiefen Sinn für Gerechtigkeit, für menschliche Anständigkeit, für wahren Mut und für Treue im besten Sinne! [...]

Hier in Schwaben kann der Staat vom Menschen her aufgebaut werden, auf der Grundlage eines persönlichen Vertrauensverhältnisses von Mensch zu Mensch ... und was zum Leben unerläßlich ist, mit »dem Streben nach Freiheit und nach Glück«.

Vielleicht grade deshalb ist mir neben der glücklichen südlichen Landschaft grade Schwaben so teuer! Gestatten Sie diese Liebeserklärung einem Manne, der in Stuttgart seine schönsten Lebensjahre verbrachte, der dann durch die ganze Welt geschleudert wurde, jetzt in Berlin lebt und der so oder so stets nach Schwaben zurückkehren wird!

Heinrich Steinfest

Stuttgarter Plätze in alter Welt

Der Traum erscheint oft maßlos, gleich, ob es sich um einen schönen oder um einen horriblen handelt, um einen im Schlaf geborenen oder um einen von denen, die mitten am Tage uns ins Hirn fahren wie Blitze aus einem freundlichen Gewitter. Aber das Maßlose zeigt eigentlich nur auf, wie groß das Maß sein könnte.

Nun, in meinem Traum sehe ich gelbgrüne Bänder, die überall auf der Welt von Zäunen und Stangen, von Taschen und Täschchen, von Antennen und Haarzöpfen wehen und etwas bezeichnen, was auf Wikipedia (ja, auch im Traum darf recherchiert werden) als eine zu Beginn des einundzwanzigsten Jahrhunderts entstandene mitteleuropäische Bürgererweckung definiert wird. Der Begriff »Wutbürger« ist längst vergessen, und stattdessen haben sich Termini wie »Stuttgarter Schule« oder »Stuttgarter Bahnhofsbewegung« durchgesetzt. Überall auf der Welt gibt es »Stuttgarter Plätze«, die daran erinnern, dass die Freiheit vom Kopf ausgeht.

Weil es bekanntermaßen zum Privileg des Traums gehört, die Kunst des Fliegens zu beherrschen, schwebe ich nun über selbiges Stuttgart und darf Folgendes zur Kenntnis nehmen: Der Bonatz-Scholer-Bau verfügt über einen nagelneuen Nordflügel. Nicht schlecht! Ein modernes Stück Architektur, das die alte Komposition bestätigt, sie aber auf spannungsvolle Weise erweitert, bereichert, ergänzt, kommentiert. Kein dümmlicher

Fassadismus, keine brachiale Bedrängung, keine ewige Grube. Ein wenig lächerlich freilich ist der Minigolfplatz anstelle des Grundwassermanagements, löblich wiederum die freundliche Geste der Bahn, diesen »nicht betriebsnotwendigen Ort« der Bevölkerung, Jung wie Alt, zur kostenlosen Benutzung anzubieten.

Überhaupt die Spielplätze! Es besteht auch einer für misslungene Gebäude. Teile des sogenannten »Europäischen Viertels«, eines der alptraumartig-visionären Nachlässe des abgesetzten dritten Oberbürgermeisters der Stadt, stehen hier der Bau- und Immobilienwirtschaft zur Verfügung, um dort »miserable Bürogebäude im Stil der Landesbank« zu bauen und auch gleich wieder abzureißen, immer wieder aufs Neue: aufbauen, abreißen, aufbauen, abreißen, wie in Sandkisten oder am Strand. Das kostet zwar Geld, funktioniert aber als Ersatzhandlung. Der triebhafte Zwang, »schlecht, dafür jedoch teuer zu bauen«, wird somit auf ein eng begrenztes Areal reduziert. Auf eine übersichtliche, niemals aus dem Ruder laufende Dauerbaustelle.

Die Begrenzung des Schrecklichen scheint ohnehin ein Prinzip dieses Traums zu sein. Denn wie ich da über Stuttgart fliege, erblicke ich eine gewaltige Installation: Sämtliche verzichtbare Kunst-am-Bau-Objekte Stuttgarts sind zu einer einzigen Skulptur »zusammengezogen« worden, um den Marienplatz zu füllen, so dass hier jede Menge knallfarbene Stelen und der graue, öde Platz sich gegenseitig neutralisieren. Ein weiterer städtebaulicher Alptraum als entkräftete, tierparkartig eingeschränkte Fläche, während sich hingegen die Wilhelma zwischenzeitlich in einen reinen Streichelzoo verwandelt hat, frei von exotischen Tieren, frei von Großkatzen und Elefanten, frei von einer entmündigten Schöpfung.

– Übrigens, Streichelzoo bedeutet in diesem Zusammenhang: Wahrnehmung jener Kreatur, die wir zu verspeisen pflegen. Und uns in der Folge die Frage stellen, was Gott wohl davon hält, dass wir im Dienste einer kranken Ökonomie eine krankmachende Massentierhaltung treiben, dafür die Viecher durch die Gegend karren, sie vergiften, uns vergiften.

Apropos! Wie ich nun erfahre – denn im Traum trifft einen die Erkenntnis auf eine sprachlose Weise –, hat sich die baden-württembergische Bürgerschaft in einem Volksentscheid für die »Demokratie« und gegen die »Bananenrepublik« ausgesprochen. Das ist kein Witz. Denn unter diese Entscheidung fallen ein definitiv faires Wahlrecht und ein definitiv faires Abstimmungsrecht, also keine trickreiche Überhangsgeschichte und kein trickreiches Quorumstheater. Und darunter fällt vor allem eine radikale Missbrauchsvermeidung, die etwa unterbindet, dass gewisse Leute aus frecher Lust und Laune ein »Notbewilligungsrecht« für sich in Anspruch nehmen, als spiele man Monopoly für Bauernschlaue. Und nicht zuletzt wird unterbunden, dass Gutachten – ganz gleich, wer sie in Auftrag gibt – die Gesichtszüge des Auftraggebers idealisierend widerspiegeln, als wär's ein Porträtauftrag. In dieser neuen Gesellschaft ist kein Mensch so unabhängig wie der Gutachter, sein Unabhängigkeitsniveau bestimmt den moralischen Status.

Und weil im Traum auch geträumt werden darf, ist vieles von dem neuen Guten auch dem Umstand zu danken, dass Teile der CDU begriffen haben, dass wer an Gott glaubt und ihn sodann qua eigener Handlungen verspottet, den Herrn viel mehr verärgert als ein ausgewiesener, aber konsequenter Atheismus. Richtig glauben oder gar nicht.

Fragt sich nur, ob es das auch wirklich geben kann: eine prosperierende Gesellschaft, die sich ihren Wohlstand nicht mit einer Verfinsterung ihrer Seele erkauft? Ein vom Gedanken der Leistung bestimmtes System, in dem nicht schon die Grundschüler erfüllt sind von Versagensängsten? Ein Musterland, auf welches nicht neidvoll und verächtlich, sondern bewundernd geblickt wird? Eine politische Klasse, die das Repräsentative nicht mit der Repräsentation verwechselt? Ein Verzichtenkönnen, das als Gewinn empfunden wird und nicht bloß als Einbuße von »Spaß«? Eine sündteure Hochglanzbroschüre, die anstatt im Altpapier zu landen gar nicht erst gedruckt wird?

Aber wie sagt doch Heimito von Doderer in seinem »Repertorium«: »Es ist der Traum die Uhr des Lebens, nur hier können wir ablesen, wie viel's schlagen wird.«

Hat Stuttgart, die reichste Großstadt der Welt,
einfach keinen Raum für häßliche Vorworte?
Ersetzt sie durch Tiefe, was ihr an Breite fehlt? Hier
werden wir krank und womöglich abkratzen. Und
die Armut vernichtet die Freiheit.

Manfred Esser

Rainer Wochele

Stuttgarter Pinsel-Spruch

Ich mag diese Stadt. Ich mag sie, und lobpreisend sprechen könnte ich, na klar, über dies und das in dieser Stadt. Doch ihren Charme, den zeigt sie ganz gut selber her.

Anderes versteckt sie gern, übertüncht es mit breitem Pinsel. Übersehen läßt sich manches in dieser Stadt.

Zum Beispiel Zeichen in dunklen Winkeln und auf lichten Flächen. Worte, Halbsätze, Sprüche, hingesprüht und aufgemalt auf öffentlichem Grund.

Sprüche in Stuttgart, aber auch wie anderswo. Doch anderswo ist allemal auch hier.

Nichtöffentliche doch junge Schreiber allemal, machen sich öffentliche Wand zum Notizpapier. Nachrichtenbörse für uns alle. Beton wird so zum Schwarzen Brett der Stuttgarter für die Stuttgarter. Der Jungen für die Alten vielleicht.

Vielleicht.

Nachrichten, die man ablesen mag, im frostigen Licht eines Menschentunnels zwischen Schloßplatz und Heuss-Schneise. Oder eben anderswo. Die man herunterklauben mag von trister Wand bei einer stolzen Schule nahe der Kirche St. Maria. Oder eben anderswo. Auch ein lichtschwacher Mauerzwickel am Österreichischen Platz mag da noch ergiebig sein.

Doch der Ort tut wenig.

Diese Straße, jene Straße, anderswo.

Doch anderswo ist allemal auch hier.

Sprüche aus Stuttgart.

Gesammelt, gedreht, gewendet, –
und ein paar Sprüch' dazu gemacht.

»Diese Stadt schenk' ich dir«
Du kannst sie haben, Herr Oberbürgermeister.
Mach ruhig die Finger krumm,
getrost sack' sie ein.
Denn sind wir hier mehr als Unruhestifter, Kostenfaktor,
Störenfried?
Und bei deiner Wiederundwiederwahl, bedenk' es wohl,
sind wir, die Kleinen, die Jungen, die anders Frisierten, ja
ohnehin noch nicht dabei.
Drum Hurra auf die Großen, die hoch und hoch gewachsenen. Drum Hurra auf den Stern und den Zünder und den
vereinigten Schaum aller Biere dieser Stadt. Ein dröhnender
Tusch dem Versicherungsblau.
Doch,
echt,
ist kein Quatsch:
Du kannst sie haben, Herr Oberbürgermeister.
Mach 'nen Deckel drauf,
zieh Zäune um die City,
ich rate zu engem Draht, durch den kein Kinderkörper
schlüpft.
Wirst sehen, wir rennen schon raus an den Rand,
wo Schrott und Abfall liegen.
Doch Vorsicht, Oberbürgermeisterlein, könnt' sein, wir
klauen sie dir doch. Und wir nehmen sie mit in unsere Träume,
machen sie uns still, blasen glasklare Luft in die Straßen; die
Häuser rucken wir uns neu zurecht, und zum Schluß, da schütten wir mit Gejohl und Geschrei Ströme von Farbe ins Tal.
Sind doch daheim hier, immerhin, Herr Oberbürgermeister.

Friedrich Schiller

Künste in Stuttgart,
Gartenkunst in Hohenheim

Brief an Christian Gottfried Körner
17. März 1794

Ich habe jetzt meinen Auffenthalt verändert, und zwar in
Rücksicht auf gesellschaftlichen Umgang sehr vortheilhaft,
weil hier in Stuttgardt gute Köpfe aller Art und Hanthierung
sich zusammenfinden. Ich kann es mir nicht verzeyhen, daß
ich diesen Entschluß nicht früher gefaßt habe. Nun werde
ich einige Monate angenehm hier zubringen, denn vor Ende
Mays werde ich wohl nicht abreisen.

Die Militairacademie ist jetzt aufgehoben; und dieß wird
mit Recht beklagt, obgleich sie nicht mehr in ihrer Blüthe
war. Außer den beträchtlichen Revenuen [Einkünften], welche Stuttgardt daraus zog, hat dieses Institut ungemein viel
Kenntnisse, artistisches und wissenschaftliches Interesse unter den hiesigen Einwohnern verbreitet, da nicht nur die Lehrer der Academie eine sehr beträchtliche Zahl unter denselben
ausmachen, sondern auch die mehresten Subalternen und
mittleren Stellen durch academische Zöglinge besetzt sind.
Die Künste blühen hier in einem für das südliche Deutschland nicht gewöhnlichen Grade; und die Zahl der Künstler,
darunter einige die keinem der Eurigen etwas nachgeben, hat
den Geschmack an Malerey, Bildhauerey und Musik sehr ver-
feinert. Eine Lesegesellschaft ist hier, welche des Jahres 1300
Fl. [Gulden] aufwendet, um das Neueste aus der Litteratur

und Politik zu haben. Auch ist hier ein passables Theater mit einem vortrefflichen Orchester und sehr gutem Ballet.

Über den Gartenkalender auf das Jahr 1795
Der Weg von Stuttgardt nach Hohenheim ist gewisser Maßen eine versinnlichte Geschichte der Gartenkunst, die dem aufmerksamen Betrachter interessante Bemerkungen darbiethet. In den Fruchtfeldern, Weinbergen und wirthschaftlichen Gärten, an denen sich die Landstraße hinzieht, zeigt sich demselben der erste physische Anfang der Gartenkunst entblößt von aller ästhetischen Verzierung. Nun aber empfängt ihn die französische Gartenkunst mit stolzer Gravität, unter den langen und schroffen Pappelwänden, welche die freye Landschaft mit Hohenheim in Verbindung setzen, und durch ihre kunstmäßige Gestalt schon Erwartung erregen. Dieser feyerliche Eindruck steigt bis zu einer fast peinlichen Spannung, wenn man die Gemächer des herzoglichen Schlosses durchwandert, das an Pracht und Eleganz wenig seines Gleichen hat, und auf eine gewiß seltene Art Geschmack mit Verschwendung vereinigt. Durch den Glanz, der hier von allen Seiten das Auge drückt, und durch die kunstreiche Architectur der Zimmer und des Ameublements wird das Bedürfniß nach Simplicität bis zu dem höchsten Grade getrieben, und der ländlichen Natur, die den Reisenden auf einmahl in dem sogenannten englischen Dorfe empfängt, der feyerlichste Triumph bereitet. Indeß machen die Denkmähler versunkener Pracht, in deren trauernde Wände der Pflanzer seine friedliche Hütte lehnt, eine ganz eigene Wirkung auf das Herz, und mit geheimer Freude sehen wir uns in diesen zerfallenden Ruinen an der Kunst gerächt, die in dem Prachtgebäude nebenan ihre Gewalt über uns bis zum Mißbrauch

getrieben hatte. Aber die Natur, die wir in dieser englischen Anlage finden, ist diejenige nicht mehr, von der wir ausgegangen waren. Es ist eine mit Geist beseelte und durch Kunst exaltirte Natur, die nun nicht bloß den einfachen, sondern selbst den durch Cultur verwöhnten Menschen befriedigt, und in dem sie den erstern zum Denken reitzt, den letztern zur Empfindung zurück führt.

Die mehresten Reisenden, denen die Gunst wiederfahren ist, die Anlage zu Hohenheim zu besichtigen, haben darin, nicht ohne große Befremdung, römische Grabmähler, Tempel, verfallene Mauern und dergleichen mit Schweizer Hütten, und lachende Blumenbeete mit schwarzen Gefängnißmauern abwechseln gesehen. Sie haben die Einbildungskraft nicht begreifen können, die sich erlauben durfte, so disparate Dinge in ein Ganzes zu verknüpfen. Die Vorstellung, daß wir eine ländliche Colonie vor uns haben, die sich unter den Ruinen einer römischen Stadt niederließ, hebt auf einmahl diesen Widerspruch, und bringt eine geistvolle Einheit in diese barocke Composition. Ländliche Simplicität und versunkene städtische Herrlichkeit, die zwey äußersten Zustände der Gesellschaft, gränzen auf eine rührende Art aneinander, und das ernste Gefühl der Vergänglichkeit verliert sich wunderbar schön in dem Gefühl des siegenden Lebens. Diese glückliche Mischung gießt durch die ganze Landschaft einen tiefen elegischen Ton aus, der den empfindenden Betrachter zwischen Ruhe und Bewegung, Nachdenken und Genuß schwankend erhält, und noch lange nachhallet, wenn schon alles verschwunden ist.

Johann Wolfgang Goethe

Tage wie in Rom

Tagebuch
Stuttgart, den 30. August 1797

Ich machte meine erste gewöhnliche Tour früh um 6 Uhr allein, und recognoszierte die Stadt mit ihren Umgebungen. Eine Seite hat eine Befestigung nach der Heilbronner Art, nur nicht so stattlich; die Gräben sind auch in Weinberge und Gartenpflanzungen verwandelt. Bald nachher findet man die schönsten Alleen von mehrern Baumreihen und ganze beschattete Plätze. Zwischen diesen und einer Art von Vorstadt kommt man bald auf den Platz vor das Schloß vielmehr vor die Schlösser. Der Platz ist seit der Anwesenheit des Großfürsten schön planirt, und die theils auf Rasen, in großen regelmäßigen Parthien, theils als Alleen gepflanzten Kastanienbäume sind sehr gut gediehen. Das Schloß selbst ist von dem Geschmack der Hälfte dieses Jahrhunderts, das Ganze aber anständig frey und breit. Das alte Schloß wäre jetzt kaum zu einer Theaterdecoration gut.

Die alte Stadt gleicht Frankfurth in ihren alten Theilen, sie liegt in der Tiefe nach dem kleinen Wasser zu. Die neue Stadt ist in entschiedenen Richtungen meist geradlinigt und rechtwinklicht gebaut, nach einer allgemeinen Anlage ohne Ängstlichkeit in der Ausführung. Man sieht Häuser mit mehr oder weniger Überhängen, ganz perpendikulär, von verschiedner Art und Größe; man sieht, daß die Anlage nach einem allgemeinen Gesetz und doch nach einer gewissen bürgerlichen Willkür gemacht wird.

Brief an Friedrich Schiller
Stuttgart, den 30. August 1797

Nachdem ich Sie heute nacht, als den Heiligen aller am schlaflosen Zustande leidenden Menschenkinder, öfters um Ihren Beistand angerufen und mich auch wirklich durch Ihr Beispiel gestärkt gefühlt habe, eines der schlimmsten Wanzenabenteuer im Bauche des römischen Kaisers zu überstehen, so ist es nunmehr meinem Gelübde gemäß, Ihnen sogleich eine Nachricht von meinen Zuständen zu erteilen.

Heute früh recognoszierte ich allein die Stadt, ihre Anlage, sowie besonders die Alleen gefielen mir sehr wohl; an Herrn Rapp fand ich einen sehr gefälligen Mann und schätzbaren Kunstliebhaber, er hat zur Landschaftskomposition ein recht hübsches Talent, gute Kenntnis und Übung. Wir gingen gleich zu Professor Dannecker, bei dem ich einen Hektor, der den Paris schilt, ein etwas über Lebensgröße in Gips ausgeführtes Modell fand, sowie auch eine ruhende, nackte, weibliche Figur im Charakter der sehnsuchtsvollen Sappho, in Gips fertig und in Marmor angefangen, ferner eine kleine, traurend sitzende Figur zu einem Zimmer-Monument. Ich sah ferner bei ihm das Gipsmodell eines Kopfes vom gegenwärtigen Herzog, der besonders in Marmor sehr gut gelungen sein soll, sowie auch seine eigne Büste, die ohne Übertreibung geistreich und lebhaft ist. Was mich aber besonders frappierte, war der Originalausguß von Ihrer Büste, der eine solche Wahrheit und Ausführlichkeit hat, daß er wirklich Erstaunen erregt. Der Ausguß, den Sie besitzen, läßt diese Arbeit wirklich nicht ahnden.

Brief an Christiane Vulpius
Stuttgart, den 31. August 1797

Hier gefällt es mir sehr wohl. Die Stadt liegt in einem Kreis
von Bergen, die alle bebaut sind, mitten in Gärten und Weinbergen, das Obst ist sehr gut gerathen und ich habe mich
gestern in fürtrefflichen Mirabellen satt gegessen, die ich
doch dir und dem Kinde lieber gegönnt hätte. Ich habe einige
alte Bekannte gefunden und auch neue gemacht die meistens
Freunde von Schillern sind.

Tagebuch
Stuttgart, 4. September 1797

Nach einem Spaziergang auf die Weinbergshöhen, wo man
Stuttgard in seinem Umfange, und in seinen verschiednen
Theilen liegen sahe, gingen wir ins Theater. Stuttgard hat
eigentlich 3 Regionen und Charactere; unten sieht es einer
Landstadt, in der Mitte einer Handelsstadt und oben einer
Hof- und wohlhabenden Particulierstadt ähnlich.

Brief an Friedrich Schiller
Tübingen, 12. September 1797

Seit dem 4. Sept. an dem ich meinen letzten Brief abschickte,
ist es mir durchaus recht gut gegangen. Ich blieb in Stuttgard
noch 3 Tage, in denen ich noch manche Personen kennen
lernte und manches Interessante beobachtete. Als ich bemerken konnte, dass mein Verhältniß zu Rapp und Dannecker
im Wachsen war und beyde manchen Grundsatz, an dem mir

theoretisch so viel gelegen ist, aufzufassen nicht abgeneigt waren, auch von ihrer Seite sie mir manches Angenehme, Gute und Brauchbare mittheilten, so entschloß ich mich ihnen den Herrmann vorzulesen, das ich denn auch an einem Abend vollbrachte. Ich hatte alle Ursache mich des Effects zu erfreuen, den er hervorbrachte, und es sind uns allen diese Stunden fruchtbar geworden.

Nun habe ich Tage hier verlebt,
wie ich sie in Rom erlebte.

Johann Wolfgang Goethe

Hermann von Pückler-Muskau

Neckarbad

Achter Brief
Stuttgart, den 20. April 1808

Gegen Mittag kam ich in Stuttgart an, wo ich weder auf
eine unangenehme Art visitiert, noch mit langen Nachfragen
nach meinem Paß inkommodirt wurde; dieses letztere war
mir doppelt angenehm, weil es mich in den Stand setzte, als
Herr Hermann ohne weitere Umstände einzupassiren. [...]
Ich stieg in einem bescheidenen Gasthof ab, nahm ein kleines
Hinterstübchen, und machte einen Akkord auf 14 Tage mit
dem Wirth, der sich billig finden ließ, worauf ich ausging,
mich bis zum Essen in der Stadt umzusehen.

   Stuttgart, in einer schönen, von Bergen umschlossenen Gegend, ist nicht so groß, aber freundlicher und hübscher gebaut
als München; täglich trägt übrigens der König zur Verschönerung der Stadt durch neue Gebäude bei, die zugleich von
dem Geschmack und der Pracht ihres Erbauers zeugen. Ein
in vieler Hinsicht interessanter Mann, der Oberbaumeister
Thouret (dessen Bekanntschaft mit unter die angenehmsten
gehört, die ich in Stuttgart gemacht habe), unterstützt die Pläne des Königs und führt seine Ideen mit ebenso viel Kenntniß
als Geschicklichkeit aus. [...]

   Es fehlt Stuttgart nicht an Luxus, der Hof belebt die Stadt
auf manche Art, man sieht mehr schöne Pferde und Equipagen als in München, und das hier stehende Militair zeich-

net sich durch Eleganz, ein schönes Offizierkorps und geschmackvolle Uniformen aus. […]

Der nach und nach heranrückende Frühling und das bessere Wetter ziehen mich den größten Teil des Tags hinaus in's Freie. Ich klettere auf den Bergen umher, oder streiche durch die mit jungem Gras sich bedeckenden Wiesen und lausche im Walde dem einzelnen ertönenden Gesang der wiederkehrenden Vögel. Einer meiner Lieblingsgänge ist nach dem Kahlenberg, von dem man eine herrliche Aussicht auf das Neckarthal hat. Unter seinen Füßen sieht man ein freundliches Dorf, und majestätisch erhebt sich jenseits des Flusses die Stammveste des Hauses Württemberg. Vor einigen Tagen ließ ich mich verführen, hier im Neckar zu baden, der noch mit Schneewasser angefüllt ist; der Schiffer, mit dem ich überfuhr, frug mich erstaunt, ob ich ein Russe sei, und setzte hinzu, daß er für einen großen Thaler nicht mitbaden möchte. Du weißt, in Capricen bin ich fest; ohne mir also bange machen zu lassen, führte ich meinen Vorsatz standhaft aus, und obgleich mir vor Kälte der Athem fast verging, als ich hineinsprang, habe ich doch bis jetzt keine üblen Folgen davon verspürt. In einem naheliegenden Wirthshaus, wo ich hinging, um mich wieder zu erwärmen, hatte ich das Vergnügen, die Bekanntschaft des Hofmedikus Klein zu machen, der als einer unserer ersten Operateurs in der medizinischen Welt bekannt ist. Ich fand an ihm einen ebenso interessanten Gesellschafter als verdienstvollen Arzt. Er erzählte mir, daß er vor einigen Tagen den fünfzigsten Steinschnitt gemacht habe, und noch sei ihm keiner seiner Patienten daran gestorben. […] Hast Du also einen Freund, der an diesem Übel leidet, so rate ich Dir, ihn ohne Verzug nach Stuttgart zu schicken, wo er mit Gewißheit auf eine schnelle und sichere Hülfe rechnen kann.

Alle Landleute, denen ich auf meinen Spaziergängen begegnete, sehe ich ihre Waren mit viel Geschicklichkeit auf dem Kopfe tragen, nichts auf dem Rücken. So zieht auch das Vieh, sans comparaison, hier mit dem Kopf und nicht wie bei uns mit der Brust.

Erlaubt die Witterung nicht, im Freien umherzuschwärmen, so bringe ich meine Zeit größtentheils auf dem Museum zu, eine Anstalt für gebildete Leute aller Stände, wo man Konversations- und Spielzimmer findet, zu Mittag speisen kann und ein sehr gut fourniertes Lesekabinet antrifft.

Zwar das Wasser fehlt, und darum ist Stuttgart nicht so berückend wie Würzburg oder Bamberg. Aber am Ende ist es gar nicht mal so wahr, daß Wasser fehlt? Denn Cannstatt ist einverleibt, und Cannstatt hat nicht bloß die hübschen Schlösser Rosenstein und Wilhelma und den Kursaal, sondern auch die reizende Kurve des Neckars; ja, mit Untertürkheim und Obertürkheim gehört ein gutes, ein schönes Stück des Neckarlaufs der Zone der Hauptstadt an.

Wilhelm Hausenstein

Jean Paul

Alles Schöne liegt aber weit

Briefe aus Stuttgart an Karoline Richter
Stuttgart, den 9ten Juni 1819

Die erste Zeile, die ich in meiner neuen Wohnung schreibe,
sei an dich, meine Theure. Ich wohne gerade so gemüthlich,
wie sonst in Nürnberg, bei dem Kaufmann Carl Mohr (so
schreibe unten in Deinen Briefen bei), ein herrliches kin-
derloses Ehepaar; habe zwei heitere Zimmerchen wie ich sie
wünsche mit brauchbaren Möbeln und Aussicht und allem.
Gott sei es gedankt, daß er den Cotta mir aus dem Wege geschickt, der mich sonst in seinen Pallast gezogen hätte. Kostet
wöchentlich mit Aufwartung 4 fl. Über mir hauset auch ein
Legazionrat (v. Arand), aber ein wirklicher; und so hat ein
Liebhaber die Wahl, ob er Schein oder Realität nehmen will.
Jetzo erst bin ich erheitert, und ich habe nur zu wachen, daß
ich mich nicht wieder zu einsiedlerisch einniste. […]
   Auf Morgen bin ich von ihr [der Gräfin Beroldingen] zu
einer Landfahrt eingeladen. Gestern sah ich sie (und ihren
Mann auch) in einem großen Gartenkonzert. Hier konnt'
ich bei der Überschauung der höhern Weiberwelt meine
Wahrnehmung an der hiesigen niedern wiederholen, daß es
hier äußerst wenige schöne Gesichter gibt, aber dafür feste,
gesundfarbige und eckige; zehnmal wolgebauter als die Gesichter sind die Straßen, worein sie wandeln.

den 10ten

Das Regenwetter verwandelte die Fahrt in ein Mittagessen, wo fast lauter Männer, Boisséree, Haug, ein Graf, ein Oberpostmeister waren.

den 12ten

Der überaus über mein Kommen erfreute Matthison lud mich gestern zu einem Thée. Er und der Hofrat Reinbeck werden zuviel für meine Freuden thun. Nun gerath ich leider in den Strom und nichts wird mir fehlen als ein Bißchen Einsamkeit. Auch das Wetter hat seine schönere Form wieder angenommen. Bedeutende oder auch phantastische Frauen hab' ich noch nicht gefunden, aber vernünftige und gute; unverheirathete noch wenig gesehen. [...]

Ein Professor Müller aus Bremen wurde in dem gedachten Gartenkonzert, als er eine Damengesellschaft nach dem Dichter Uhland fragte, für mich angesehen, und bekam ihren Wagen und fuhr damit wieder zurück ... aber jetzo weiß ich selber nicht mehr wie der Spaß ausging.

den 16ten

Hier wird man aus den Thées gewöhnlich ohne Abendbrot heimgeschickt, das ich dann für einige Groschen im Gasthofe suchen muß. Gott! wie hungert mich nach einem Stückchen bair[euter] Bäckerbrod. Das hiesige – blos aus Dinkel gebacken und ungesalzen – schmeckt ungefähr wie getrockneter Kleister oder *papier maché*; und doch würgte ich es einige Abende – aus Sparsamkeit – mit einem Stückchen Wurst hinein. Die hiesigen Milchbrötchen schmecken wie euere Semmeln. Ich könnte mir wol abends hier kochen lassen, aber der gute Mohr ißt schon um 6 Uhr; also kann ich ihm diesen Feueraufwand nicht zumuten. Mein guter Kaffee kostet mit allem mir bei ihm 12 kr. Das gefälligste dienstfertigste Ehepaar, so wie die 17jährige Magd, von der alle Baireuter Mägde Ordnung und Eile lernen könnten. [...]

Ich habe gar zu viel zu erzählen und so wenig Zeit. Der Tisch liegt voll Bücher aus der Bibliothek und von der Huber etc. Das Besuchen am Morgen hört nicht auf, und ich bin zuweilen von 2 bis 10 außer Haus – Arbeiten will ich auch ein wenig. [...]

Bekannt und geliebt bin ich hier hinlänglich und in jeder Gassen-Ecke seh' ich den Rücken eines Verehrers stehen. Nur müßt' es am Ende auch dem eitelsten Narren lästig fallen, daß er an einem öffentlichen Orte (z.B. im Gartenkonzerte) nicht herumgehen kann, – um etwa einige weibliche Gesichter anzusehen, oder die Gartenpartien – ohne hinten und vornen und seitwärts von 100 Augen verfolgt; oder, wenn er gar ins Sprechen kommt und sagt: »Ihr Diener« oder »eine Flasche Doppelbier«, von den nächsten Ohren verschlungen zu werden. Gnade dann Gott dem armen Narren, wenn er vollends etwas Dummes sagt, anstatt das Allerwitzigste und Erhabenste. Einen oder ein paar Verehrer und Verehrerinnen an jedem Orte lass' ich mir gefallen; man wird aber am Ende so unverschämt und gleichgültig wie ein Prinz und tut, als sei man zu Hause, nämlich in Baireut.

Donnerstags

Abends fuhr die Gesellschaft und ich mit dem Grafen nach der Silberburg, die schönste Stelle für mich. Alles Schöne liegt aber weit von Stuttgart; ach es ist kein Heidelberg oder Frankfurt. – Cotta, bei dem ich heute zum ersten male esse, kam schon Sonnabends; er gewährt die reichste Unterhaltung bis sogar in die Philosophie hinein. Der Professor Reinbeck hat bei seinem Ehrenwort der Hausmannskost mich auf immer an seinen Tisch geladen. [...]

Die alte Huber – bei der ich auch zum Thée war – ist voll Geist und Herz, konnte aber kaum in der Jugend schön gewesen sein. Dem Könige lass' ich mich nicht vorstellen; er liest wenig und hat nur einige Offiziere bei sich. Eine Herzogin ... ich weiß nicht welche auf dem Lande – will mich durch Matthison sehen und kann machen, daß ich Hosen anziehe, die ich seit drei Jahren vergeblich im Koffer herumfahre. – Seit gestern und heute (und fast immer) genießen wir liebliches Regenwetter, und ich wäre das glücklichste Wesen von der Welt, wenn ich eine Krautpflanze wäre oder ein Gerstenfeld.

Stuttgart, den 20. Juni 1819

Gesund bin ich ganz (nur der Ausschlag auf der Stirn dehnt sich aus und sticht erbärmlich gegen meine andern Reize ab); aber das ewige Herumtrinken – siehe nur den Speisezettel – verwüstet doch am Ende; zum Glücke hab' ich mir noch nicht das kleinste Übertreten vorzuwerfen. Gestern aß ich bei dem baierischen Gesandten Tautphaeus, wo auch der gefällige angenehme preußische war, und die Huber, Dannecker, Matthison etc. Mit der Frau – die ein sehr schönes freundliches Gesicht mit seltsam-schön geschnittenen Lippen, doch nicht vorzüglicher Geist noch besondere Empfindsamkeit auszeichnen – und mit der Tochter und noch einer schönen Gestalt, deren Namen ich vergessen, fuhr ich zu dem Konzert auf der Silberburg; und ich hab' es besonders zu rühmen, daß sie vor meiner Thüre halten, mich herausspringen und den heulenden Pudel oben herunterbringen ließ. Auf der Silberburg fand ich neulich zuerst, daß ich den weiblichen Gesichtern (hohen und niedrigen) früher bei dir Unrecht gethan und daß recht viele schöne vor mir vorbeigegangen. Die Weiber hier find' ich – und eben so die Männer – einfach, schlicht, ohne schreiende Farben weder im Guten noch Bösen, anspruchslos, sogar im Putze (aber ungeheuere Damenhüte, unter die ein Mann, der rückwärts ginge, sich im Regen bei den Trägerinnen unterstellen könnte). Leider setzen sie sich und die Männer stellen sich bei dem Thée zusammen; aber ich wehr' es sehr ab und stellte neulich dem Cotta seine eigne Frau vor, damit er höflich dem Halbzirkel näher käme. – Von Cotta hab ich durch Reinbeck und Haug das Bild eines eiteln Geizhalses erhalten; und er ist nur gegen andere durchaus nicht so, wie er bisher gegen mich im Handel gewesen. Ich thu ihm keinen Tritt entgegen und komme nur eingeladen, welches heute das 2te Mal ist. (Es war ein Thée, und zwar ein lumpiger; kein Tropfen Punsch!)

Montag
[…] Ich bin froh, daß ich einen Tag habe, wo ich wenigstens auf Mittag nicht eingeladen bin – ob ich gleich zu Reinbeck gehen könnte. Mir wollen die vielen vornehmen Schüsselchen gar nicht behagen, eine derbe Wirtshausschüssel ist mir gesünder. In Regensburg, Nürnberg, Frankfurt isst man besser. Aber das Bier ist trefflich.

Beilage
Speise- und Trinkzettel

10ten Diner bei Beroldingen – Thée bei der Paulus (uneingeladen) (nämlich bei dem 1ten Besuche)
11   Thée bei Matthison
12   Diner bei Beroldingen und Thée auf der Gaisburg
14   Thée bei Md. Huber
15   Diner bei Reinbeck und Thée auf der Gaisburg
17   Diner bei Cotta – Thée bei Md. Huber
18   Diner bei Reinbeck – Thée bei Geheimen Rat Hartmann

Brief an Heinrich Voß
Bayreuth, den 3. August 1819

Stuttgart wurde mir je länger, je lieber. Die guten Menschen
da können nichts für die Nässe und die Gluth, die mir und
ihnen so vieles verdarben. Den alten Hartmann samt Frau
und schönen Mädchen kann ich gar nicht genug loben und
lieben; und seine Tochter samt Mann – Reinbeck – nahmen
vor Liebe zweimal Abschied von mir, wiewohl beide vorher
noch etwas Innigeres für mich gezeigt, daß sie mich nämlich
zum unterschreibenden Mitzeugen ihres Testaments gewählt.
So gehörte man auf einmal in Haus und Herz.

Ludwig Börne

Briefe an Jeanette Wohl

Stuttgart, den 11. November 1820
Mittags halb 1 Uhr

Ich habe weder Zeit noch Stoff, ihnen eine langen Brief zu schreiben. Ich will nur meine Seele benachrichtigen, wo jetzt ihr Körper ist. Um 10 Uhr ist er hier angekommen.

Sonntag, den 12. November
Abends 9 Uhr

Die Menschen hier gefallen mir sehr, und gar manches zieht mich an. Ich würde gern hierbleiben.

Die Liberalen hier suchen mich von Cotta abzuziehen. Sie sagen: ein Journal, das bei Cotta erschiene, habe schon darum einen übeln Ruf. Ich solle mich mit dem Manne nicht einlassen. Es wäre noch keiner mit ihm fertig geworden. Er umschnüre seine Leute und suche sie in Abhängigkeit zu erhalten. Indessen, das kümmert mich nicht. Ich bin so schlimm als er, und er wird Not haben, mit mir fertig zu werden. Wenn wir nur über den Preis einig werden.

Der Mystizismus und Pietismus herrscht hier sehr stark. Große Sekten solcher Schwärmer haben sich gebildet. Der Gastwirt, bei dem ich wohne (ein junger Mann), gehört auch dazu. Der Mensch hat sich durch seine Narrheit alle Gäste vertrieben, so daß ich mit nur zwei Personen zu Mittag esse. Abends nach 10 Uhr gibt er keinen Wein mehr. Früher war der »Römische Kaiser« einer der ersten Gasthöfe. Er läßt zum Frühstück aller Hausbewohner (auch der Fremden) Mürbes in Gestalt eines Kreuzes backen, so daß ich alle Morgen das Kreuz kriege.

Montag, den 13. November
Mittag

Ein Empfehlungsschreiben an den Redakteur der *Neckarzeitung*, das ich von Frankfurt mitnahm, konnte ich nicht abgeben, da der liebe Mann jetzt einige Stunden weit von hier in der Festung eingesperrt sitzt, wegen Preßvergehen.

Die Gegend um Stuttgart ist herrlich. Hohe Berge umgeben die Stadt, bis an die Gipfel mit Wein und Häuserchen bepflanzt. Hier möchte ich wohnen. Und so gute Leute!

So artig bin ich, so fein, so superfein hier und $1\frac{1}{4}$ breit, Sie glauben es nicht. Die Männer zittern vor mir, die Frauen beten mich an, die jungen Mädchen seufzen. Man nennt mich nicht anders als den schönen Doktor.

Dienstag, den 14. November
Abends 9 Uhr

Das königliche Schloß habe ich gesehen, ich Narr! Nur um Ihrentwegen geschah es, damit ich etwas zu schreiben finde. Ich war in Wien, Berlin, Dresden, Paris; nie kam es mir in den Sinn, einen Palast zu sehen. Anderthalb Stunden bin ich durch Zimmer gelaufen. Liebe Freundin, welche Pracht, welche Herrlichkeit – und Sie wissen, wie ich darüber denke. Meine Faust war geballt. Der Kastellan dachte, es wäre das Trinkgeld darin; aber nichts war darin eingeschlossen als mein Grimm gegen alle Fürsten, Großen und Überreichen. Ich habe eine goldne Toilette gesehen, die wenigstens 50 000 Gulden wert ist. Ein Bett, für Napoleon verfertigt, worin er eine einzige Nacht geschlafen, mußte nach meiner Schätzung 4 000 Gulden gekostet haben. Zwei der größten Seidenhandlungen in Frankfurt sind nicht so viel wert als der Samt und die Seide, die zu Tapeten verwendet sind. Ein einziger Kamin, in Paris gemacht, hat vierzigtausend Franken gekostet. Die Uhren sollten Sie sehen, die künstlichen, die musikalischen, die Wetteruhren. [...]

Ein Saal, 50 Fuß lang und 21 breit, ist auf dem Boden mit einem einzigen Spiegelglase belegt. Es ist so dick und haltbar, daß man darauf tanzen kann. Die verstorbene Königin von Württemberg hat es von ihrem Bruder, dem Kaiser Alexander, zum Geschenke erhalten. Der Spiegel hat 2 Millionen Rubel gekostet. – Nur wenige Zimmer (8), die der König mit seiner Familie bewohnt, werden nicht gezeigt. Ich kam bis an dasjenige, worin sich die Prinzessinnen aufhalten. Ich machte den Würmchen durchs Schlüsselloch eine Liebeserklärung. Ich sah sie Brei essen aus geschmolzenem Silber – *von* wollte ich sagen.

Stuttgart, den 25. August 1821
Charlottenstraße, bei Hrn. Fasetta

Es fallen Kanonenschüsse. Ich zähle sie, es sind nur zwanzig. Also die Königin ist mit einer Prinzessin niedergekommen. Man hat einen Kronprinzen erwartet, und dann wäre hundertundeinmal geschossen worden. Jetzt weiß das unglückliche Land immer noch nicht, wo es in dreißig Jahren einen Mensch findet, der so gefällig sein wird, es als König zu beherrschen. Aus meinem Fenster (ich wohne in der Nähe des Schlosses) sehe ich die roten Hofbedienten laufen. Die Friseurs haben alle Beine voll zu tun und zappeln gewaltig. Welch ein schöner Perückenmacher-Morgen!

Stuttgart, 3. September 1821

Teure Freundin!
Ich platze nächstens. In meinem Testamente vermache ich Ihnen aber meine schöne Leber. Die Spannung zwischen meinen Knopflöchern und meinen Knöpfen wird täglich größer, und ich sehe, daß eine förmliche Ehescheidung nicht ausbleiben kann. Die gerösteten Spätzler allein hätten das nicht getan, aber der Träubcheskuchen und die hundert andern Herrlichkeiten, die ich täglich in mein Fleisch und Blut verwandele! Was Shakespeare unter den Dichtern ist, was Sie sind unter den Frauen, das ist der hiesige Wirtstisch im »König von England« unter den Wirtstischen. In den 12 Tagen, daß ich hier bin, habe ich nicht einen Tag gegessen, was den andern. Die mannigfaltigsten Suppen, die ausgesuchtesten Mehlspeisen, das herrlichste Dessert, in steter Abwechslung. [...] Es ist schon viel wienerische Sinnlichkeit hier, man sieht Dickbäuche und glänzende mit Butter geschmierte Gesichter. Auch viel südliche Lebhaftigkeit. Unter den etlichen dreißig Menschen am Tische ist ein solcher Lärm, als man in Frankfurt nicht hört, wenn viele hundert beisammen sind. Die schwäbische Mundart, die hier jedermann spricht, läßt mich gar nicht aus einer gewissen Täuschung kommen. Bei uns

redet jeder gebildete Mensch Hochdeutsch; wenn ich mich nun hier mit Unbekannten unterhalte, die etwa wie Sachsenhäuser sprechen, nicht so schlecht, aber so eigentümlich in der Aussprache, dann wundere ich mich immer wieder von neuem, zu erfahren, daß es Gelehrte waren.

6. September

Ich lebe hier wie ein Anachoret. Um 5 Uhr wird aufgestanden und bis 7 Uhr gearbeitet, dann eine Tasse Tee ohne Zucker und Milch getrunken, dann gearbeitet bis ein Uhr, dann ein Löffel Suppe genommen. Nach Tische gehe ich eine Stunde ins Museum, dann wird gearbeitet bis 5, von 5 bis 7 Uhr gehe ich in den einsamen Wegen des Schloßgartens spazieren und trinke irgendwo ein Glas Bier, dann nach Hause und gearbeitet bis Mitternacht, worauf ich ein paar Stündchen schlafe.

11. September

Die Angelegenheiten der hiesigen Juden sind jetzt bei den Ständen zur Verhandlung gekommen. Eine aus Juden des ganzen Landes bestehende Kommission beschäftigt sich, der Regierung Gutachten mitzuteilen. Man fordert meinen Rat und hat mich durch Kaulla auf heute Abend zur Konferenz einladen lassen. Ein Rabbiner, der auch von der Kommission ist, sagt mir Kaulla, hätte so viel Gutes von mir gehört und hielt so viel auf mich. Vielleicht läßt sich dabei etwas verdienen. Es sind zwar im ganzen Lande nur 8 000 Juden, die werden nicht so viel blechen können.

20. September

Gefällt Ihnen die hier herrschende Sitte, daß man verheiratete Frauen, und wären sie noch so jung und schön, auf öffentlichen Bällen nicht zum Tanze auffordert? Ich schließe daraus, daß es hier schwer ist, ein Mädchen an den Mann zu bringen, und sich darum die Mütter des Tanzens enthalten, um die Berührungen ihrer Töchter mit Herrn nicht noch seltener zu machen. Darunter muß nun alles leiden, was eine Haube trägt. Ich habe auf dem letzten Kasinoball bemerkt, daß die Frau Pfeifer, die doch erst 20 Jahre alt ist, sitzenblieb. Ich neckte sie damit, und sie lachte. An öffentlichen Lustbarkeiten ist hier kein Mangel, winters und sommers geht kein Tag leer aus. Viermal in der Woche Theater, einmal Konzert, einmal Damenunterhaltung im Museum. Letztere besteht in einem *Thé dansant*, der nur bis 10 Uhr dauert. Es ist dabei die artige Einrichtung getroffen, daß größere und kleinere Zirkel an besonderen Tischen Tee trinken, wozu die Wirtin ihre Bekannten einladet, gleichwie im Hause. Alle einige Wochen ist großer Ball. Das Theater wird von Männern und Frauen unausgesetzt besucht, was mir schon lästig war; denn an Theaterabenden findet man niemand zu Hause, und ich weiß dann nicht, was ich tun soll.

1. Februar 1822
Langenstraße, bei Frau Regierungsrätin Haselmeier

Gehen sie nach Hamburg, so folge ich ihnen, aber das wäre mir ein verhaßter Aufenthalt.

6. Februar

Warum muß es gerade Hamburg sein? Warum ist es nicht Stuttgart! Das ist ein gar zu lieber Ort. Von den Menschen will ich nicht reden, doch habe ich diese nirgends besser gefunden. Aber die freundliche, die so anmutige Gegend! Wo man auch aus der Stadt tritt und gleich bei den Toren Berge und Täler. Aber die Berge nicht so hoch und rauh wie am Rhein. Auch hat die Kunst hier viel getan, den Genuß der Natur bequem zu machen. Ein englischer Garten führt fast eine Stunde lang von hier nach Cannstatt, dem sehr besuchten Badeort in der reizendsten Gegend. Da man mit den Jahren doch immer etwas besonnener wird, so vergleiche ich auch Stuttgart mit Hamburg rücksichtlos der Kosten des Lebens. In Hamburg muß ich mich putzen wie ein Narr, wenn ich nicht auffallen will. Und wie teuer sind die Lebensmittel! Hier kostet mich die Mahlzeit im ersten Gasthofe, wo die vornehmsten Hofleute, die reichsten Offiziere und Bürger, die unverheirateten Beamten und Gelehrte hinkommen, mit Wein nicht mehr als 42 Kr. In Hamburg müßte ich in den ersten Gasthöfen einen Taler bezahlen, wie ich ganz genau weiß. Und die Flachheit, der Nebel, die Kaufleute, die Juden! Schauderhaft.

16. April
Königsstraße, bei Hrn. Ottenheimer

Jetzt bei dem herrlichen Frühlingswetter lerne ich die Stuttgarter Gegenden täglich mehr kennen. Das ist ein Paradies, nur ohne Engel, und darum sollen Sie hierherreisen, das Paradies zu vollenden.

30. April

Holdes Maiblümchen! Ich schreibe Ihnen heute außer der
Regel, ohne Ihren Brief abzuwarten, der morgen kömmt;
denn morgen werde ich nicht schreiben können, weil eine
große Landpartie gemacht werden soll, zur Feier des 1sten
Mai. Ach, warum können Sie nicht dabei sein!

2. Mai

Vor der Stadt, an einem Teiche, der Feuersee genannt, sollten
wir uns versammeln, um dann in Gesellschaft die Wanderung
anzutreten – so war die Abrede. Als ich auf den Platz kam,
war noch keiner da. Endlich kam ein Herr mit drei Frauenzimmern. Ich trat sogleich zu ihnen hin, verbeugte mich mit
Grazie und sprach mit dem mir eigentümlichen zauberischen
Lächeln folgende Worte: »Sie gehören zur Gesellschaft, die
nach Solitüde wandert? Ich bin ein Fremder, und von den
wenigen Bekannten, die ich habe, ist noch keiner hier. Ich
bitte Sie, mich unter Ihren Schutz zu nehmen.« Ich wurde
mit der größten Freundlichkeit und Artigkeit aufgenommen.
Ich schloß mich gleich an das schönste jener drei Frauenzimmer und begleitete sie den ganzen 2 Stunden langen Weg,
von der übrigen Gesellschaft etwas entfernt. Nie war ich
liebenswürdiger gewesen, und Ihr Zögling hat Ihnen Ehre
gemacht. Ich war so glücklich, unter den wenigen gebildeten
Mädchen, die es in Stuttgart überhaupt gibt, grade mit dem
gebildetsten Mädchen zusammenzutreffen. Der Zug bestand
aus etwa 100 Personen, und es war ein herrlicher Anblick,
wenn man ihn, zurückblickend, den Berg hinan- oder vorei-
lend, die Höhe herabsteigend sah. Ach, und welche Schön-

heiten! Mein Herz sieht aus wie ein Stachelschwein, so voll
steckt es von Pfeilen. Um 10 Uhr kamen wir nach Solitüde,
wo wir von herrlicher Musik empfangen wurden. Welche
Aussicht, welche Landschaft! Dann wurde Schokolade und
Wein gefrühstückt. Dann ging es nach einer offnen Stelle des
Waldes. Die Frauenzimmer warfen sich ins Gras, wir uns
zu ihren Füßen. Dann wurden Eichenblätter gepflückt, und
die Frauenzimmer flochten Kränze, die sie sich selbst in die
Haare, den Herrn um die Hüte banden. Nachher wurden
Gesellschaft-Spiele getrieben, meistens in Laufen bestehende:
Wolf und Hasen – Katz und Maus. Sie hätten mich als Katze
sehen sollen! Man muß ein Mädchen als die Maus erhaschen.
Mittag gingen wir ins Schloß zurück und speisten. Es war
die jubelndste Gesellschaft, die ich je gesehen habe. Die
ältern Herrn betranken sich, die Frauenzimmer sangen. Ich
hätte nie gedacht, daß sich so viele Ausgelassenheit mit so
vielem Anstande paaren ließe. Ich habe nie in meinem Leben einen vergnügtern Tag verlebt (denn Sie zähle ich nicht
zu meinen irdischen Freuden). Nach dem Essen wurde bis
abends 8 Uhr getanzt, und dann ging man nach Hause. Ich
konnte bei dieser Gelegenheit die hiesigen Frauenzimmer
näher kennenlernen. Sie haben nicht viel Bildung, aber das
tat diesem Feste keinen Abbruch, denn die Freude macht
den Blöden geistreich. Nachmittags wurde in einem großen
Zuber eine Weinlimonade zubereitet. Ich goß eigenmächtig
ein halbes Dutzend Bouteillen Arrak und Wein nach. Das
wirkte, wie ich es mir vorgesetzt. Ich war »vergnügt wie ein
Maikäfer«, wie einer meiner Freunde sich ausdrückte. Wenn
Sie hierherkommen, sorge ich dafür, daß so eine ähnliche
Partie veranstaltet werde.

Sonntag, den 23. Januar 1825
»Im Waldhorn«

Eine große Neuigkeit hier: der *König* hat *gelacht*. Gestern
mittag hat der ganze Tisch bis zum Braten davon gesprochen,
der König habe im Theater einmal gelacht. O Gott, o Gott!
Links neben mir sitzt ein Ober-Justizrat, neben diesem ein
Ober-Regierungsrat, rechts neben mir ein Polizei-Aktuar,
gegenüber ein Finanzrat, und so der ganze Tisch. Sie regieren
alle, ich bin der einzige Regierte.

26. Januar

Ich weiß jetzt gar nicht mehr, was ich Ihnen schreiben soll; ich
erwarte erst den Stoff von Ihnen. Der Teufel hole dieses stille
Nest. Heidelberg ist London dagegen. Man könnte sich auf
der Straße schlafen legen und würde nicht aufgeweckt. Und
da wohne ich noch der Post gegenüber. Wenn Sie mir für jede
Kutsche, die mein Fenster vorüberfährt, täglich einen Kuß
geben, dann hat ihre Zärtlichkeit sehr abgenommen.

Frances Trollope

Ein Mittelpunkt im Reisetagebuch

Sehenswertes und Begegnungen

Stuttgart, den 31. Juli 1836

Eine der ersten Sehenswürdigkeiten, meiner Meinung nach, die man nach der Ankunft in Stuttgart aufsuchen muß, ist Danneckers Atelier. Von seinem Ruhme hatte ich wie jedermann viel gehört, von seinen Werken aber nur jene marmorne Lieblichkeit, die Ariadne in Mr. Bethmanns Sammlung zu Frankfurt, gesehen. Dies genügt jedoch, um einen Besuch bei ihrem Schöpfer zu einem Ereignis von nicht geringer Wichtigkeit zu machen. Wir nannten seinen Namen, und sogleich zeigte man uns seine Wohnung. Er empfing uns mit der offenen Bescheidenheit eines großen Mannes, der gewohnt ist, von allen gehuldigt zu werden, die sich der Stätte seines Werkes nähern. Er hat sich nur wenige der größeren Werke seines erhabenen Schöpfergeistes behalten, aber darunter ist eines, vor dem sich selbst er zu beugen scheint. Dieses Lieblingswerk des Künstlers ist eine kolossale Büste seines Freundes und Schulkameraden Schiller. Als wir eintraten, war die Büste abgedeckt, und zu sehen, wie dieser lebhafte, sich begeisternde alte Mann in unseren Blicken den Eindruck, den das Werk bei seiner Enthüllung hervorriefe, zu lesen versuchte, wäre eine noch viel weitere Reise wert gewesen. Es ist in der Tat eine herrliche Büste! Das steinerne Ebenbild dieses majestätischen Kopfes ist so sprechend, wie nur Marmor Poesie, Genie und Beredsamkeit auszudrücken vermag. Das

Spiel der Gesichtszüge ist bewunderungswürdig. Ein gewisser Zug um den Mund erinnert sehr durch seine natürliche Wiedergabe und durch seinen intellektuellen Ausdruck an die gefeierte Büste Walter Scotts von Chantrey.

Ich fragte, wo dieses edle Werk aufgestellt werden soll. »Je le garde pour moi«, antwortete er, die Hand aufs Herz legend, mit einem Blick und einem Tonfall, der sowohl seine Liebe und Verehrung für den großen Mann wie auch seine bescheidene Zufriedenheit mit diesem gelungenen Werk zum Ausdruck brachte.

Unweit dieser Büste, von der man sagen könnte, daß sie von Geist und Leben strahlt, liegt eine Totenmaske des großen Dichters. Die Züge sind dieselben, aber eingesunken und verfallen. Nie sah ich den Gegensatz zwischen Leben und Tod stärker ausgedrückt, nie wirkte dieser furchtbare Kontrast lebhafter auf mein Gemüt als durch die Betrachtung des Abbildes dieses toten und des lebenden Schiller. Einige tausend Seiten über die Natur der Seele und über ihre Unsterblichkeit mögen geschrieben worden sein, aber nichts davon kann einen so tiefen Eindruck hinterlassen wie der Vergleich dieser beiden Köpfe.

Wir verbrachten eine glückliche Stunde in diesen Räumen. Eine herrliche Sammlung antiker Abgüsse, die dem König gehört, ist Danneckern anvertraut. Obwohl das Gehen durch ein Zimmer mit Abgüssen, die man im Leben hundertfach gesehen hat, keine besondere Unterhaltung bietet, verstand es der bewegliche alte Mann doch, durch seine geistvoll originellen Bemerkungen all dies interessant zu machen. […]

Er zeigte uns den Abguß der Venus von Medici, dem er jedoch ohne Bedenken alles abgesägt hatte, was er für unecht hielt. Er entrüstete sich heftig über die Arme, die sich jetzt an der Statue befinden, und nannte sie eine Satire gegen alle jene, welche bei ihrer Betrachtung nicht sofort das gewaltige Mißverhältnis zwischen dem Torso und den Armen empfunden hätten.

Wenn Dannecker von seinen eigenen Schöpfungen spricht, ist es bezeichnend, mit welch echter Bescheidenheit und Offenheit er sich ausdrückt und dabei doch durchblicken läßt, daß er einige gute Arbeiten geschaffen habe. Seine Werke sind in ganz Deutschland verstreut, man findet sie sogar in Rußland, aber ich fürchte, daß bis jetzt nur wenige ihren Weg nach England gefunden haben.

So klein Württembergs Hauptstadt auch ist, weist sie dennoch viel Sehenswertes auf und wird bald mehr zeigen können; denn in allen Teilen der Stadt wird an außerordentlich vielen öffentlichen und privaten Bauten gearbeitet, was beweist, daß die Stadt an Reichtum und Wichtigkeit rasch zunimmt.

Wer schöne Paläste liebt, dem empfehle ich unbedingt eine Reise hierher, und wäre es nur, um die königliche Residenz zu besichtigen. Weder König noch Kaiser brauchen sich einen herrlicheren Palast als den von Stuttgart zu wünschen. Wir alle wissen, daß Schloß Windsors Erhabenheit unvergleichlich und daß die »St. George's Hall« vielleicht die schönste Räumlichkeit der Welt ist; aber ohne sich in einen Vergleich flüchten zu müssen, kann ruhig behauptet werden, daß es nur wenige so vornehme und elegante Paläste gibt wie das Residenzschloß des Königs von Württemberg. Die Anzahl schöner Gemächer ist erstaunlich. Zu welchem Zweck sie alle bestimmt sein mögen, geht über mein Vorstellungsvermögen. Hingegen gibt es darin keine guten Gemälde: Mit Ausnahme einiger bezaubernder Schöpfungen Danneckers besitzen sie nichts, was dem höheren Rang der schönen Künste entspricht. So groß das Schloß auch ist, zeigt es durchwegs guten Geschmack, sowohl in den neu eingerichteten Gemächern wie in jenen, deren kostbare Ausschmückung noch aus der alten Zeit, die durch den Wandel der Mode nichts von ihrem Glanz eingebüßt hat, stammt. Letztere entwickelte eine so reiche und königliche Pracht, daß es wohl die Mühe lohnt, sie zu besichtigen.

Unter der endlosen Reihe von Zimmern, für deren Mehrzahl mir die Art der Verwendung unklar ist, befindet sich auch eines, welches seinen Zweck deutlich genug erkennen läßt. Seine Ausstattung ist ebenso königlich wie die eines jeden anderen. Es ist ein großes, hohes, für gymnastische Übungen mit allem erdenklichen Gerät versehenes Gemach. In seiner Mitte befindet sich eine Kletterstange, die bis zur Decke reicht, und rundum ist eine Polsterung, groß genug, um bei einem etwaigen Fall eine Verletzung auszuschließen. Eine Menge anderer Geräte, die näher zu erklären mir meine Unkenntnis verbietet, sowie Spring- und Fechtstangen, sind rings aneinandergereiht; sie alle sind zur Sicherheit mit so sinnreichen Vorrichtungen versehen, aus denen man wohl erkennt, welch liebreiche Fürsorge über den Prinzen wacht, für dessen Gebrauch sie bestimmt sind.

Die Gärten dieses herrlichen Palastes sind sehr ausgedehnt und vortrefflich angelegt. Sie bieten, wie alle fürstlichen Gärten, die ich in Deutschland gesehen habe, dem Volke mindestens ebensoviel Vergnügen wie dem Fürsten selbst. Eine große Zahl Orangenbäume ist längs der Wege und der Parterres um das Schloß aufgestellt, und da es hier nicht wie in Paris der Brauch ist, die Orangenblüten zur Destillation von Blütenwasser zu pflücken, ist dieser Teil des Gartens von köstlichen Düften erfüllt.

Ungefähr eine Meile vom Stuttgarter Schloß entfernt steht die schöne Sommerresidenz Rosenstein, deren Gärten dort beginnen, wo die des Schlosses enden. Die Lage dieses eleganten Schlößchens, sowie alles rund um dasselbe, ist entzückend. Es steht auf einem Hügel, hoch genug, um eine treffliche Aussicht auf die wunderschöne Landschaft ringsum zu gewähren. Zu seinen Füßen fließt der Neckar. Cannstatt und zahlreiche kleine Dörfer breiten sich vor einem aus. Die ganze Gegend ist von rebenbekränzten Bergen eingeschlossen, doch nimmt man dazwischen dennoch die herrliche Landschaft in der Ferne wahr, die bis zum Schwarzwald und bis zu den Vogesen reicht.

Nachdem wir diesen königlichen, anmutig wie glücklich angelegten Besitz durchwandert hatten, fuhren wir nach den Mineralbädern von Cannstatt. Hier, wie überall in Stuttgart und seiner Umgebung, ist der rege Geist des Fortschrittes an der Arbeit. Öffentliche Wohnanlagen werden gebaut, und mehrere Quellen mit verschieden hohem Mineralgehalt werden sowohl zum Baden wie zum Trinken erschlossen. Bei einer dieser Quellen wurde für den Versand Wasser in großen Mengen in Flaschen abgefüllt. Die allgemeine Regsamkeit legt das beste Zeugnis für die Modernisierung und für das Gedeihen des Bades ab. […]

Heimwärts fuhren wir einen lieblichen Weg, der sich wie absichtlich wand und krümmte, als wollte er uns auf die vielen schönen Fernsichten aufmerksam machen. Die Hauptansicht gewährt dabei der Neckar mit seinen drei Brücken: eine in Trümmer verfallen, die andere unvollendet und die dritte, die malerischeste von allen, ist eine aus rohem Holz gezimmerte Notbrücke. Der Ausflug endete mit einer abermaligen Fahrt durch den königlichen Garten, der von Blumen duftete und nur mehr Lebens bedurft hätte, um ebenso unterhaltend wie schön zu sein, auch wenn er nicht ganz so glänzend wie jener der Tuilerien ist. […]

Die alte Burg, jetzt nur noch für Kanzleien und Wohnungen für Personen, die zum Hof gehören, benützt, trägt keine Spur ihres einstigen Glanzes mehr. Wenn jedoch ihre alten Türme durch die herrlich hohen Akazienbäume schauen, dann sehen sie eher noch ehrwürdiger, wenn nicht sogar majestätisch aus, und bei denjenigen, die wie ich die Wege der Menschheit, soweit wir Anhaltspunkte haben, rückverfolgen, wird das Durchwandern dieser alten Hallen und Gänge sicher Interesse erwecken. Ein Beispiel von ritterlichem Luxus, wenngleich er schon der Vergangenheit angehört, war mir völlig neu und hat einen so augenscheinlichen Beweis hinterlassen, daß nur die gänzliche Demolierung dieser alten Burg ihn beseitigen könnte: In einem der hohen runden Türme befindet sich eine überbreite Treppe, die den ganzen Turm einnimmt und bis zum obersten Stockwerke führt. Diese Treppe ist weiter nichts als eine schiefe Ebene, bekannt unter dem Namen *L'Escalier aux Caracols*, auf welcher vorzeiten die Ritter, wenn sie vom Kriege oder von der Jagd ermüdet heimkehrten, zu Pferde bis zur Tür ihres hochgelegenen Frauengemaches reiten konnten. [...]

Stuttgart, den 3. August 1836

Eine der anregendsten Begebenheiten während unseres Aufenthaltes war die Bekanntschaft, die wir mit Professor Schwab machten. Er ist nicht nur ein sehr angesehener, sondern auch sehr liebenswürdiger Mann, und seine verbindliche Aufmerksamkeit ist uns auf viele Weise angenehm wie nützlich gewesen. Er genießt als Literat und Dichter guten Ruf und scheint für Schwaben ähnliches wie Sir Walter Scott für Schottland getan zu haben, indem er die Kenntnisse eines vollendeten Historikers dem wilden Zauber der deutschen Sagenromantik dienstbar machte. Von allen Ländern der

Welt, selbst den märchenreichen Orient nicht ausgenommen, ist wahrscheinlich Deutschland das reichste an solchen Schätzen. Denn eine einzige Legende gibt hier den Stoff zu hundert Sagen, jede Burg hat hier ihren Geist, jede Burgruine ihren eigenen Helden, und kaum vermag sich ein Bergwasser seinen Weg durch die dunklen Windungen einer vulkanischen Schlucht zu bahnen, ohne daß es seine schöne Nixe hätte, deren Liebe und deren Zaubersprüche der ganzen Gegend Reiz und Ansporn zu Romantik verliehen.

Solches Material in den Händen eines zum Erzähler begabten Mannes macht es wert, diese Sagen zu übersetzen, und ich schwelge bereits in dem Genuß der Vorfreude, einst in Gesellschaft des Herrn Schwab abermals durch Schwaben zu wandern. [...]

Gestern morgens fuhren wir einige Meilen in das Land hinaus, um zwei königliche Residenzen zu besuchen, die etwa in der gleichen Richtung liegen. Die erste, die wir erreichten, kann wohl kaum eine Residenz genannt werden, denn ich zweifle, daß sich in ihr auch nur ein einziges Schlafgemach befindet. Es ist ein ausgesprochenes Jagdhaus und als solches in jeder Beziehung vollkommen, da es auch in einem ausgedehnten, reichbewaldeten Park oder besser gesagt in einem Jagdrevier steht, das nicht nur reich an jeder Art von Wild ist, sondern innerhalb seiner Grenzen ein Gehege für Wildschweine hat. Der Name des Hauses – Bärenschlößchen – und des schönen kleinen Sees daneben, des Bärensees, läßt vermuten, daß hier vor Zeiten noch eine gefährlichere Jagd als die auf wilde Eber betrieben wurde. Ich kann mich nicht erinnern, je eine vollkommenere Parklandschaft als diesen Ort gesehen zu haben: die Bäume sind von einmaliger Pracht, zwischen ihnen stehen zahlreiche Rudel edelster Hirsche; manche davon sind schneeweiß. Vom wildromantischen Dickicht aus, zwischen dem man sie erblickt, betrachtet, bilden sie einen Anblick, welcher jeden, der für Waldszenerien schwärmt, entzücken muß.

Vom Bärenschlößchen fuhren wir nach der hochgelegenen Villa La Solitude, die jetzt mehr ob ihrer Lage als ob der Schönheit und des Glanzes des Schlößchens bewundert wird. Auf dem Dach befindet sich ein rundes Belvedere, von dem man eine erstaunliche Aussicht hat. Die Berge in weiter Ferne sehen wie Nadelkissen und die Ruinen auf ihren Hängen wie eingestochene Stecknadeln aus. Der Neckar ist nur ein schimmernder Bach, und sein Tal ist wie ein niedlicher kleiner Obstgarten, durch den er fließt. Kurz, das Blickfeld dieses außerordentlichen Panoramas ist so ungeheuer, daß kein Objekt genügend groß ist oder groß sein kann, um aus demselben hervorzustechen. Die Verwendung eines aufgestellten vortrefflichen Teleskops erspart den Fremdenführern neugieriger Reisender die Beantwortung einer Welt von Fragen. Ein in Grade eingeteilter Kreis, auf dem die markantesten Punkte so verzeichnet sind, daß man das Fernrohr nach jedem einzelnen beliebigen Punkte richten kann, umgibt das Gestell.

Fréderic Chopin

Nächtliche Erschütterung

Stuttgarter Tagebuch, September 1831

Seltsam! Das Bett, in das ich mich gleich legen werde, hat vielleicht mehr als einem Sterbenden gehört, und dieser Gedanke flößt mir heute keinerlei Entsetzen ein.

Vielleicht hat hier eine Leiche gelegen und sogar lange gelegen. Aber weshalb ist eine Leiche weniger wert als ich? Eine Leiche weiß auch nichts, weder vom Vater noch von der Mutter, noch von den Schwestern oder von Tytus! Auch eine Leiche hat keine Geliebte, kann nicht mit ihrer Umgebung in ihrer Sprache sprechen! Eine Leiche ist bleich wie ich. Sie ist genauso kalt, wie ich es im Moment allen Dingen gegenüber bin. Eine Leiche hat aufgehört zu leben, und auch ich habe bis zum Überdruß gelebt. Bis zum Überdruß? …

Warum leben wir nur so ein elendes Leben, das uns aufzehrt und nur dazu da ist, um Leichen aus uns zu machen?

Es schlägt ein Uhr von den Turmuhren Stuttgarts. Wie viele Menschen sterben in diesem Moment auf der Erde? Kinder verlieren ihre Mütter. Mütter verlieren ihre Kinder. Wie viele Vorstellungen werden zu nichts, wie viel Traurigkeit geht daraus hervor und auch wie viele Tröstungen! …

Man sieht, das Beste, was es gibt, ist der Tod …

Was ist dann das Schlimmste? Das Geborenwerden, da es das Gegenteil des Besten ist.

Ich habe also recht, mich darüber zu beklagen, daß ich auf

die Welt gekommen bin. Warum war es mir nicht vergönnt, nicht geboren zu werden, da ich hier doch absolut untätig bin? Zu was nützt mein Leben? Ich bin zu nichts gut unter den Menschen, denn ich habe weder Kräfte noch Worte. ... Es ist nicht gut, sich der Wehmut hinzugeben, aber es ist angenehm! ...

Ach, man kann mein Elend nicht beschreiben! Mein Gefühl kann es kaum ertragen. ...

Mein Paß läuft im nächsten Monat ab, ich kann dann nicht länger im Ausland leben – zumindest nicht offiziell, ich werde also einem Toten noch ähnlicher.

Für mich, mein geliebtes Wölfchen, gibt es dreiundzwanzig Städte, die mir heilig sind und das sind die folgenden: Neuchâtel, Genf, Wien, Petersburg, Dresden, Cannstatt, Carlsruhe, Straßburg, Passy, Fontainebleau, Orléans, Bourges, Tours, Blois, Paris, Rotterdam, Den Haag, Anvers, Brüssel, Baden, Lyon, Toulon, Neapel. Ich weiß nicht, was sie Ihnen bedeuten, aber wenn mir einer dieser Namen ins Gedächtnis kommt, dann ist es, als ob Chopin eine Klaviertaste anschlagen würde; der Hammer weckt Töne, die in meiner Seele vibrieren, und es erwacht ein langes Gedicht.

Honoré de Balzac

Nikolaus Lenau

Von Freunden, Spargel und dem Stuttgarter Klima

An Anton Schurz
Stuttgart, 5. Oktober 1831. (Mittwoch.)

Theurer Bruder!

Ich lebe jezt in Stuttgart, im Hause meines innigen Freundes, *Professors Schwab* und meiner innigen Freundin, dessen Gemahlin. Vielbereichert an schönen Erfahrungen über den wahren Menschenwerth, reicher an manchem Freunde, und an Lebensmuth und Selbstvertrauen bin ich geworden seit unserer Trennung.

Bruder! Ich habe eine poetische Wallfart gemacht zu Uhland, Maier, Justinus Kerner, habe Ebert hier getroffen, mein ganzes Leben war ein höchst poetisches. Die lebhafteste Theilnahme, die feurigste Ermunterung wurde mir zu theil von Allen, die ich Dir hier genannt habe und nicht genannt habe. Aber enthusiastisch war schon bei unserer ersten Begegnung *Schwab* von meinen Poesien ergriffen. Ich muß Dir gestehen, daß es mir unendlich behaglich war, zu sehen, wie jeder bessere Gedanke sogleich zündete in dem empfänglichen Gemüthe dieses Mannes, eine solche Wirksamkeit hätt' ich meinen Leistungen nicht zugetraut, ist auch vieles davon auf die große Lebhaftigkeit Schwabs zu setzen. Am ersten Tage meines Hierseyns führte mich Schwab Abends in einen Leseverein, und trug hier mehre meiner Gedichte selbst vor mit großem Feuer. Als sich die Gesellschaft getrennt hatte, blieben nur Schwab, ich, und ein junger Dichter, Gustav Pfitzer zurück. Da wurde noch gelesen, getrunken, Bruderschaft getrunken und geraset auf mancherlei Art bis spät nach Mitternacht; es war der 9ᵉ August. Einige Stunden waren genug uns zu Freunden zu machen. Wie träge sind dagegen die Entwürfe der Freundschaft im kalten Leben derer, die nichts haben von unserem Glücke, mein Bruder! –

Was soll ich Euch noch schreiben von mir? was ich mit Uhland, Kerner *etc* erlebt, ein anderes Mahl. Mit Ende dieses Monats geh ich nach Würzburg, wo nach allem die beste Anstalt ist. Cotta hat die Gedichte von Lenau angenommen für ein Honorar von 50 # [sic]. Ist doch gut! mit Ende *Octobers* werden sie erscheinen. In 3 Monaten ist man hier mehr bekannt als zu Wien in 3 Jahren. Was macht Spekbacher? Der soll auch zu Cotta. Nur heraus aus dem Pulte in die frische Luft der Welt! […]

An Justinus Kerner
Stuttgart, 4. Mai 1832. (Freitag.)

Liebster Kerner!
Wie geht's Dir? was macht die medicinische Praxis? was macht Dein liebes, gutes Rickele? Deine Marie? Emma? *Theobald? Mattussinsky?* Bald bin ich wieder bei Euch, und will dann auch meinen ehren- und fleischfesten Herrn Onkel noch einmal sehn. Du hast mir viel Schönes von L. geschrieben, mich freut es, daß sie Dir so wohlgefällt. Sie gefällt mir auch wohl. Kaum aber zurückgekommen von Tübingen, hat man sie mir wieder aufgegriffen und auf eine Blüthenreise fortgenommen. Ja, sie ist wieder fort; und ich humple in Stuttgart herum brummig und verdrießlich, manchmal auch

wüthig wie ein angeschoßner Bär, und kratze mich sehr oft nach Art der wilden Thiere. Bei Reinbeks und Hartmanns bin ich täglich. Das sind herrliche Leute, mir ist unendlich wohl unter ihnen; könnt' ich sie nur alle mitnehmen nach Amerika, und Dich auch mit den Deinigen, Deinen alten Gaul und die medicinische Praxis ausgenommen, und den Schwappacher- und Rappacher Dreck ausgenommen, der Dir noch an den Stiefeln klebt, und den Du vorher noch feinsäuberlich abschaben müßtest, bevor Du das Schiff bestiegest. Heute bin ich wieder bei Reinbeks auf ein großes Spargelfressen. Spargel wie Kirchthürme werden da gefressen. Ich allein verschlinge 50–60 solche Kirchthürme, und komme mir dabei vor, wie eine Parodie unserer politisch prosaischen, durchaus unheiligen Zeit, die auch schon das Maul weit aufsperrt um alles Heilige, und namentlich die guten, gläubigen Kirchthürme, wie Spargelstangen zu verschlingen. Möchtest Du nicht mit Mattussinsky nach Laufen laufen, um die Apotheke unserer Colonie zu besichtigen? Sei so gut, Brüder! sie liegt beim Zimmermeister Häberle. Aber gib acht, daß Dein Gaul 's Häberle nicht frißt, und krepirt. Noch immer sind keine Nachrichten da, wann wir abreisen müssen.

Sei auch so gut, wenn Du eine ordentliche Gelegenheit findest, meine und Mattussinsky's sämmtliche Gewehre hierher zu senden, es ist Manches daran zu korrigiren. Aber das müßte sehr bald geschehen, weil ich in der nächsten Woche, Freitag oder Samstag nach Weinsberg abgehe. Adressire solche an mich, im König von England, N° 38; ich habe nämlich ein anderes Zimmer bezogen.

Was mich noch hier aufhält, sind die vertrakten Gedichte, und die guten Freunde; aber ich komme, so bald als möglich.

Ich umarme Dich bis Dir die Rippen krachen

Dein *Niembsch*

An Anton Schurz
Stuttgart, 19. Mai 1832. (Samstag.)

Mein lieber Bruder!
  Dies ist der lezte Brief, den ich Dir vor meiner Abreise
schreibe. In 3 Tagen reis' ich ab. Bald aber sehen wir uns
wieder. [...]
  Ich schicke meiner lieben Resi mein Portrait. Eine liebe
Freundin von mir hat es gemalt. Ihr findet ihren Namen am
Rande des Gemäldes, Mariette Hartmann, die Tochter des
hiesigen Geheimeraths Hartmann, ein sehr liebes Mädchen. In
diesem Hause hab' ich auch viel Liebe erfahren. Ich will Dir's
ein wenig beschreiben. Der alte Herr, ein großer, stattlicher,
sehr ernster, und eben so gutmüthiger Mann. Die Mutter,
eine geborne Italienerinn, sehr lebhafte alte Frau. Fräulein
Julie, ungeheuer gebildet, einst die Geliebte Rückerts (durch
2 Jahre) nun aber schon etwas vorgerückten Alters. Fräulein
Mariette *detto*, was Bildung betrifft, 29 Jahre, noch blühend,
mahlt allerliebst. Die dritte ist Lotte, gutes, liebes Mädchen,
singt angenehm, besonders ein spanisches Lied, das über alles
geht was ich je an Liedern gehört habe. Sie hat mir das Lied
aufgeschrieben. Die vierte Tochter, eigentlich die erste, (als die
Älteste) ist an Hofrath Reinbeck verheiratet; mir die allerliebs-
te. Das ist eine köstliche Frau. Du findest in meinen Gedichten
eines mit der Überschrift: »in das Stammbuch einer Künstlerin« das ist die Reinbeck. Ein ganzes Zimmer hat die Frau mit
herrlichen Landschaften (Oehlgemälden) behängt, alles ihre
Arbeit. Meine Waldkapelle hat sie auch gemalt in 2 Bildern, das
eine stellt die Mondnacht mit dem Narrn, das andre den schönen Sommerabend mit dem noch gescheiten Liebhaber vor.
Herrliche Bilder! Eine Copie hat mir meine liebe Freundin mit
Wasserfarben gemacht und mitgegeben. Die werdet Ihr auch

sehen. Hofrath Reinbeck ist Schriftsteller. Novellen, Dramen *etc*; doch nur Mittelmäßiges ist von ihm da. Die wohnen nun alle in *einem* Hause beisammen, das sie sich *nur für sich* gebaut haben. Was Traulicheres, Liebevolleres gibt's nicht als das Zusammenleben dieser Menschen. Alle Schöngeister, die nach Stuttgart gekommen, haben sich in diesem Haus eingefunden; es ist das gebildetste in der ganzen Stadt, *Matthisson, Tiek, Jean Paul, Rückert,* u.A. waren oder sind noch intime Hausfreunde. Ich bringe täglich mehrere Stunden zu mit den geistreichen Frauenzimmern. Der Hofrath Reinbeck baut vortrefflichen Spargel, und hat seine Passion mit dem Ausschneiden u. Essen dieser Gewächse, in lezterem Geschäft bin ich oft sein getreuer Gehülfe. Also Leib u Seele versorgt.

Von meiner andern Lotte aber bin ich getrennt. Das Mädchen hat die Sache sehr ernst genommen, und da ich keine Aussicht auf Heiraten geben kann, jetzt gar nach Amerika gehe, ist die Mutter um die Gesundheit des sehr gefühlvollen Mädchens bekümmert; und hält uns auseinander. Hilft aber nichts. Wir lieben uns doch und werden es immer thun, obwohl wir nie ein Wort davongesprochen haben. Das ist ein ganz eigenes Verhältniß. Mündlich mehr. –

An Max von Löwenthal
Stuttgart, 6. September 1837. (Mittwoch.)

Teurer Freund!

Endlich erlebte ich das Ende meiner leidigen Arbeit. Wer da glaubt, das Korrigieren sei eine Lust, den sollen die Götter strafen. Nein, es ist eine heillose geistlose erbärmliche Nuselei, und es hat mich in eine totale Verstimmung gebracht, in der mir alles entleidet war und mir mein ganzes Leben wie ein

Druckfehler vorkam, mein Schicksal wie ein besoffener Setzer und ich selbst, in meinem verdrießlichen, vernachlässigten, unrasierten Zustande, wie ein schmutziger Bürstenabzug. Doch es ist viel geleistet worden in den Tagen des Verdrusses und einer afrikanischen Hitze. Nur den Monat Juli soll keiner in Stuttgart zubringen, der nicht sein ganzes Leben teilen will zwischen Fluchen und Schwitzen. Die Hitze war ungeheuer. Kein Lüftchen rührte sich; die Luft stand still wie eine glühende Mauer; ich fühlte mich wie in einen Sack genäht, in dem ich noch korrigieren mußte. Auf einigen abendlichen Spaziergängen legte sich mir die heiße Luft so schmierig um den Leib wie kochendes Unschlitt (auch so wohlriechend), daß ich dem Stuttgarter Himmel, dem blauen Aas, ins Gesicht spuckte vor Galle, ihn aber nicht abkühlte. Und doch war ich sehr rührig. Das Druckervolk urgierte ich gewaltig, denn in fünf Wochen wurde die dritte Auflage meiner Gedichte und mein Savonarola gedruckt. Jetzt warte ich nur noch auf Cotta usw. Er soll noch diese Woche eintreffen von seiner Herrschaft *Dottern*hausen, wo er bereits lange sitzt und, wie mich der Name seiner Besitzung vermuten läßt, Hühner ausgreift; der Häusliche!

So war mein Leben, eine keuchende Last, ein Aufenthalt unter Ungeziefer. Damit sind aber nicht meine Stuttgarter Freunde, sondern nur die Druckfehler gemeint. Nur selten habe ich eine musikalische Erfrischung, eine Beethovensche Herzstärkung zu mir genommen. Auch meinen guten Kanaster muß ich dankbar rühmen; vor allem aber die Liebe meiner Hausgenossen.

Von den hiesigen Freunden weiß ich Dir nicht viel Neues zu melden. Schwab ist um eine Pfarrerstelle eingekommen, worüber er die Resolution des Königs in einigen Tagen erwartet. Uhland ist wieder in Tübingen, von mir aber nicht besucht worden. Ich hatte keine Zeit.

Pfizer hat einen dritten Band Byron übersetzt und herausgegeben. Menzel schlägt sich mit Strauß, d.h. federlich. Mayer schwärmt am Bodensee herum. Alexander ist zurück und sehr leidend.

Vor dem 20. komm ich auf jeden Fall zu euch.

Der Bediente wartet schon auf meinen Brief, der in einer Stunde fort soll. Grüße mir Sophie aufs herzlichste und alle Deine und bald wieder auch meine Nachbarn.

Dein *Niembsch*

An Sophie und Arthur von Löwenthal
Stuttgart, den 17. Mai 1843. (Mittwoch.)

Liebe Sophie!

Ungestörte Gesundheit und eine mir sehr angenehme Zurückgezogenheit gewisser zeittödterischer Bekanntschaften gewähren mir Kraft und Muße vollauf zu anhaltendem Arbeiten; ich bitte Sie also, theure Sophie, alle Besorgnisse in dieser Hinsicht einzustellen. Bereits habe ich mich in ein Studium, wie ein *bull dog* in seinen Fang, verbissen, und ich gedenke Sie mit den Ergebnissen desselben seiner Zeit zu überraschen. Von meiner Reise her bin ich jetzt gewohnt täglich früh aufzustehen und ich will diese heilsame Angewöhnung nicht so bald wieder ablegen. Ich arbeite täglich 8 bis 10 Stunden mit großer Intensität und Leichtigkeit. Ein Spaziergang im Schloßpark, wo ein Heer von Nachtigallen gegen meinen alten Mißmuth mit klingendem Spiele loszieht, pflegt mich des Abends zu erfrischen; nur ist leider das Wetter so veränderlich und häufig schlecht, daß darüber abermals ein gutes Stück Frühling ungenossen verloren geht.

Mit Cotta habe ich fürs erste über eine neue Auflage meiner Gedichte in zwei Oktavbänden vertragsmäßig abgeschlossen. Zweitausend Gulden rheinisch sind als Honorar bedungen. Binnen 14 Tagen werden Cotta's Abgesandte von der Leipziger Messe mit den Resultaten betrefflich meiner übrigen Schriften zurückkehren. Sehr wahrscheinlich wird zur Herbstmesse auch von den Albigensern eine neue Auflage veranstaltet werden, und wenn, wie es scheint, auch meine Gedichte in Taschenformat zur Neige gehen, auch von diesen. Dieses muß ich noch hier abwarten; sodann aber werde ich, ohne mich um die Correcturen persönlich zu bekümmern, Stuttgart verlassen. [...]

An Sophie von Löwenthal
Stuttgart, 24. Mai 1843. (Mittwoch.)

Liebe Sophie!
  Das üble Wetter, das uns hier fortwährend ärgert und uns den Frühling so zu sagen unterschlagen hat, scheint auch bei Euch sein Unwesen zu treiben, und wenn es dort nicht besser geht als hier, so dürfte der grüne Ofen in Ihrem Zimmer wohl noch lange Ihnen das angenehmste Grün bleiben, woran Sie sich zu erfreuen haben. Meine Absichten auf Rippoldsau sind durch besagtes Wetter sehr zweifelhaft geworden; man sagt mir allgemein, die Thäler des Schwarzwalds seien nur bei anhaltend schönem Wetter genießbar, bei üblem dagegen äußerst rauh und gichtbringend.
  Meine Geschäfte konnten mittlerweile um nichts weiterrücken, weil die Leipziger Daten noch nicht da sind. Cotta ist übrigens gegen mich von einer weit über die gewöhnlichen Schranken eines Buchhändlerherzens hinausreichenden Liebenswürdigkeit u. Bereitwilligkeit.

Heute hab' ich bei Schwab's zu Mittag gegessen, wo Spargel mit Spätzlen mich nicht vergessen ließen, daß ich in Schwaben bin, woran mich freilich auch der in ächtester Sorte gereichte schwäbische Dialekt lebhaft erinnerte. Ich habe für Schwab, abgesehen von seinen persönlichen Vorzügen, eine treue Liebe, denn er war meine erste Anerkennung und gewissermaßen mein literarischer Ausgangspunkt, auf den ich immer wieder gerne zurückkomme. Wäre er doch bei seinem *Horatio* geblieben! Das Pfarramt ist doch ein zu beschäftigendes und ruheloses für ihn, und mich dünkt immer er hat obendrein beständig einen stillen Kampf in seinem Innern zu kämpfen, um sich am Dogma festzuhalten. Doch das sei unter uns gesagt! Als er mich heute nach Tisch an sein Fenster führte, das eine sehr hübsche Aussicht auf grüne Bergeshöhen eröffnet, machte ich ihm die schalkhaft zweideutige Bemerkung: »Gelt, Alter, J. Christus gewährt uns eben eine schöne Aussicht?« worauf er allerdings mit Würde erwiderte: »Wenn es nur diese Aussicht wäre, die er mir gibt, so wär' ich nicht da!« Das war gut; aber mein Sarkasmus ebenfalls. [...]

An Sophie von Löwenthal
Stuttgart, den 17. Mai 1844. (Freitag.)

Liebe Sophie!
Beständiges Unwohlsein, Kopfschmerz, Schlaflosigkeit, Mattigkeit, schlechte Verdauung, Rhabarber, Druckfehler und Ärger über den trägen Fortschlich meiner Geschäfte – das waren die Freuden meiner letzten Woche. Emilie will es nicht gelten lassen, daß die Stuttgarter Luft nichts als die Ausdünstung des Teufels sei; doch mir ist es zu auffallend, daß ich in Heidelberg frisch u gesund war, und nun, kaum

wieder nach Stuttgart gekommen, bresthaft u. elend sein muß. Verdammtes Kloakenthal! Die Luft ist zwischen diesen fleißigen und abgeschwitzten Weinbergen so dumpf u. matt, so verbraucht und beschmutzt, als wäre sie durch meilenlange Windungen von Eingeweiden hindurchgegangen, ehe man sie in Nase u. Lunge bekommt. O meine Nerven! mein unglückseliges Sonnengeflecht! Ich schnappe nach Gebirgsluft, wie ein Spatz unter der Luftpumpe. Wer mit Gemsen eine Luft getrunken, athmet nicht behaglich bei den Unken. In vielen der hiesigen Straßen riecht es *am Ende* auch lenzhaft, nämlich pestilenzhaft. Und die guten Stuttgarter merken das gar nicht; süß duftet die Heimath. Nur über ihre Gärten klagen sie, daß sich darin das Ungeziefer immens vermehre. Ich aber glaube, daß in ihren Häusern dasselbe zu beklagen wäre, wenn das viele und fanatische Fegen und Scheuern nicht entgegenarbeitete. Indessen stimmt mich der *malus Jupiter* dieser Gegend so melancholisch, daß ich die Ursache jener Insektenvermehrung höher suchen muß. Die Naturforscher sagen, es altere unser Planet, und so mögen denn die von Jahr zu Jahr fühlbarern Multiplicationen des Geschmeißes ein wimmelndes Symptom des herannahenden Erdentodes sein. O tragisches Ende der Welt: von Läusen gefressen zu werden; *phthiriasis universalis*, gigantische Läusesucht! pfui!

Adieu, liebe Sophie! ich bin in einer abscheulichen Laune. Ihr Niembsch

Joachim Ringelnatz

Stuttgart

Ich kam von Düsseldorf, dort sah ich Radschläger.
Ich kam nach Stuttgart, dort trank ich Steinhäger,
Denn mit dem schwäbischen Wein
Scheint mir nicht allzuviel los zu sein,
Wenigstens nicht mit dem billigen
Doch ich wohnte in dem Olgabau,
Einem Schlosse einer hohen Frau,
Die mir auch die besten Sorten tat bewilligen.
Ach, ich schwirrte von Vergnügen zu Vergnügen.
Schien auch dem Publikum zu genügen.
Durfte über ein Auto verfügen,
Fuhr mit diesem herrschaftlichen Benz
Wie eine quietschfidele Eminenz
Nach Marbach an dem Hause vor,
Wo Kodweiß Schillern einst gebor,
Ging auch kollegial hinein
(Scheinbar schien mir alles dürftig, ernst und klein),
Sah mich also recht bescheiden eilig satt,
Freute mich später kannibalisch dann
Über einen Brunnen Zum wilden Mann,
Welcher Wilde zwei Feigenblätter hat,
Und zwar nämlich eins vorn irgendwo
Und das andere ganz hinten vorm Popo.

Kehren wir nach Stuttgart nun zurück. –
Und wer will, der mag dort bleiben. –
Ich persönlich schwamm dort wie ein Schwamm im Glück,
Heißt: Ich soff mich voll und ließ mich treiben.
Nach der Wettermeldung war es kalt.
Ich besuchte eine Irrenanstalt.
Eine Schizophrenin sprach so wunderwirr.
Ach, was ich noch alles schaute!
Und wie fürstlich wohnte, wie gesagt, ich hier!
Daß ich niemals mich aufs Nachtgeschirr
Und auch sonst mir vieles nicht getraute.
Morgen zwölf Uhr lande ich bei dir.
Und was bringe ich als Souvenir?
Was von Stuttgart mit? – Manch treuen Gruß,
Eine Probe des erwähnten Weines,
Anekdoten und ein süßes, kleines
Embryo in Spiritus.

Alfred Kerr

Schwabenland

I
Zu den Palmen von Algerien
Fahr' ich in die Frühlingsferien.
Erst im Schwabenland jedoch
Schlief ich. Sachter Mond erglänzte
Hell herab von Degerloch –
Und es lenzte.

II
Und ein zuverlässiger, treuer
Burghofbrunnen älterer Art,
Nachtumschimmert am Gemäuer,
Raunte was vom Rauschebart.
Plötzlich … Sang dort eine Grille?
Quakte hier ein Märchenfrosch?
Scheu erstarrte die Stille,
Und der gute Mond erlosch.

III
… Zu den Palmen von Algerien
Fahr' ich in den Frühlingsferien.
Tief empfand ich, duftgebadet,
Deutschen Dämmer im Gemüt:
Württemberg, du bis begnadet!
(Doch politisch? – Gott behüt!)

IV
Jenes Abends denk' ich doch:
Holder Schwabenmond erglänzte
Stumm herab von Degerloch –
Und es lenzte.

Therese Huber

Unser gesellschaftlicher Verkehr

Brief an Paulus Usteri
Stuttgart, 30. Januar 1816

Die Eigenschaft welche man den Wirtb. unter den Titel: Gemüthlich anrühmt, ist ein zutäppsches Wesen das statt Lebensart getrieben wird; aber von Theilnahme und Dienstfertigkeit ganz leer ist. So bald irgend etwas den *Leuten* imponirt nicht zutäppisch sein zu können, sind sie unhöflich steif, oder kriechend unterthänig. De tirer le diable par la queue für die gredins und etwas *aufzustecken* [zu ersparen, anzulegen] für die Wohlhabenden, ist das einzige Intereße was ich betreiben sah; ist dann noch ein Gefühl *neben* dem eignen Durchbringen, so ist es die Vetterschaft. Die Männer sizen in täglichen Zusammenkünften bei schlechten Wein und Tabak, die Frauen mit oder ohne Karten am schläfrigen Theetisch oder sonst etwas. Aber dieses tägl. Zusammenlaufen stiftet keine Innigkeit, Vertraun, Hülfreichigkeit – kommt Noth am Mann, so weiß keiner von dem Andern.

Brief an Johann Gotthard von Reinhold
Stuttgart, 22. November 1816

Unser Gesellschaftlicher Verkehr ist sehr angenehm. Wir arbeiten von früh 9 Uhr bis Abends fünf – und danken dem Schicksal wenn kein Besuch uns unter bricht. Das geschieht

aber fast täglich mehr oder weniger. Meine *Stuttg.* Bekannte,
sind, fast ohne Ausnahme, unter denen die bei der neuen
Thronbesteigung gewonnen. Besonders Wangenheim, der
Cultminister, Hartmann der Geheimrath geworden, Zepplin
der Minister der Auswärtigen Angel. ist. Die welche nicht
befördert wurden sind doch von der Volksgesinnung im
edlem Sinn – nur eine höchst intereßante Familie eine engli-
sche, der Oberkammerherr von Jennison ist pensionirt, nicht
disgraziirt aber, da er ein vornehmer premier pereé erster
Klaße ist, dadurch mit Frau und 4 Kindern dem Hunger
preißgegeben. […]

Außer dieser Stuttg. Bekannten finden wir bei dem pr.
baadenschen und bayerschen Gesandten angenehme Abende.
Besonders bei dem ersten, einen H. v. Küster, deßen Frau
und Tochter sehr angenehme Personen sind. Abends 5 Uhr
gehen wir aus oder haben besuch. Von 5-7 geht man aus, je
nachdem es bürgerliche, oder Vornehme sind. Heute gehn
wir um 5 Uhr zum Arzt Schelling, des Philosophen Bruder,
Luisens Arzt […].

Innigkeit finden wir nirgend, Artigkeit überall, Theilnahme Häufig. Mathison sehen wir sehr viel, aber stumpfer und
geistloser wie dieser völlig veraltete Mann [an] dem ich seit
18 Jahren *nie* Geist kannte, giebt es nicht. Er hat eine gute,
arme, kleine Frau. Der jezige Moment ist nicht angenehm
für sie da er an des vorigen Königs Person attaschirt war;
er ist bitterlicher, weil er sich an Dillen [Günstling Fried-
richs] und diese Clique gehangen hatte, und wird unwürdig,
weil die gute Frau, ohne alles persönliche Gewicht sich zur
subalternsten Rolle bei den Hofschranzen bequemt hatte
da es ihr frei stand unabhängig zu bleiben, und von ihnen
gesucht, so bald sie eignes Gewicht hatte. Das ist traurig
da das Weibchen fremd, allein, ohnmächtig, kinderloß, der

alte[n] Dichtermumie zu gefallen, ihr Vaterhaus verließ. Sie heißt des Kunstgärtners von Wörliz Dochter, soll aber dem fürstlichen Hause Deßau angehören – das giebt ihr vielleicht die Sehnsucht nach vornehmen Leuten. Beide Mathisons sind mir lieb wie Unglückliche. Sie könntens beßer haben und stoßens von sich. Eben so seicht und viel beschränkter, stumpfer, ist Haug der mir seine 6 Bände Gedichte durch sehen lässt. 2 Bände Oden! – dabei mögte man sterben! *So ein* bloßer Dichter ist doch ein jämmerliches Ding! – *Weißer* seh ich nie. Reinbeck wohl wöchentlich, wo Donnerstag abwechselnd bei Minister Wangenheim und Geheimrath Hartmann der Abend zugebracht wird […].

Bei andern Bekannten aus der rußischen Gesandtschaft wir[d] Dienstag gelesen u Musik gemacht – das sind Pietisten bei denen gehts fromm her.

Es ist eine lockere Streusiedlung, von jenem Volksstamm bewohnt, der sich selbst in zwei Kategorien aufteilt: grob und saugrob.

Alfred Andersch

287

Ludwig Uhland

Schattenlied

Ich weiß mir einen Schatten,
Da fließt ein kühler Quell,
Der stärket jeden Matten,
Der quillt so rein und hell.
Er ist von edlem Schlage
Und strömt nicht Wasser, nein;
Der Quell, von dem ich sage,
Ist ächter, goldner Wein.

Im Schatten, frisch und labend,
Da tönt so heller Sang,
Der tönet manchen Abend
Und manche Nacht entlang.
Doch sind es nicht die Lieder
Der bangen Nachtigall,
Wir sind's, die Schattenbrüder,
Beim frohen Becherschall.

In diesem Schatten blühen
Viel Blumen hold und fein,
Sie duften und sie glühen
Und haben gut Gedeih'n.

Nicht Veilchen sind's noch Rosen,
Was uns so lieblich blüht,
Nein Scherz und traulich Kosen
Und brüderlich Gemüth.

Im Schatten, den ich meine,
Da träumt es sich so mild;
Man sieht im Dämmerscheine
Gar manches schöne Bild.
Wie träumten wir so gerne
Vom heilgen Rettungstreit,
Vom nahen Freiheitssterne,
Von Deutschlands goldner Zeit!

Nie mög' in unsrem Schatten
Der Quell versiegen geh'n,
Nie soll der Sang ermatten,
Die Blume nie verweh'n;
Auch nimmer soll verfliegen
Der goldnen Träume Schaar,
Das Ächte wird doch siegen,
Der Traum im Schatten wahr.

Friedrich Theodor Vischer

Beckenlied

Die Luft in unsrer Kesselmulden
Will es einmal nicht anders dulden:
    Sie riecht durchaus nach Mehl und Brei
    Und alles wird zur Beckerei.

Die ganze Stadt wird Stadt der Becken,
Nach Mehl scheint selbst der Staub zu schmecken
    Der klaftertiefe Straßendreck
    Ist Hutzelteig, so denkt der Beck.

Gemütlich ist er sondergleichen,
O, darin kann ihn nichts erreichen!
    So wohlig sitzt nur Zeck an Zeck
    Im warmen Filz, wie Beck an Beck.

Die Ferne soll uns nicht versuchen!
Wir kneten selber unsre Kuchen!
    Denkt im gemütlichen Versteck
    Der echte Schwab, der rechte Beck.

Er liebt das Weite zu verengen.
Er kürzt die Höhen und die Längen,
    Von Kiel bis Tehuantepek
    Sieht nichts als Nesenbach der Beck.

Was kümmern Künstler ihn und Dichter,
Gelehrte, Wissenschaftsgelichter!
    Er sitzt in seinem Ofeneck
    Und trinkt sein mehlich Bier, der Beck.

Des Daseins tiefgeschlungnes Rätsel
Erscheint ihm ganz als Laugenbrezel,
    Bisweilen auch als Gugelhopf,
    Dem Philosophen Beckenkopf.

Auf daß sich nun die Beckenseele
Noch inniger dem Mehl vermähle,
    Erbebt in süßem Liebesschreck
    Und nimmt ein Weiblein unser Beck.

Die Beckin folget gern dem Becken,
Wenn er bei Marquardt lässet decken;
    Sie tunket ein den Hefenschneck
    Und mampft – und zärtlich schaut der Beck.

Oft auch im Königsbau bei Reisig
Wird eingekehrt; wie rühret fleißig
    Strickzeug sowohl als Tischbesteck
    Die Beckin, und wie schmatzt der Beck!

Man trifft den Vetter, und die Base,
Und mit verklemmtem Ton der Nase
    Rückt munter das Gespräch vom Fleck,
    Die Beckin rätscht, es rätscht der Beck.

Auf des Museums neuen Sitzen
Zu dreien eingepolstert schwitzen,
Bedrängt von seines Nachbars Speck:
Auch dieses leistet er, der Beck.

Wie schmeckt ihm da sein grauer, lieber
Merkur, es geht ihm nichts darüber!
Denn er ist kein moderner Geck,
Der treue Schwab, der biedre Beck.

Werktags wird Frühmeß zelebrieret,
Sonntags die Kirche frequentieret;
Da hockt und denkt der biedre Beck:
»I ghör gottlob net zu de Böck.«

Der Nachmittag sieht ihn als Ritter;
Wird ihm der Schluß auch etwas bitter,
Wie prangt auf Schimmel oder Scheck
Von Ferne schon der schöne Beck!

Am Pfingsten mit dem Liederkranze
Steigt er zu Berg in seinem Glanze;
Der Hohenstaufen und die Teck
Erstaunt, wie schön er singt, der Beck!

Dann drängt sich, Schauer in der Seele,
Tief unten in der Nebelhöhle
Um Tropfsteinbild und Felseneck
Erheblich schwitzend Beck an Beck.

Sebastian Blau

Stuaget

»O du Stadt der groaße' Becke',
o du graoße Beckestadt«
liest ma'-n-eme' alte' Blatt.
Hieß ma' Stuaget heut en Flecke',
käm ma' glei en ebbes nei':
Heut hot Stuaget et nao' maih,
heut hots ao noh graößre Becke'.

Nach einem (hochdeutschen) Vers von
Friedrich Theodor Vischer.

Sebastian Blau

Am Neabetisch

eme' Stuageter Café

»Daß i *Sie* mal wieder troffe',
dest mr jetz en arge Freud.
Alles gsund? Mr wollets hoffe' …
Ach, des ist mr aber leid …

Da kommt s Fräulein – mir e' Teele!
Wißt Se, was mei' Mann als secht:
Ha noh läscht halt die' Kaffeele,
wenns dei' Mägle net vertrecht …

Habet *Sie* e netts Kostümle!
Was, so billich? Ausverkauf?
Bloß des Muster mit dem Blümle,
gel, des trecht e' bißle auf …

Fräulein, Kuche', bitte! – Sole.
Gucket Se mal, dia em' Eck,
dere' sieht mrs ganz Popole –
i weiß net, dia Miniröck …

Mit em Ding isch arg schnell gange' –
ja, des war e' gute Sääl.
No, d Pensio' wird ihre' lange' –
Noi', viel mähr, da sind Se fehl …

Daß mei' Rösle sich verlobt hat –
ja, da gabs e' klei's Malhär:
weil sie's vorher mit ehm probt hat,
paßt re' scho' kei' Röckle mähr …

Lasse mrs! I les da neulich
paar Gedichtle' vo' dem Blau –
o des Schwäbisch ist abscheulich,
so fulgär, mei' Mann sechts au …

Noi', dr Willy net, des weiß e,
der spricht sähr gewählt und fei',
selbst des wüste Wörtle ›Schaiße‹
klingt beim Willy bühne'rei' …

Dämpfet Sie beim saure' Sößle
mit em Mehle d Zwieble' mit?
Hoffentlich gibts bei mei'm Rösle
net au noh en Kaiserschnitt …

Ja, i nimm noh so e' Küchle,
aber nachher muß i geh.
Gel, Sie machet bald e' Bsüchle,
daß mr schwätze' kann. Adje!«

Joachim Ringelnatz

Stuttgarts Wein- und Bäckerstübchen

Vor dem heißen Ofen balgen
Katzen sich. Wie dumme Jungen.
Auf dem Tisch an kleinem Galgen
Hängen Brezel, schön geschwungen.
Würdebärte schlürfen kräftig
Wichtig diskutierte Weine. –
Links im Laden bückt die kleine
Bäckerstochter sich geschäftig.
Zinn blitzt von der Holz-Fassade.
Zeichnungen an allen Wänden.
(Stumm, mit mehlbestaubten Händen
Rückt der Wirt die schiefen grade.)
Setzte mich so ganz bescheiden hin
Und vergaß auch nicht, sehr laut zu grüßen.
Dennoch ließen Blicke mich leicht büßen,
Dass ich kein Stuttgarter bin.

Horst Brandstätter

Von Veteranen und anderen Ahnen

Zweimal »Weinstube Widmer« –
Eine Reise durch Stuttgarts kleine Welt

Erster Teil

Zum Gruftie wird man schneller, als man denkt. Wer heute
von 1968 redet, der muß sich vorstellen, daß ihm 1968 einer
mit 1948 gekommen wäre. Long, long ago. Es genügt, sich,
wie man inzwischen allgemein zu sagen pflegt, einen alten
Beatles-Film »reinzuziehen«, und schon wird »Die Fischerin
vom Bodensee« zu einem Ereignis der Postmoderne. Wer
nicht dazu bereit ist, dem sogenannten Zeitgeist Tribut zu
zollen und sich beispielsweise zum Alterspunker oder Yuppie
nachzurüsten, muß mit der verständlichen Verachtung der
Nachgeborenen leben, die ihm – ausgerechnet vom Nieren-
tisch – ein »Bist wohl übergeblieben, wa?« entgegenzischen.
So selbst erlebt, neulich in Berlin. Wir aber sind in Stuttgart.

Von Böblingen aus gesehen, sieht Stuttgart einer Großstadt
zum Verwechseln ähnlich. Selbst das »Quartier Haricot«,
älteren Eingeborenen und weltläufigen Sindelfingern noch
als Bohnenviertel im Gedächtnis, erinnert jetzt von sehr fern
an Pöseldorf, oder vielmehr daran, was man sich in Backnang
darunter vorzustellen pflegt. Nachts aber, da weht durch die
Leonhardstraße noch immer fast so etwas wie ein Hauch
von Sünde. Unverwechselbar schwäbischer Hautgout des
Unaussprechlichen, der Unternehmungslustigen weit im
Lande einst so scharf in die Nase zu steigen pflegte, daß dort
bereits am frühen Abend weitgereiste Völkerscharen – selbst
aus Göppingen und Esslingen – dem sagenumwobenen Sight-

seeingbus »Hutzelmännlein« entstiegen: um beim Anblick so mancher schönen Lau, noch lange vor dem Morgengrauen, festzustellen, daß die Herbertstraße weit, Korntal aber nahe ist. Dort also schlug und schlägt das Herz der Großstadt. Und dort vermuten wir zu Recht das Zentrum einstiger Revolten. »Herbert kommt«. So stand es bei Wendelin Niedlich, damals noch Schmale Straße 14 und schon damals raunend, schlicht und wenig ergreifend auf einem Plakat in seinem Schaufenster, das ein Spektakel um das »Kursbuch« und den »Suhrkamp Verlag« ankündigte. Und alle, alle kamen – das heißt: ungefähr fünf eigens aus Frankfurt angereiste Verlagsangestellte, der Buchhändler, ein Lehrling, selbstredend Herbert und ein revolutionslüstern staunendes Publikum, bestehend aus, großzügig geschätzt, sieben wackeren Schwaben und Schwäbinnen, Verfassungsschützer und -innen inbegriffen. Herbert Marcuse, der damals zumindest die Hörsäle in aller Welt zum Platzen brachte, hat sich nicht schlecht gewundert. Er war in Stuttgart.

Mittels Maultaschen konnte man den Philosophen doch versöhnen. Denn nach zähem Klopfen wurde ihm und seinem Troß aufgetan. Es erschien Emma »Melle« Widmer höchstselbst an der Türe ihres Etablissement, das Stuttgarts Künstler, Künstlerdarsteller und Revolutionäre in jenen Jahren dazu ausersehen hatten, dem »Eschtablischment« das Fürchten beizubringen. Sie hat, im übrigen das schiere Gegenteil von »repressiver Toleranz«, wahrscheinlich wie immer schweren Herzens, sogar das Nebenzimmer aufgemacht, und – wenn ich mich recht entsinne – dem Herrn Professor ein staatsgefährdendes Autogramm für ihr Gästebuch entlockt.

Das mit dem Gästebuch hat sie eines schönen Tages bleiben lassen. Vielleicht war sie es einfach müde, der wachsenden Prominenz um sie her Herr zu werden. Vielleicht aber auch deshalb, weil ein Gästebuch in jenen Jahren selbst in Stuttgart aus der Mode kam. Günter Grass und Ernst Jandl haben noch brav hineingekritzelt, aber sollte sie etwa Rudi Dutschke neben Horst Ehmke bitten? Wie man's macht, ist's falsch und so läßt man es am besten bleiben.

Schräg gegenüber residierte der »Club Voltaire«. Von dort her kam, trotz Vietnam, die Fraktion der Colatrinker, vom unvergeßlichen Kellner Hans scheeläugigst betrachtet. Jedwedem, der langhaarig und mit Ho-Chi-Minh-Bart auch nur den Versuch wagte, sich Antialkoholischem zu nähern, keifte er sein »Wir sind fei eine Weinstub« entgegen, so, als gälte es dem eh schon bedenklichen Verfall der Sitten wenigstens die »Widmerin« als letztes Bollwerk entgegenzustellen. Der in jenen Jahren selbst in der Großstadt zwischen Wald und Reben ausufernden Libertinage steuerte die Chefin selbst entgegen. Kaum saß man beim traulichen Tête-a-tête, schon verließ sie ihren Stützpunkt – den Fernseher – und grüßte mit einem freundlichen »Wie geht's denn Deiner Frau?«.

Auch Stuttgarter Nächte wurden in der »Widmerin« lang. Zumal wenn der Weltgeist, wie man zu sagen pflegt, dort so b'häb zusammen saß, wie d'Filzläus. Die nicht enden wollenden Diskussionen, die zumeist das Für und Wider des langen Marsches durch die Institutionen zum Gegenstand hatten und an denen sich im nahen Stammheim beschäftigte Rechtsanwälte genauso zu beteiligen pflegten wie mitunter gar ein Referent des damaligen Landesvaters, der allen Anfeindungen zum Trotz seinen Herrn Filbinger fast so wie den Trollinger liebte, dirigierte mit der Bierflasche in der Hand Hans Fröhlich. Seinem Marsch durch die Institutionen gilt unser zweiter Teil.

Zweiter Teil

Selbst an den Schalthebeln der Macht zu sitzen, so oder ähnlich hat man sich den langen Marsch durch die Institutionen vorgestellt. Und siehe, es geschehen Zeichen und Wunder. Denn was sich da grauwuschelig und emsig *hinter* der Theke* am Zapfhahn zu schaffen macht, kann auch mit grauem, grünem oder schwarzem Star kaum mit Emma Widmer verwechselt werden. Es ist unzweifelhaft Hans Fröhlich, der mit seinem Frontenwechsel bewiesen hat, was unter der Emanzipation des Stammgastes zu verstehen ist. Die Theke, von deren wahren Schönheit sich einen Begriff zu machen vermag, wer weiß, daß Emma Widmer sie äußerst wohlgefällig kommentierte, ist aber nicht das einzige Ergebnis der Perestroika. Selbst vor der Entfernung altehrwürdiger Heiligtümer ist Fröhlich nicht zurückgeschreckt. Da, wo der Fernseher stand, steht jetzt im Zeichen von Glasnost die Kasse. Lediglich die Toiletten künden noch vom real existierenden Sozialismus, wenn man darunter den Charme eines entsprechenden Etablissements auf der Transitautobahn verstehen will. Allein: die sind neu und nicht dem Wirt, sondern dem Gusto der Stadt Stuttgart zuzuordnen. Über Klosprüche ist noch wenig Originelles zu berichten. Früher stand dort einmal: »Proletarier aller Länder, beeilt Euch, die Avantgarde ist hinter Euch her!«

Zu den Maultaschen gibt es nun geröstete Haselnüsse und auch sonst ist die Zeit nicht stehen geblieben. Der Gast, sofern aus Altbeständen aktiviert, trägt sich heute etwas rundlicher, sieht man vom stadtbekannten Buchhändler ab, der immer dünner zu werden scheint. Ansonsten sieht man den Gästen an, daß sie nicht zu den Verdammten dieser Erde gehören. Das Sein bestimmt halt doch das Bewußtsein. Manchmal freilich darf es auch der Schein sein. Das hat man sich dann wie in der Rudi-Carrell-Show vorzustellen. Soeben noch als

300

Kunstakademierektor oder Zeilenschinder am Schreibtisch und schon steht man bei Fröhlich als Künstler- oder Intellektuellenimitator. Da schlägt der Weltgeist im Viertelesglas Purzelbäume und schon liegt Stuttgart nicht mehr am Nesenbach, sondern an der Knatter.

Wir wollen den Zynismus, dieses unstreitige Erbe der 68er Generation, nicht überstrapazieren. Ein Haipfler bleibt ein Haipfler, auch wenn er statt in Bettwäsche in Chips und High-Tech macht. Wo, in aller Welt, sollen sich Stuttgarts Künstler und Intellektuelle treffen? Wo, in aller Welt – sieht man von den Hofschranzen und Kunstgewerblern ab –, werden »Künstler, Dichter, Wissenschaftsgelichter« mehr mißachtet als in Stuttgart? Da hat sich seit Friedrich Theodor Vischer nichts geändert. Das ist der Genius loci, Solitude hin oder her. Daß das für die Betroffenen auch sein Gutes hat, ist unbestreitbar. Stuttgart ist die Stadt der Langstreckenläufer und Einzelkämpfer, die fernab Berliner Onanistenzirkel sich lieber in Masochismus üben. Bei Hans Fröhlich, alias Emma Widmer, klopft man sich denn auch nicht gegenseitig auf die Schultern, sondern spuckt sich respektvoll ins Glas.

Legenden haben den Vorzug, daß niemand mehr die ganze Wahrheit wissen will. So interessiert bei Hans Fröhlichs Sprung über die Theke auch kaum jemand, daß und wer ihm dabei ein Bein gestellt hat. Die Nachgeborenen basteln sich ihre Legenden sowieso selber. Er habe, hörte ich ein jüngeres Geschöpf des Zeitgeists flüstern, jeden Abend unter der Liederhalle am Klavier gesessen. Diese Geschichte gefällt mir so, daß ich sie fortan glauben will.

* Inzwischen, o tempora pressante, schon wieder renoviert.

Magdalena Sibylle Rieger

Ein Ort, da Milch und Honig fließet

Die Mauren Stuttgardt solten dann,
Die Eltern und die Kinder fassen,
Und endlich ganz beysammen lassen;
So liesse sich die Hofnung an;
Doch GOttes Rathschluß aufzuklären,
Mußt uns die Zeit ein anders lehren.

Der Fürsten Sitz von Würtemberg,
Die größst und schönst aus ihren Stätten
Hat meines Lobspruchs nicht vonnöthen,
Das ist dermahlen nicht mein Werck;
Ein Ort, da Milch und Honig fließet,
Ist schon, was vieles in sich schliesset.

Zum wenigsten schließt edler Wein,
Dem Milch und Honig fast noch weichet,
So weit umher das Auge reichet,
Die ganze Stadt und Gegend ein.
Sie solle, wie man pflegt zu sagen,
Mehr Wein, dann Wasser, in sich tragen.

Hier trat ich ein nach GOttes Rath,
Mein Mann, zwey Kinder mitgezehlet,
GOtt lob! daß unser keines fehlet,
Und daß vielmehr an dessen statt,
Mein Häuflein sich um eins vermehret,
So mit zu GOttes Reich gehöret.

Was GOtt in allem überall,
Von Segen auf mich ausgegossen,
Und wie viel ich hier guts genossen,
Ist alles ohne Maas und Zahl,
Doch war mir auch von Schmerz und Leiden
Ein wohlgemeßner Theil bescheiden.

Robert Walser

Die Brüder

Darf ich dich, o du Guter, leise und gewiß ganz zaghaft an die
Zeit erinnern, wo wir beide, du als beginnender schaffender
Maler und ich als heimlich beginnender angehender Poet, uns
mit unserer jugendlich anstrebenden Kunstburschen- oder
Kunstlehrlingschaft und was alles hübsch damit zusammen-
hing, zu S... aufhielten? Meines Wissens schrieb und schickte
ich dir, bevor ich in Person bei dir anlangte und auftauchte,
ein ziemlich langes Sehnsuchts- und Freundschaftsgedicht,
das du empfingest und mit Genuß lasest. Himmlisch dünkt
mich das, wenn ich daran denke, obgleich es natürlich zum
Lachen ist. Göttlich schön und groß ist es, junge Wangen und
junge Lebensanschauungen zu haben, ein unausprechliches
Sehnen nach dem Leben zu empfinden und achtzehn Jahre alt
zu sein, denn ungefähr so alt waren wir damals beide. Herrlich
kamen mir die Residenzstadt S... und du selbst vor; du warest
in den Augen des frischen Ankömmlings nichts geringeres als
ein imposanter Haupt- und Weltstädter. O wie sind jugendli-
che Unwissenheit und Unerfahrenheit schön! Was Gutes und
Schönes erwirbt man denn eigentlich mit der Erfahrung? Sehr
viel Wertvolles sicher nicht. Du geleitetest mich freundlich
durch die Straßen in eine gewisse Gerbergasse hinein und
dann hinein in die berühmte und sicher uns allen beiden
unvergeßliche Herberge zur Heimat, wo wir gemeinsam ein
Zelt aufschlugen oder mit andern Worten eine Stube bezogen, um gemeinschaftlich darin zu wohnen und zu hausen,

was sicher nur unser Vorteil und nicht unser Nachteil war. Entzückend, so schwöre und behaupte ich, sind erste kühne Künstler-Flugversuche, die mit öfteren Abstürzen verbunden sind. Aber ist das Hüte aus dem Fenster Hinaus- und auf Passanten in die Straße Herabwerfen nicht vielleicht noch fast schöner als alles Malen, Musizieren und Dichten? Waren wir nicht im Hutwerfen erlesene erste Meister und wahre dämonische Virtuosen, und sah sich der gute freundliche Wirt oder Herbergsvater nicht genötigt, uns vor Fortsetzungen des reizenden Unfuges väterlich zu warnen? Ach es ist vielleicht, von einem gewissen Gesichtspunkt aus gesehen, hundert-, wenn nicht gar tausendmal schöner, seinen oder seines Bruders Hut aus dem Fenster fliegen und wirbeln zu lassen, damit Vorübergehende unten staunen, als ein vollendetes Gedicht zu schreiben, damit das liebe Publikum staune.

Gab es nicht in unserer Kunststube eines schönen Tages einen überraschenden Hofpredigerbesuch, über den wir beide einen Monat lang lachten? Ich stand gerade nackt da, dir als Modell zu einem Cäsars Leichnam beweinenden Markus Antonius dienend, als die Türe des Studier- und Aktzimmers unerwarteterweise aufging und dicht und urplötzlich vor uns strebenden armen Sündern wer stand? Der Herr Hofpfarrer. »O Gott, was muß ich mit meinen Augen erblicken? Was geht hier vor?« rief er aus und trat unverzüglich den Rückzug an, der in wilde Flucht ausartete. Wie gab uns das Entsetzen des guten Herrn, der künstlerischen Übungen offenbar fremd gegenüberstand, zu lachen. Lebten wir zwei Jünger und Brüder, Neulinge, Anfänglinge und Novizen nicht wie auf einer reizenden Freundschafts- und Verbrüderungsinsel, auf der alles gut und schön und sorglos ist, wo in ununterbrochenem freundlichem Gelispel und Gesäusel und in einem fortwährenden süßen Frieden die lebendigen Geschöpfe sich des zutrauenreichen, gütigen Daseins erfreuen, Himmel und Erde und Kreatur zusammengewachsen sind, und wo der Mensch so harmlos und gutherzig wächst und hinlebt vom Tag in die Nacht und von der Nacht in den Tag hinein wie die duftenden Blumen, die Pflanzen und die treuen guten Bäume. Wateten wir nicht ganze schöne Sonntage und sonstige Tage lang im üppig-grünen Landschaftsgras und in der göttlich weichen, träumerischen Mai-Landschaft umher, um dann da und dort unter blühenden Apfel- und Birnenbäumen vom Streifen und »Landschaften«, vom schwierigen Malen und Versemachen köstlich auszuruhen, wobei wir oft einzuschlummern geruhten wie Grafen und Fürsten, um später wieder zu erwachen wie Prinzen? Wir lasen noch nicht Verlaine, aber wir lasen dafür doch Heinrich Heine und Uhland, und die mundeten und schmeckten uns nicht schlecht. War nicht auch das freie gliedererfrischende Baden im Neckar herrlich und beglückte uns nicht in Dorfgasthäusern der Genuß von Birnenmost? Wenn wir vom kühnen Ausmarsch gräßlich staubig und hungrig wieder in unsere Herberge zurückkamen, so bestellten wir ja bekanntlich jeweilen je einen Rostbraten mit gemischtem Salat für die Wanderer und Herren Gebrüder, worüber die ganze Stube höchlich staunte. Soupieren und dinieren große und reiche Herren reicher und besser als wir zwei damals? Das finde ich sehr fraglich, denn für uns war der Rostbraten ein Götterschmaus nach trefflich überstandenen Wanderanstrengungen.

Wie ist es schön, arm und jung und unbekannt zu sein. Wie gerne gäbe mancher Schwerberühmte seinen Ruhm und all sein Ansehen für einen Achtel oder auch nur Achtzigstel, für einen Drittel oder Dreißigstel des Jugendzustandes her. Die

Jungen sehnen sich nach Ehre, Ruhm, Erfolg und Ansehen, aber die Berühmten und die Mächtigen sehnen sich wieder in das arme wilde Jugendsehnen und in das heiße beglückende Ringen mit der Existenz zurück. Der Erfolg macht nicht glücklich, aber es muß ja eine Arbeit und ein Streben auf dieser armen, widerspruchsvollen Erde sein. Es muß ja einen Ruhm und einen Reichtum geben, aber Ruhm und Reichtum vermögen nur niedrige und flache Seelen zu beglücken. Es muß auf dieser Erde ein ewiges Auf und Ab und eine ewige Niebefriedigung sein.

Ist nicht auch dir, ganz so wie mir, die Gestalt der gütigen, liebenswürdigen Opernsängerin B… in Erinnerung geblieben, die die hohe Freundlichkeit hatte, uns zwei doch sicher ziemlich arme Teufel, wahre Muster und Vorbilder an Unbeachtetheit, zu einem graziösen schöngeistigen Tee huldreich einzuladen? Sprangen und liefen wir nicht eine Zeitlang fast allabendlich mittels uns vom gnädigen und freigebigen Freiherrn-Intendanten gütig verabreichten und freundlich gegönnten Freikarten in das schimmernde Hoftheater, wo wir unter zahlreichen andern reichen Stehparterregenüssen den Genuß hatten, die Eysoldt als zierliche Desdemona und den kraftvollen Matkowsky als dieselbe im Sturm der Moreneifersucht tötenden und abmordenden Othello zu sehen, und gab es für uns etwas Höheres und Schöneres als das? Nicht von ferne! Und die dürren oder gedörrten Zwetschgen, die wie unglückliche arme Ertrunkene auf dem Mittagstisch im Teller voll Wasser schwammen, könnte es denkbar sein, daß du sie vergessen hättest oder daß du sie je würdest vergessen können? Ebenso des knorrigen Betknechtes und -bruders Knoop schrille Andachtstimme und Worte? Was vermöchtest du mir entgegenzustellen, wenn ich auf die Tribüne der

Beredsamkeit stiege und laut sagte, daß nach dem Gefühl derjenigen, die vermöge einer erreichten Altersstufe in das abendsonnen- und morgensonnenbeschienene Land der Vergangenheit blicken, vergangene schöne Stunden ein Heiligtum seien? Ergreift nicht dich auch Rührung bei dem Gedanken an das fröhliche Frühe, an das heitere Einst?

Die Theater in Stuttgart sind Landestheater, das heißt sie werden nicht von der Stadt, sondern vom ganzen Land subventioniert, und deshalb sind sie repräsentativ und vornehm, und es gibt ein Kleines und ein Großes Haus. Beide Häuser sehen wie wohlgefällige Tempel aus. Vor dem Großen Haus liegt eingebettet zwischen hohen alten Kastanienbäumen ein See. Die Schwäne, die auf diesem See herumschwimmen, gehören gewissermaßen zum Theaterpersonal. Jedenfalls sind sie mir an Abenden, an denen eine leichte Spieloper angesetzt war, lustig vorgekommen; und ich fand sie tragisch aussehend, wenn ich zu Macbeth ging – schon eine Stunde, bevor es anfing.

Max Ophüls

Isolde Kurz

Aus meinem Jugendland

Unvergeßlicher Jammer

Mein nächster bleibender Eindruck war ein frischgefallener Schnee in den Straßen von Stuttgart, den ich mit inniger Freude für Streuzucker ansah. Dann aber kam eine Stunde unvergeßlichen Jammers. Unsere Josephine, das geliebte Erbstück aus dem großväterlichen Hause, hatte mich im Wägelchen auf den Schloßplatz geführt und unter der sogenannten Ehrensäule, die auf einem, wie mir schien, himmelhohen Unterbau eine Gruppe von Steinfiguren trägt, mit mir angefahren. In einer dieser Gestalten glaubte ich unsere Mutter zu erkennen und rief sie erschrocken an herabzukommen. Da sie sich nicht regte, schrie ich immer ängstlicher und flehender mein »Mamele, komm lunter«. Dieses starre, steinerne Dastehen flößte mir eine bange Furcht, ein wachsendes Grauen ein, ich begann zu ahnen, daß es ein Entrücktsein geben könne, wo kein Ruf die geliebte Seele mehr erreicht. In meinen Jammer mischte sich noch ein dunkles Schuldgefühl, als ob dieses Unglück die Strafe für irgendeine von mir begangene Unbotmäßigkeit wäre, ich brach in ein fürchterliches Wehgeschrei aus und blieb für alle Tröstungen taub, während man mich schreiend die ganze Königstraße entlang nach Hause führte, wo erst der lebendige Anblick der für verloren Beweinten mir den Frieden wiedergab.

Wonnen und Übermut

Von der äußeren Szenerie, die uns in Stuttgart umgab, weiß ich wenig zu sagen. Die schöne Gartenwohnung in der Paulinenstraße Nr. 5, wo wir drei Ältesten geboren sind, ist völlig für mich im Nebel versunken. Das umgebende Grün machte dieses Haus meinen Eltern sehr lieb, bis ein pensionierter Offizier, der in dem oberen Stockwerk einzog, sie durch fortgesetztes Gehämmer auf dem Klavier zum Auszug nötigte. In der Militärstraße, wo sie sich nun einmieteten, kam der Dichter vom Regen in die Traufe, denn kaum war die Einrichtung vollendet, so wurde ein Nebenhaus abgebrochen und umgebaut, und vor dem Krachen und Poltern mußte man abermals flüchten. Zum Glück fand sich nun in dem sogenannten »Königsbad«, einem zwischen Stuttgart und Berg gelegenen, ehemals königlichen Anwesen mit großen, hohen Zimmern und parkähnlichem Garten der rechte Ort. Hier gab es Stille für das schaffende Dichterhirn und prächtige Spielplätze für uns Kinder; ich kann sie in nebelhaften Umrissen gerade noch erblicken. Der berühmte Nesenbach – eines der Wahrzeichen des damaligen Stuttgart –, der heute völlig überbaut und sogar aus der Phantasie der Kindheit verschwunden ist, wälzte sich trübe und übelriechend am Haus vorüber. Gleichwohl war er die Wonne unserer Jugend. Es war uns freilich verboten, an dem Bach zu spielen, sowohl um seiner Miasmen willen als wegen der Gefahr des Hineinfallens, aber dieses Verbot machte uns seine mit Scherben und anderem Unrat stets beworfenen Gestade erst recht anziehend. Und wie herrlich tollte sich's in dem großen, abwechslungsreichen Garten mit den steilen, grünen Hängen, die man eins hinter dem anderen hinabkugelte. Die gute Fina stand dabei und wusch hernach geduldig die Grasflecken aus den Kleidern. Eines Tages war über dem Spielen und Jagen unvermerkt ein schweres Gewitter aufgezogen; als der erste Donner krachte, riß Josephine erschrocken den kleinen Alfred auf den Arm, ihren Liebling Edgar nahm sie an die andere Hand und lief, so schnell sie konnte, den langen Kiesweg nach dem Hause hinab, während ich schreiend nachfolgte. Da schlug ein greller Blitzstrahl mit mächtigem Zischen hart neben mir in den Boden, daß von der Erschütterung alle Scheiben im Hause klirrten. Das riß den Vater aus seiner Studierstube; entsetzt rannte er in den Garten und trug sein Töchterchen den andern nach ins Haus. Diesem Blitz verdanke ich's, daß mir die Lokalität im Gedächtnis geblieben ist, er steht als ein flammendes Ausrufungszeichen über dem Kiesweg und seinen niederen Buchsbaumhecken.

Die Innenräume unserer Wohnung waren mit den Resten einer einst kostbaren Einrichtung, teils im Stil des Empire, teils in dem der Biedermeierzeit angefüllt: den alten Oberesslinger Herrlichkeiten, soweit sie nicht schon zu Gelde gemacht waren. Diesen aristokratischen Erbstücken aus dem eigenen Hause mochte es schlecht in den engen Räumen der Mietwohnungen, durch die sie sich jetzt schleppen lassen mußten, behagen, aber bald sollten sie ihrer unebenbürtigen Umgebung nur zu ähnlich werden, als wir Kinder anfingen, unsere Kräfte an ihnen zu erproben. Die Mutter war der Meinung, daß man den kindlichen Zerstörungstrieb austoben lassen müsse, um ihn unschädlich zu machen, und gab uns die schönen Geräte preis, auf deren Erhaltung sie bei ihrer wahrhaft asketischen, Bequemlichkeit und Luxus verachtenden Sinnesart keinen Wert legte. Wenn der Geist der Tollheit über uns kam, sprangen wir von den eingelegten Tischen auf den Flügel, daß es hoch aufrauschte, und wieder vom Klavier in die damastenen Polster des Diwans hinab; nach Bildern und Gipsbüsten schossen wir mit der Armbrust. So gab es bald kein Möbel mehr im Hause, das seinen ursprünglichen

Glanz bewahrt hätte, und nur die außerordentliche Gediegenheit und Dauerhaftigkeit dieser Geräte machte, daß sie uns doch noch durch eine lange Reihe von Jahren, freilich in fast unkenntlicher Gestalt, begleitet haben.

Ein Kobold gut bin ich bekannt
in dieser Stadt und weit im Land;
meines Handwerks ein Schuster war
gewiß vor siebenhundert Jahr.
Das Hutzelbrot ich hab erdacht,
auch viel seltsame Streich' gemacht.

Eduard Mörike

Wilhelm Waiblinger

Erinnerungen aus der Kindheit

Wie ich früher sagte, befand sich ein Kirchhof hinter meinem Hause, und ich hatte das Unglück, in einem Zimmer allein zu schlafen, von wo aus ich, um in's Bette zu kommen, fast notwendig auf die Ruhestätte der Entschlafenen sehen mußte. Das hatte denn etwas ausnehmend Grausenhaftes für mich, der ich ohnedies immer erfüllt war von schauerlichen Phantasieen, die ich bei Tage keck erfand und erzählte, und die bei Nacht in mein Gedächtnis zurückkehrten und mich mit Angst und Entsetzen erfüllen konnten. Diese Gespensterfurcht wurde durch viele Ereignisse noch erhöht. Unter andern sah ich einmal an diesem Kirchhoffenster eine große feurige Kugel schweben. Voll fürchterlichem Schrecken rief ich den Vater, der noch nicht zu Bette war. Dieser sprang herbei und sah dieselbe Erscheinung, wie sie vom Fenster hinweg zum Kirchhofe hinüber flog, daselbst in eine Flamme sich auflöste und zwei Rauchsäulen von beträchtlicher Höhe zurückließ. Wiewohl der Vater mir versicherte, daß das weiter nichts als eine natürliche Lufterscheinung sei, so war ich dennoch so erschreckt, daß ich lange nur mit Beben an jenen Abend dachte.

Einige alte Basen erhielten diese Gespensterfurcht lange mit ihren Geschichtchen. Es war eine Kirche in der Nähe meines Hauses, vor der sich in einer steinernen Gruppe die Kreuzigung Christi befindet. Nun hörte ich, daß hier bei Nacht ein Kapuziner herumgehe, und daß dieser einmal dem Manne meiner Base eine Ohrfeige gegeben, deren Kraft ihn zu Boden geworfen. Sodann sei einmal ein Kind in der Kirche eingeschlafen, das gern gebetet, und habe des Nachts zumal die Kirche sich beleuchten und alles von Kapuzinern wimmeln gesehen. Der Heiland hab' es aber in Schutz genommen, weil es so fromm gewesen. – Derlei dumme Geschichten erfüllten mir aber die Sinne nur zu sehr, und ich wurde zuweilen von einem panischen Schrecken ergriffen, wenn ich des Nachts an dem Kreuzigungsbilde vorbeigehen mußte.

Ich wußte mir oft nicht anders in solchen Seelenängsten zu helfen als durch's eifrigste und heißeste Gebet. Wie überhaupt meine Mutter sehr bemüht war, einen religiösen Sinn in mir lebendig zu machen, wie ich mit einer kindlich ungestümen Liebe und Ehrfurcht an dem hing, den mir die Mutter meinen Erlöser und Heiland nannte, und ich nicht einschlafen konnte, wenn ich nicht zuvor in einem Gebet meinem Gott alle meine verschiedenen Anliegen vorgetragen und ihn oft ersucht, mich des Lateinlernens zu überheben und keinen Gespenstern in die Hände zu liefern, so schloß ich auch die Bitte um Sicherheit vor Feuergefahr mit ein, welche mir einige entsetzliche Brände, die ich gesehen, als das non plus ultra von Jammer vorkommen ließen, während ich heut' zu Tage, wenn Feuer in meinem römischen Hause ausbräche, in aller Ruhe ein Manuskript unter den Arm nähme und zum Hause hinausspazierte. Denn ich wüßte nicht, was ich sonst mitnehmen sollte, da ich in der Tat mir, trotz der langen Zeit, weder Hab' noch Gut erworben, und noch weniger besitze als damals.

Berthold Auerbach

Auerbachs Linde

Cannstatt, 16. September 1877, Abends 7 Uhr.
Ich muß dir schreiben, lieber Jakob, ich habe in der Dämmerung ein wenig geruht, nur äußerlich, denn in mir war und bin ich tief bewegt, aber freudig, oder eigentlich gibt es dafür kein Wort.

Ich kam von der Anhöhe hinter dem Kurhause hier, dem Sulzerrain, und sah zum erstenmal die Linde, die mir zu Ehren gepflanzt ist; meine Schwester und dein Bruder waren mit mir und ihre tiefe Ergriffenheit verdreifachte Alles.

Ich hatte von der ganzen Sache nichts gewußt, bis mir zufällig ein Landsmann heuer in Tarasp davon sagte, daß man nach Freiligrath einen Platz genannt und mir eine Linde gewidmet, dort in dem Wäldchen, wo ich so oft und so gern war.

Ich war nach stillem Ausruhen am Mittag eben fortgegangen, da kam mir der Portier nach und meldete, daß Manuel und Jeannette von Stuttgart gekommen. Sie wollen den Versöhnungstag hier sein. Wir gingen den Berg hinan und fanden bald die wunderbar prächtig symmetrisch gebaute Linde, von Ruhebänken umgeben (der Stamm mit Draht umhegt und auf einer Tafel daran steht: »Auerbachs Linde«). Ja, sagen läßt sich's nicht, wie das Herz bewegt ist, wenn das Auge solches sieht. Wir saßen eine Weile dort oben, dann ging ich mit unsern Geschwistern bis zur Synagoge und heim. Wenn ich zurückdenke und wenn ich vorwärts denke, das Dasein wird mir zu einem Wunder. An diesem Abend war ich von

Kindheit an so mächtig ergriffen vom Gedanken über Leben und Tod, Sünde und Reinheit, ich stand neben meinem Vater, der sein Todtenhemd über den Kleidern trug, in der Synagoge, alle verheiratheten Männer trugen das Leichengewand und mir war immer so tief bang. Und wenn ich vorwärts denke: Ich werde todt sein und der Baum da oben wird in der heimischen Erde grünen und dem stillen Wanderer meinen Namen künden.

Wir sind eben aus Stuttgart in die frischere Neckarluft von Cannstatt herübergesiedelt.

Ferdinand Freiligrath

W. G. Sebald

Zerstreute Reminiszensen
Gedanken zur Eröffnung eines Stuttgarter Hauses

Ich sehe uns noch in der Vorweihnachtszeit des neunundvier-
ziger Jahrs in unserer Stube über dem Engelwirt in Wertach
sitzen. Die Schwester ist damals acht, ich selber bin fünf
gewesen, und beide hatten wir uns noch nicht recht an den
Vater gewöhnt, der seit seiner Rückkehr aus der französischen
Kriegsgefangenschaft im Februar 1947 wochentags in der
Kreisstadt Sonthofen als Angestellter (wie er sich ausdrückte)
beschäftigt und immer nur von Samstag- bis Sonntagmittag zu
Hause war. Vor uns auf dem Stubentisch aufgeschlagen lag der
neue Quelle-Katalog, der erste, den ich zu Gesicht bekommen
hatte, mit seinem mir märchenhaft erscheinenden Warenange-
bot, aus dem dann im Verlauf des Abends und nach längeren
Diskussionen, in denen der Vater seinen Vernunftstandpunkt
durchsetzte, für die Kinder je ein Paar Kamelhaarhausschuhe
mit Blechschnallen ausgesucht wurde. Reißverschlüsse waren,
glaube ich, zu jener Zeit noch ziemlich rar.
  Immerhin wurde als Zugabe zu den Kamelhaarhausschuhen
ein sogenanntes Städtequartett bestellt, mit dem wir dann die
Wintermonate hindurch oft gespielt haben, sei es, wenn der
Vater zu Hause war, sei es mit einem anderen Gast. Hast du
Oldenburg, hast du Wuppertal oder hast du Worms, haben
wir etwa gefragt, und an solchen Namen, die ich noch nie
gehört hatte zuvor, habe ich lesen gelernt. Ich entsinne mich,
daß ich mir unter diesen Namen, die so ganz anders waren als
Kranzegg, Jungholz und Unterjoch, auch später lang nichts

vorstellen konnte als das, was auf den jeweiligen Spielkarten abgebildet war, also zum Beispiel Roland der Riese, die Porta Nigra, der Kölner Dom, das Krantor von Danzig oder die schönen Bürgerhäuser rings um einen Hauptplatz in Breslau.

Tatsächlich war in dem Städtequartett, wie aus meiner aus der Erinnerung geholten Aufstellung erhellt und worüber ich mir seinerzeit naturgemäß keine Gedanken machte, Deutschland noch ungeteilt, und nicht nur ungeteilt ist es gewesen, sondern auch unzerstört, denn die gleichmäßig dunkelbraunen Abbilder der Städte, die früh in mir die Idee erweckten von einem finsteren Vaterland, diese Bilder zeigten die deutschen Städte ausnahmslos so, wie sie vor dem Krieg gewesen waren: das verwinkelte Giebelwerk unter der Nürnberger Burg, die Fachwerkhäuser von Braunschweig, das Holstentor vor der Lübecker Altstadt, den Zwinger und die Brühlschen Terrassen.

Das Städtequartett stand aber nicht nur am Anfang meiner Laufbahn als Leser, sondern auch am Anfang der in mir bald nach meiner Einschulung zum Ausbruch gekommenen Erdkundemanie, eines in meiner weiteren Lebensentwicklung stets zwanghafter werdenden Topographismus, dem ich, über Atlanten und Faltblätter jeder Art gebeugt, endlose Stunden geopfert habe. Auch Stuttgart habe ich, inspiriert von dem Städtequartett, bald auf der Karte gesucht. Ich sah, daß es, verglichen mit den anderen deutschen Städten, nicht allzuweit entfernt war von uns. Aber was es für eine Reise dorthin wäre, das konnte ich mir nicht ausmalen, ebensowenig, wie es ausschauen mochte in dieser Stadt, denn jedesmal, wenn ich an Stuttgart dachte, sah ich bloß den auf einer der Spielkarten abgebildeten Stuttgarter Hauptbahnhof, jene von dem Baumeister Paul Bonatz, wie ich später erfuhr, vor dem Ersten Weltkrieg entworfene und bald darauf fertiggestellte

Natursteinbastion, die in ihrem kantigen Brutalismus einiges schon vorwegnahm von dem, was später noch kommen sollte, vielleicht sogar, wenn ein derart absurder Gedankensprung erlaubt ist, die paar Zeilen, die ein, der ungelenken Schrift nach zu schließen, ungefähr fünfzehnjähriges englisches Schulmädchen von einem Ferienaufenthalt in Stuttgart an eine Mrs. J. Winn in Saltburn in der Grafschaft Yorkshire geschrieben hat auf der Rückseite einer Ansichtskarte, die mir Ende der sechziger Jahre in einem Brockenhaus der Heilsarmee in Manchester in die Hände gefallen ist und die, neben drei anderen Stuttgarter Hochbauten, den Bonatz-Bahnhof zeigt, seltsamerweise in genau der gleichen Perspektive, wie er dargestellt gewesen ist in unserem längst verlorengegangenen deutschen Städtequartett.

Betty, so hieß das in Stuttgart den Sommer verbringende Mädchen, schreibt unter dem Datum des 10. August 1939, also knapp drei Wochen vor dem sogenannten Ausbruch des Zweiten Weltkriegs – mein Vater lag zu diesem Zeitpunkt bereits mit seinem Kfz-Zug vor der polnischen Grenze in der Slowakei –, Betty schreibt, daß die Leute in Stuttgart sehr freundlich seien, that she had been out tramping, sunbathing and sightseeing, to a German birthday party, to the pictures and to a festival of the Hitler Youth.

Als ich diese Karte, sowohl des Bahnhofsbilds als auch der rückseitigen Botschaft wegen, auf einer meiner langen Stadtwanderungen durch Manchester erstand, war ich selber noch nie in Stuttgart gewesen. Man ist ja, als ich in der Nachkriegszeit im Allgäu am Heranwachsen war, nicht weit herumgekommen, und wenn man, im angehenden Wirtschaftswunder, doch ab und zu einen Ausflug machte, so ist man mit dem Omnibus nach Tirol gefahren, nach Vorarlberg oder höchstenfalls in die innere Schweiz. Für Exkursionen nach Stuttgart oder in andere der immer noch schandbar ausschauenden Städte gab es keinen Bedarf, und so kam es, daß mir mein Vaterland, bis ich es mit einundzwanzig Jahren verließ, ein weitgehend unbekanntes, irgendwie abgelegenes und nicht ganz geheures Territorium geblieben ist.

Man schrieb schon den Monat Mai 1976, als ich zum erstenmal an dem Bonatz-Bahnhof ausgestiegen bin, weil ich von jemandem gehört hatte, daß der Maler Jan Peter Tripp, mit dem ich in Oberstdorf in der Schule gewesen bin, in der Stuttgarter Reinsburgstraße wohnte. Meinen Besuch bei ihm habe ich als denkwürdig in Erinnerung behalten, weil mich mit der Bewunderung, die ich für die Arbeit Tripps sogleich empfand, der Gedanke streifte, daß ich auch gern einmal etwas anderes tun würde, als Vorlesungen zu halten und Seminare. Tripp hat mir damals einen von ihm gefertigten Stich als Geschenk mitgegeben, und auf diesen Stich, auf dem der kopfkranke Senatspräsident Daniel Paul Schreber zu sehen ist mit einer Spinne in seinem Schädel – was gibt es Furchtbareres als die in uns immerfort wuselnden Gedanken? –, auf diesen Stich geht vieles von dem, was ich später geschrieben habe, zurück, auch in der Art des Verfahrens, im Einhalten einer genauen historischen Perspektive, im geduldigen Gravieren und in der Vernetzung, in der Manier der nature morte, anscheinend weit auseinander liegender Dinge.

Immerfort frage ich mich seither, was sind das für unsichtbare Beziehungen, die unser Leben bestimmen, wie verlaufen die Fäden, was verbindet zum Beispiel meinen Besuch in der Reinsburgstraße mit der Tatsache, daß dort, in den Jahren unmittelbar nach dem Krieg, ein Lager für sogenannte Displaced Persons bestand, in welchem am 29. März 1946 von etwa hundertachtzig Stuttgarter Polizisten eine Razzia durchgeführt wurde, bei der, obschon sie nichts aufdeckte als einen Schwarzhandel mit ein paar Hühnereiern, mehrere Schüsse fielen und einer der Lagerbewohner, der eben erst seine Frau und seine beiden Kinder wiedergefunden hatte, ums Leben kam.

Warum bringe ich solche Episoden nicht aus dem Sinn? Warum denke ich, wenn ich mit der S-Bahn gegen die Stuttgarter Stadtmitte fahre, an der Station Feuersee jedesmal, daß es über uns noch brennt und daß wir seit der Schreckenszeit der letzten Kriegsjahre in einer Art Untergrund wohnen, obwohl wir doch alles so wunderbar wieder aufgebaut haben ringsherum? Weshalb erschien dem Reisenden in einer Winternacht, in der er von Möhringen kommend aus dem Fond eines Taxis zum erstenmal die neue Verwaltungsstadt des Daimlerkonzerns erblickte, das in der Dunkelheit glitzernde Lichternetz wie ein Sternenfeld, das sich aussät über die ganze Erde, so daß man diese Stuttgarter Sterne nicht nur in den Städten Europas sehen kann und auf den Boulevards von Beverly Hills und Buenos Aires, sondern auch überall dort, wo sich, in den Zonen der immer irgendwo um sich greifenden Verheerung, im Sudan, im Kosovo, in Eritrea oder in Afghanistan, die offenbar nie abreißenden Kolonnen von Lastwagen mit ihrer Flüchtlingsfracht über die staubigen Straßen bewegen?

Und wie weit ist es von dem Punkt, auf dem wir uns heute befinden, bis zurück in das ausgehende 18. Jahrhundert, als die Hoffnung auf eine Verbesserung des Menschengeschlechts, auf seine Belehrbarkeit, in schön geschwungenen Lettern noch an unseren philosophischen Himmel geschrieben stand? Eingebettet in überbuschte Hänge und Rebhügel, ist Stuttgart damals ein Städtchen von etwa zwanzigtausend Seelen gewesen, von denen einige, wie ich irgendwo einmal gelesen habe, in den oberen Stockwerken der Türme der Stifts- oder Kollegienkirche sich ihre Wohnung gemacht hatten. Einer der Landessöhne, Friedrich Hölderlin, nennt dieses kleine, kaum noch erwachte Stuttgart, wo das Vieh am Morgen früh an den schwarzen Marmorbrunnen auf dem Marktplatz zur Tränke getrieben wurde, stolz die Fürstin der Heimat, und bittet sie, als ahnte er bereits die bevorstehende dunklere Wendung in der Geschichte und in seinem eigenen Leben: Nimm freundlich den Fremdling mir auf.

Zug um Zug entfaltet sich dann eine von der Gewalt geprägte Epoche und mit ihr verstrickt das persönliche Unglück. Ein ungeheures Schauspiel, schreibt Hölderlin, gewähren die Riesenschritte der Revolution. Die französischen Heere brechen in Deutschland ein. Die Sambre-Maas-Armee rückt gegen Frankfurt vor. Nach schwerem Bombardement herrscht dort die größte Verwirrung. Hölderlin ist mit dem Gontardschen Haushalt über Fulda nach Kassel geflohen. Immer mehr wird er bei seiner Rückkehr hin- und hergerissen, zwischen den Wunschphantasien und der realen Unmöglichkeit seiner gegen die Klassentrennung verstoßenden Liebe. Zwar sitzt er ganze Tage hindurch mit Susette in dem Gartenkabinett oder in der Laube, empfindet aber nur um so drückender das Demütigende seiner Stellung. Und also muß er wieder hinaus. Wieviele Fußreisen hat er nicht schon gemacht in seinem kaum dreißigjährigen Leben, im Rhöngebirge, im Harz, auf den Knochenberg, nach Halle und Leipzig, und jetzt, nach dem Frankfurter Fiasko, wieder nach Nürtingen und Stuttgart zurück?

Bald darauf neuer Aufbruch nach Hauptwil, in die Schweiz, von Freunden begleitet durch den winterlichen Schönbuch bis Tübingen, allein dann die rauhe Alb hinauf und hinab auf der anderen Seite, auf der einsamen Hochstraße nach Sigmaringen. Zwölf Stunden bis von dort an den See. Stille Fahrt, über das Wasser. Im darauffolgenden Jahr, nach einer kurzen Zeit bei den Seinen, wieder unterwegs über Colmar, Isenheim, Belfort, Besançon und Lyon, west- und südwestwärts, mitten im Januar durch die Niederungen der oberen Loire, über die tiefverschneiten, gefürchteten Höhen der Auvergne, durch Sturm und Wildnis, bis er zuletzt anlangt in Bordeaux. Sie werden hier glücklich sein, sagt ihm bei seiner Ankunft der Konsul Meyer, doch sechs Monate später ist er, erschöpft, verstört, mit flackerndem Auge und wie ein Bettler gekleidet, wieder in Stuttgart retour. Nimm freundlich den Fremdling mir auf.

Was war es, das ihm widerfuhr? Fehlte ihm seine Liebe, konnte er die gesellschaftliche Zurücksetzung nicht verwinden, oder hat er am Ende in seinem Unglück zu vieles vorausgesehen? Wußte er, daß sich das Vaterland abkehren würde von seiner friedfertigen, schönen Vision, daß man seinesgleichen bald überwachen und einsperren würde und es keinen Ort für ihn gab außer dem Turm? A quoi bon la littérature?

Einzig vielleicht dazu, daß wir uns erinnern und daß wir begreifen lernen, daß es sonderbare, von keiner Kausallogik zu ergründende Zusammenhänge gibt, beispielsweise zwischen der ehemaligen Residenz- und späteren Industriestadt Stuttgart und der über sieben Hügel sich ausdehnenden französischen Stadt Tulle – elle a des prétentions, cette ville, schrieb mir eine dort lebende Dame vor einiger Zeit –, zwischen Stuttgart also und Tulle, im Corrāze, durch das Hölderlin auf seinem Weg nach Bordeaux gekommen ist und wo am 9. Juni 1944, gerade drei Wochen nachdem ich im Seefelder-Haus in Wertach das sogenannte Licht der Welt erblickte, und fast auf den Tag genau einhundert Jahre und eines nach Hölderlins Tod die gesamte männliche Bevölkerung der Stadt auf dem Areal einer Waffenfabrik zusammengetrieben wurde von der zu einer Vergeltungsaktion ausgerückten SS-Division »Das Reich«. Neunundneunzig von ihnen, Männer jeglichen Alters, wurden im Verlauf dieses schwarzen Tages, der das Bewußtsein der Stadt Tulle bis heute verdüstert, aufgehängt an den Straßenlaternen und Balkongeländern des Quartiers Souilhac. Die übrigen deportierte man in Zwangsarbeits- und Vernichtungslager, nach Natzweiler, Flossenbürg und Mauthausen, wo viele in den Steinbrüchen zu Tode geschunden worden sind.

Wozu also Literatur? Soll es werden auch mir, fragte Hölderlin sich, wie den tausenden, die in den Tagen ihres Frühlings doch auch ahnend und liebend gelebt, aber am trunkenen Tag von den rächenden Parzen ergriffen, ohne Klang und Gesang heimlich hinuntergeführt, dort im allzu nüchternen Reich, dort büßen im Dunkeln, wo bei trügerischem Schein irres Gewimmel sich treibt, wo die langsame Zeit bei Frost und Dürre sie zahlen, nur in Seufzern der Mensch noch die Unsterblichen preist? Der synoptische Blick, der in diesen Zeilen über die Grenze des Todes schweift, ist verschattet und illuminiert doch zugleich das Andenken derer, denen das größte Unrecht widerfuhr. Es gibt viele Formen des Schreibens; einzig aber in der literarischen geht es, über die Registrierung der Tatsachen und über die Wissenschaft hinaus, um einen Versuch der Restitution. Ein Haus, das sich in den Dienst einer solchen Aufgabe stellt, ist auch in Stuttgart nicht fehl am Platz, und ich wünsche ihm und der Stadt, die es beherbergt, eine gute Zukunft.

Hermann Lenz

Erinnerung an Stuttgart

Dort hat es mir gefallen. Einundfünfzig Jahre lang
Hab ich in Stuttgart leben dürfen. Das genügt
Sagen die Leute, und das Schicksal denkt
Wahrscheinlich wie die Leute, weil es sonst
Mich nicht vertrieben hätte aus der Heimat.

Nachwort

Stuttgarts literarisches Gewicht

Auch wenn Goethe nach seinem zweiten Stuttgarter Aufenthalt schwärmte, er habe hier Tage verlebt wie vordem in Rom, und Joachim Ringelnatz rief, es sei ein Paris gegen dieses Scheißmünchen – Stuttgart besitzt einfach nicht das literarische Gewicht von Städten wie Paris oder Rom, wohl nicht einmal das von München. Es spielt als Schauplatz oder Thema keine wirklich große Rolle in der Weltliteratur, wie dies bei den genannten Metropolen der Fall ist.

Aber Stuttgart ist längst keine »Bücherstadt ohne Literatur« mehr, wie Theodor Heuss in der Bestandsaufnahme seiner Heimat vor einigen Jahrzehnten konstatierte und ganz gewiß nicht so unbeschrieben, wie manche bis heute behaupten.

Wer vor der Aufgabe steht, ein Lesebuch mit Geschichten aus Stuttgart zusammenzustellen, bemerkt schnell, wie viel über die Stadt geschrieben wurde und noch immer wird. Nicht Texte zu finden war das Problem, sondern aus der Überfülle eine Auswahl zu treffen – die bekannte Not der Anthologisten –, und zwar eine so reizvolle wie repräsentative Auswahl, überraschend und denkwürdig, Zeiten überspannend und die verschiedenen Genres berücksichtigend.

Nicht berühmte Dichternamen standen dabei im Vordergrund, sondern die Stadt Stuttgart als Sujet – weshalb hier nur ganz wenige Passagen aus Romanen und Novellen abgedruckt werden, jedoch einige Essays und Feuilletons, die strenggenommen keine »Geschichten« sind. Aber wer wollte auf die Schilderungen der Spaziergänger Hermann Lenz und Helmut Heißenbüttel verzichten? Auf die Reflexionen eines Thaddäus Troll und Johannes Poethen, die Humoresken eines Carl Theodor Griesinger oder Kurt Schwitters? Auf Berichte und Briefe von Reisenden, die einen anderen Blick auf sogenannte Sehenswürdigkeiten oder verborgene Schätze werfen?

Neben möglichst aussagekräftigen längeren Texten stehen knappe Streiflichter, Bonmots und Aperçus, die zusammen ein facettenreiches Bild der Stadt Stuttgart ergeben. Manche Leserinnen und Leser werden trotzdem Namen vermissen; dies ist den Bedingungen einer jeden Anthologie geschuldet, zu denen Umfang und passende Anordnung ebenso gehören wie Autorenrechte und – nicht zuletzt – subjektive Vorlieben der Herausgeberin.

»Das Dümmste, was man bezüglich Stuttgarts eigentlich tun kann, ist, etwas über die Stadt schreiben zu wollen«, behauptet Heinrich Steinfest, denn der Versuch, sie in Worte zu fassen, führe zu Missverständnissen, Irrtümern und Vorurteilen. Er vergleicht Stuttgart mit einer widerständigen Schönen, die sich nicht vereinnahmen lassen wolle und daher ihre Reize verberge. Das Bild ist vertraut, es taucht in Variationen regelmäßig auf: Die Stadt besitze Schätze – die schöne landschaftliche Lage, die blühende Kultur –, aber dazu einen übergroßen Hang zu (falscher) Bescheidenheit. Oder sogar zu Selbstverachtung. Sie mache nichts aus sich, mache nichts von sich her, dies vor allem wegen der pietistischen Tradition. Oder sie pflege geradezu absichtlich diese Attitüde, weil ihr die Außenwahrnehmung egal sei. Nach dem Motto: ich brauche kein Image, ich bin mir selbst genug.

Nun ist eine Stadt nicht homogen, im Gegenteil: Sie besteht aus Individuen mit durchaus unterschiedlichen, auch widerstreitenden Interessen, und jede pauschale Zuschreibung muss notwendigerweise falsch sein, auch wenn sie partiell zutreffen mag. Nur hören wir alle so gern die Klischees von harten Schwabenschädeln und groben bis saugroben Manieren, ungebildeter Lebensart und fehlendem Kunstgeschmack, Kehrwochenmanie und Sparsamkeit; wir schätzen die zugespitzten Pointen à la Friedrich Theodor Vischers »Talent bleibt latent«. Polemik ist nun mal amüsanter als differenzierte Analyse, Bosheiten lesen sich genüsslicher als Liebeserklärungen. So prägt es sich viel stärker ein, wenn Ludwig Börne »der Teufel hole dieses stille Nest« flucht, als wenn er es als ein »Paradies nur ohne Engel« preist; wenn Nikolaus Lenau den pestilenzhaften Geruch in dem »verdammten Kloakental« beklagt, als wenn ihn der Nachtigallengesang im Schloßgarten erfrischt.

Eines der frühesten Gedichte über Stuttgart stammt von Nicodemus Frischlin aus dem Jahr 1577 und es beginnt folgendermaßen:

»Dort, im Thale versteckt, unfern von den Hügeln des Neckars,
Liegt eine Stadt, ein Garten vordem erzhufiger Stuten,
Badens Markgraf gründete sie, so lautet die Sage;
Reich an Gut ist der Ort und gesegnet durch Gaben des Bacchus,
Mauern gleich erheben sich rings weintragende Hügel,
Weit und breit grünt Alles von üppigem Rebengeranke,
Nie auch versagt der Kelter den Most der schwellenden Traube.«

Die wesentlichen Fakten sind genannt: die Topografie, der Neckar mit seinen Hügeln unfern, jedoch nicht nah, der Wein von großer Bedeutung. Als zentrale Topoi tauchen sie bis heute allenthalben auf, zumal die Lage im Tal die verschiedenartigsten Einschätzungen zulässt: Ein öder Ort sei Stuttgart, grämlich und eng, überhaupt ein Jammertal, denn aus einem Kessel kann man nicht hinausgucken – und er bestimmt nicht zuletzt das Klima, unter dem sensible Dichter leiden, auch Max Goldt: »Wenn man in Stuttgart ankommt, ist man sofort völlig verklebt. Es ist unermeßlich stickig dort. Nie spürt man den leisesten Lufthauch. In Stuttgart zu wohnen muß sein, wie in einem riesigen Kübel mit kochender Marmelade zu leben.«

Mit den Hochhäusern, dem Tagblatt- und Bahnhofsturm, bekommen die Bürgerinnen und Bürger zu Beginn des 20. Jahrhunderts die Chance, über den Rand hinauszublicken, aber (laut Heißenbüttel) rutscht der Verkehr nach dem Gesetz der Schwerkraft auf dem Talboden zusammen. Und er konnte sich vorstellen, wie diese Wanne, wenn man ihre beiden Ausgänge verstopfte, volllaufen würde zu einem hübschen großen See.

Wer von den Höhen hinabschaut, kommt gern mal ins Schwärmen, wird, wie Christian Wagner, an die Lage von Florenz in den Toskaner Bergen erinnert, an ein güldnes Kleinod in grünem Samt – so Karl Gerok in seinem Grußgedicht –, oder beschreibt die Nachtschönheit der Stadt als prachtvoll funkelndes Geschmeide aus Glitzerkaskaden und Lichterketten über den Hügeln, deren Figuren in die Sternbilder am Himmel überzugehen scheinen.

Dass es der Nachtschönheit hingegen an Nachtleben fehle, wird gern kolportiert, hat sich aber in den letzten Jahrzehnten gewandelt. Auch wer Matthias Politycki nicht vorbehaltlos zustimmt, dass es die Wirte seien, die das Bleibende stiften, und das stärkste Stück Stuttgarts im Leonhardsviertel liege, wo nächtens Romanfiguren den »Brunnenwirt« bevölkern, wird einen gewissen Zusammenhang von Literatur und Wein, beziehungsweise schreibender Zunft und Kneipenszene nicht leugnen. Das neunte Kapitel bringt dazu einige Beispiele von Ludwig Uhland bis Horst Brandstätter.

Doch zurück zur topografischen Lage: Analytische Geister bemerken die soziologische Schichtung; Goethe charakterisierte Stuttgart in seinen drei Teilen: der Landstadt unten, der Handelsstadt in der Mitte und der Region wohlhabender Privatiers oben – Halbhöhenlage heißt das hierzulande, und es sind schöne Ausblicke und bessere Luft gleichermaßen, die hinauflocken, so man es sich leisten kann. Doch auch hier ist einiges in Bewegung geraten und Hölderlin würde sich wundern, dass die Hütten (respektive Zelte der Parkschützer) nicht auf der einsamen Heide, sondern im Schloßgarten errichtet wurden, und die Landesregierung, wie zu Manfred Zachs Zeit, gar nicht mehr unbedingt auf der Gänsheide residieren will, sondern erwägt, sich unter die Bürgerschaft ins Zentrum zu begeben.

Wer heute durch die Straßen Stuttgarts flaniert, liest Texte über Texte, Markenbezeichnungen, Werbeslogans, Anpreisungen von Sonderangeboten, Namen von Straßen und Plätzen. Nur sehr selten entdeckt man noch einige der in den 1980er Jahren angebrachten Erinnerungsplaketten, die Dichterstätten im Stadtbild markierten: die Geburtshäuser von Wilhelm Hauff und Georg Herwegh, die Wohnungen von Therese Huber und Robert Walser, oder das Verlagshaus von Johann Friedrich Cotta, das auf die Schriftsteller des frühen 19. Jahrhunderts wie ein Magnet wirkte.

So gering die Präsenz der Literaturszene im Straßenbild, so gering ist sie im Bewusstsein der Einwohner, was sicherlich daran liegt, dass seit den Zerstörungen im und nach dem Zweiten Weltkrieg fast keine sichtbaren Schauplätze mehr existieren; von den vielen Häusern, in denen Eduard Mörike wohnte, steht kein einziges mehr, auch nicht das Obere Museum der Lesegesellschaft, nicht die Silberburg als sommerlicher

Ausflugsort, nicht der renommierte »König von England« am Schillerplatz. Selbst eine der berühmtesten Stätten der Stuttgarter Geistesgeschichte ist spurlos verschwunden: das Rappsche Haus oberhalb der Stiftskirche, in dem Goethe zu Gast war und aus seinem Epos »Hermann und Dorothea« vorlas.

Selbst für Orts- und Literaturkundige sind die Spuren oft nur mit intensiver Recherche zu finden, denn nicht wenige Straßen wurden umbenannt oder sind den Sanierungen zum Opfer gefallen. Eine Kreuzstraße, in der Schillers Stammkneipe »Zum Goldenen Ochsen« stand, oder ein Sonnengässle, wo Ottilie Wildermuth ihren Kochkurs absolvierte, gibt es längst nicht mehr.

Wie schnell auch in unserer Zeit angestammte Plätze aus dem Gedächtnis fallen, wird einem klar, wenn man Wendelin Niedlichs Buchladen in der Neuen Brücke sucht ... Um so dankbarer sind wir über ein zum Museum umgebautes Hegelhaus oder das kleine Schriftstellerhaus neben der »Kiste« in zwei schmalen, jahrhundertealten Häusern; aber auch über Neubauten wie das Friedrichsbau-Variete ganz in der Nähe des ehemaligen Friedrichsbau-Theaters oder Umwidmungen wie das seit 2001 im Bosch-Firmensitz untergebrachte Literaturhaus. Wer jedoch über den benachbarten Hoppenlau-Friedhof spaziert, wird nur noch wenige identifizierbare Grabmale finden.

Glücklicherweise kann man sich mit Literarischen Führern, in Buchform wie Fred Oberhausers gleichnamiger »Bibel« und den Marbacher Spuren-Heften orientieren oder kenntnisreichen Spaziergängern folgen.

Eine andere Art der Annäherung an die Literaturstadt Stuttgart führt selbstverständlich über die Lektüre, von Büchern der alten und der lebenden Autoren und Autorinnen. An dieser Stelle soll zum wiederholten Mal einem Werk dankbarer Tribut gezollt werden: dem 1989 erschienenen und längst vergriffenen Band »Dichter sehen eine Stadt«, den Horst Brandstätter und Jürgen Holwein mit bewundernswertem Fleiß, detektivischem Spürsinn und Sorgfalt zusammengestellt haben. Und es sei hier auch allen Freundinnen und Bekannten für Hinweise und Anregungen, Ideen und Gespräche sehr herzlich gedankt. Sie vor allem haben Stuttgart seit vier Jahrzehnten für mich angenehm lebenswert gemacht. Und die Literatur – Briefe von Eduard Mörike, Feuilletons von Hermann Lenz, Gedichte und viele der Geschichten in diesem Lesebuch – bilden eine Art Fenster, durch das die Vergangenheit in ihren sich überlagernden Schichten deutlich hervortritt, Lebensläufe und Geisteshaltungen anschaulich und verstehbar werden.

Verzeichnis der Autorinnen und Autoren

Berthold Auerbach, geboren 1812 in Nordstetten bei Horb, besuchte ab 1830 in Stuttgart das Gymnasium. Als international bekannter, bei Cotta verlegter Erzähler (»Schwarzwälder Dorfgeschichten«) kam er von 1869 bis zu seinem Tod 1882 regelmäßig als Kurgast nach Cannstatt. Für ein patriotisches Flugblatt zu Beginn des deutsch-französischen Kriegs brachten ihm Hunderte von Cannstatter Bürgern ein Ständchen und pflanzten dem jüdischen Auerbach für »seine ächt deutsche Haltung« die Linde im Kurpark, die er in seinem »Brief aus Cannstatt, 16. September 1877, Abends 7 Uhr« beschreibt. Aus: Berthold Auerbach, »Briefe an seinen Freund Jakob Auerbach«. Literarische Anstalt Rütten & Loening, Frankfurt a. M. 1884.

Samuel Beckett (1906–1989) war zwischen 1966 und 1986 mehrmals in Stuttgart beim damaligen Süddeutschen Rundfunk, um bei seinen Fernsehfilmen (von »He, Joe« bis »Was wo«) Regie zu führen. Untergebracht wurde er immer im Parkhotel am Rundfunk und ging dann natürlich die Neckarstraße entlang, in der auch sein Stammlokal lag, die »Neckarklause«. Das Gedicht »ne manquez pas à Stuttgart« wurde von Karl Krolow in die ansprechende Reimform übertragen. Aus: Samuel Beckett, Flötentöne. Französisch/Deutsch. Aus dem Französischen von Elmar Tophoven und Karl Krolow. © Samuel Beckett 1981. © der deutschen Ausgabe Suhrkamp Verlag Frankfurt am Main 1982.

Sebastian Blau ist das Pseudonym von Josef Eberle, der 1901 in Rottenburg am Neckar geboren ist. Er lernte Buchhändler, veröffentlichte in Erich Schairers »Sonntagszeitung« und arbeitete beim Süddeutschen Rundfunk, bis er 1933 aus politischen Gründen entlassen wurde. Nach dem Zweiten Weltkrieg war er Gründer und Herausgeber der »Stuttgarter Zeitung« und publizierte unter seinem Pseudonym treffliche Mundartgedichte wie »Am Neabetisch eme' Stuageter Café«, »Stuaget«, »D Stuegeter Fasnet«, »D Stuageter«, die herausgegeben von Eckart Frahm und Rolf Schorp erschienen sind: Sebastian Blau, »Die Gedichte«. © Klöpfer & Meyer, Tübingen 2010.

Ludwig Börne (1786–1837) weilte zwischen 1820 und 1825 mehrmals für einige Wochen oder Monate in Stuttgart. Wie für viele andere Schriftsteller und Journalisten war der Grund seines Aufenthalts eine Geschäftsbeziehung zum Verlag von Johann Friedrich Cotta; dort gab er zunächst die Zeitschrift »Die Waage« heraus, später arbeitete er für das »Morgenblatt«. Seine zahlreichen, amüsanten »Briefe aus Stuttgart an Jeanette Wohl« finden sich in den »Sämtlichen Schriften«. Hrsg. von Inge und Peter Rippmann. Josef Melzer Verlag, Darmstadt 1968. (Zitiert nach: »Stuttgart. Dichter sehen eine Stadt«. Hrsg. von Horst Brandstätter und Jürgen Holwein. Verlag J. B. Metzler, Stuttgart 1989).

Paul Bonatz, 1877 in Lothringen geboren, ging 1902 nach Stuttgart, um im Büro von Theodor Fischer, dann als sein Assistent an der Technischen Hochschule und später als Professor zu arbeiten. Zwischen 1910 und 1943 hatte er mit seinem Studienfreund Friedrich Scholer ein gemeinsames Architekturbüro, das u.a. den durch die Auseinandersetzungen um S21 berühmt gewordenen Bahnhofsbau realisierte. Dieser ist eher Ausdruck der Moderne als eines präfaschistischen Monumentalismus, obwohl Bonatz ein erklärter Gegner des »Neuen Bauens« war. Er emigrierte 1943 in die Türkei, kehrte 1954 nach Stuttgart zurück und starb dort 1956. »Der Bau des Stuttgarter Bahnhofs« entstammt seinen Erinnerungen »Leben und Bauen«. Engelhornverlag Adolf Spemann, Stuttgart 1950. © Paul-Bonatz-Familienarchiv, Peter Dübbers.

Horst Brandstätter, 1950 in Stuttgart geboren, war Buchhändler, Bibliothekar und Antiquar, dazwischen Dramaturg bei Claus Peymann am Staatstheater Stuttgart und Journalist für die hiesigen Zeitungen. Ein wichtiges Werk war die mit Jürgen Holwein zusammengetragene, vom Metzler Verlag beispielhaft gestaltete und bis heute unübertroffene Stuttgart-Anthologie »Dichter sehen eine Stadt« von 1989. Er starb 2006 in Baden-Baden. Seine Reminiszenz »Von Veteranen und anderen Ahnen. Zweimal Weinstube Widmer – Eine Reise durch Stuttgarts kleine Welt« wurde in der Stuttgarter Zeitung gedruckt, danach in dem Buch: »Der VfB grüßt den tapferen Vietkong. Stuttgart in den 60er Jahren«. Hrsg. von Helmut Böttiger. Flugasche Verlag, Stuttgart 1989. © Ulrike Brandstätter, Baden-Baden.

Fréderic Chopin (1810–1849), Pianist und Komponist, stieg auf der Durchreise von Wien nach Paris im September 1831 in Stuttgart im »König von England« ab. Seine »Nächtliche Erschütterung«, die er in seinem »Stuttgarter Tagebuch« notierte, hat wohl mehr mit seiner depressiven Stimmung wegen der Niederschlagung der polnischen Revolution zu tun als mit dem renommierten Hotel. Aus: Hans Werner Wüst »Frédéric Chopin – Briefe und Zeitzeugnisse«. Ein Lesebuch. ClassicConcerts Verlag, Köln 2006.

Peter O. Chotjewitz, geboren 1934 in Berlin, gestorben 2010 in Stuttgart, wo er seit 1995 lebte, aber schon früher als Wahlverteidiger von Andreas Baader und Peter-Paul Zahl zu Hause gewesen war. In diese engen und aufregenden 1960er/1970er Jahre führt sein Buch »Mein Freund Klaus«, eine Art Biografie über den RAF-Verteidiger Klaus Croissant, die neben dieser schillernden Figur eben auch die Zeitläufte beschreibt und die intellektuelle Szene: »Wo traf man sich?« Aus: Peter O. Chotjewitz, »Mein Freund Klaus«. © Verbrecher Verlag 2. Aufl. 2008.

F. C. Delius, geboren 1943 in Rom, lebt dort und in Berlin. 1972 veröffentlichte er »Unsere Siemens-Welt«, eine Art Festschrift zum 125-jährigen Bestehen des Unternehmens, die zu heftigen Auseinandersetzungen um die Freiheit der Kunst und die Rolle der Satire führte. Siemens strengte einen Prozess an, der vor dem OLG in Stuttgart verhandelt wurde und 1976 mit einem Vergleich endete. Das Gedicht »Selbstporträt auf dem Stuttgarter Schloßplatz« beschreibt die Situation. Aus: F. C. Delius, »Ein Bankier auf der Flucht«. Gedichte und Reisebilder. Rotbuch Verlag, Berlin 1975. © F. C. Delius, Berlin.

Reinhard Döhl, geboren 1934 in Wattenscheid, gestorben 2004 in Stuttgart, wo er seit 1967 als Universitätsprofessor mit den Schwerpunkten Hörspiel und Medien lehrte. Er zählte zum Kreis der »Stuttgarter Schule« um Max Bense und avancierte mit seinem »Apfel«-Gedicht zum Star der konkreten Poesie. Döhl schrieb Hörspiele, Gedichte und Prosa, veröffentlichte Collagen, Fotografien, Mail-Art und vieles andere, zudem wagte er sich früh mit einem virtuellen »poets cornerle« ins Internet. Zehn Jahre zuvor hatte er über hundert »Klerri-juhs« zu Gestalten der Stuttgarter Kulturgeschichte verfasst. Wir drucken eine Auswahl aus: Reinhard Döhl & Wolfgang Ehehalts »Ansichtssachen & Klerri-juhs aus der kleinen Stuttgarter Versschule«. HSW Verlag, Stuttgart 1985. © Barbara Döhl.

Ottomar Domnick, geboren 1907 in Greifswald, gestorben 1989 in Nürtingen. Er war seit 1938 als Nervenfacharzt mit eigener Klinik in Stuttgart tätig. Nach dem Zweiten Weltkrieg baute er seine Sammlung abstrakter Malerei auf, die seit 1968 in einem eigenen Museum in Nürtingen zu sehen ist. Parallel dazu drehte er preisgekrönte Spielfilme. Seine Autobiografie, aus der wir den Beginn des zweiten Teils abdrucken, erschien zuerst 1977. »Die Stunde Null« aus: »Hauptweg und Nebenwege. Psychiatrie, Kunst, Film in meinem Leben«. domnick verlag + film, Nürtingen 1989 (2. Aufl.). © Stiftung Domnick.

Ilja Ehrenburg, geboren 1891 in Kiew, gestorben 1967 bei Moskau. In den 1920er Jahren wurde er als Autor von Romanen und als Journalist durch seine Reiseberichte und -feuilletons bekannt. In dem Text »Doppelleben« lobt er Deutschland als das gegenwärtig interessanteste Land Europas und den eben eröffneten neuen Stuttgarter Bahnhof als eine Rarität. »Moderne Zeiten« aus: »Visum der Zeit«. Deutsch von Hans Ruoff. Paul List Verlag, Leipzig 1929.

Zsuzsanna Gahse, geboren 1946 in Budapest, wuchs in Wien und Kassel auf und lebte viele Jahre als Schriftstellerin und Übersetzerin aus dem Ungarischen in Stuttgart; 1990 wurde sie mit dem Literaturpreis der Stadt Stuttgart ausgezeichnet. Ihre Utopie »Anstelle eines Ackers« ist zwischen Österreichischem- und Marienplatz verortet und von der Autorin für dieses Buch gekürzt und revidiert. Erstdruck in: »stuttgart-märchenhaft«. Erzählungen. Hrsg. von Rainer Brouwer und Matthias Ulrich. Edition Walfisch im Flugasche-Verlag, Stuttgart 1986. © Zsuzsanna Gahse.

Albrecht Goes, geboren 1908 in Langenbeutingen, gestorben 2000 in Stuttgart, war (bis 1953) Pfarrer und Dichter mit zahlreichen Lyrik- und Erzählbänden, für die er vielfach ausgezeichnet wurde. Auf seinen ausdrücklichen Wunsch wurde er auf dem Pragfriedhof in der Nähe seines verehrten Kollegen Eduard Mörike begraben. Das wie ein Vermächtnis wirkende Gedicht »Stuttgart« mit vielen Anspielungen entstand 1992 für die Zeitschrift »In Baden-Württemberg«. Aus: Albrecht Goes, »Leicht und Schwer. Siebzig Jahre im Gedicht«. © S. Fischer Verlag GmbH, Frankfurt am Main 1998.

Johann Wolfgang Goethe (1749–1832) kam Ende August 1797 zum zweiten Mal nach Stuttgart. Der Aufenthalt ist durch Tagebucheinträge und Briefe gut dokumentiert; er besuchte das Schauspielhaus und die Oper, fuhr nach Hohenheim und durchstreifte die Schlossanlagen, lernte den Bildhauer Johann Heinrich Dannecker, den Architekten Nikolaus Friedrich Thouret, den Hofkapellmeister Rudolf Zumsteeg und vor allem den Kaufmann Gottlob Heinrich Rapp kennen, in dessen Haus er aus »Hermann und Dorothea« vorlas. Anschließend reiste er nach Tübingen weiter und traf dort seinen späteren Verleger Johann Friedrich Cotta. Die Tagebuch- und Briefpassagen sind zitiert nach: Bernd Mahl,

»Goethe in Stuttgart. Eine Dokumentation mit zeitgenössischen Abbildungen«. Attempto Verlag, Tübingen 2007.

Carl Theodor Griesinger (1809–1884) debütierte 1838 mit dem Band »Silhouetten aus Schwaben«, in dem er sechzig Typen charakterisierte, darunter einen »Stuttgarter Theaterkritiker« und die »geborne Stuttgarterin« (Verlag G. Drechsler, Heilbronn 1838). Er arbeitete als Schriftsteller, Buchhändler und Redakteur, bis er wegen seines demokratischen Blatts »Die Volkswehr« 1848 auf dem Hohenasperg inhaftiert wurde. Nach seinem Freispruch wanderte er nach Nordamerika aus, kehrte 1857 enttäuscht zurück und schrieb weitere Bücher. Der gekürzte Bericht »Ein Sonntagmorgen in Cannstadt« stammt aus: »Humoristische Bilder aus Schwaben«. Sämmtliche belletristische Schriften Band 3. Verlag der Griesinger'schen Verlags- und Antiquariatshandlung, Stuttgart 1844.

Hector Wilhelm von Günderode (1755–1786) war badischer Regierungsrat, Schriftsteller und der Vater der Dichterin Karoline von Günderode. Der Titel seines Berichtes, dem wir die Passage »Ein recht ächter Stuttgarter« entnehmen, erzählt alles Wesentliche: »Beschreibung einer Reise durch den kleinen Theil des Schwarzwaldes, welcher unterschiedene Gesundbrunnen, Bäder und die Handelsstadt Calb enthält. Mit vielen die Verfassung des Württemberger Landes und den Nationalkarakter der Einwohner betreffenden Bemerkungen durchweht«. In sechs Briefen an einen Freund. Frankfurt am Mayn bei den Eichenbergischen Erben, 1781.

Friedrich Hackländer (1816–1877) wurde in Burtscheid geboren, zog 1840 in die Verlagsstadt Stuttgart, um als Schriftsteller zu reüssieren. Rasch geriet er in Künstler- und Hofkreise, lernte durch den Regisseur Heinrich Moritz den Oberstallmeister Baron von Taubenheim kennen, mit dem er eine Orientreise unternahm. Mitbringsel waren arabische Pferde für den König und ein volles Tagebuch. 1847 wurde er Sekretär des Kronprinzen Karl, später Leiter der Bau- und Gartendirektion der Landeshauptstadt, bekannt als Herausgeber viel gelesener Zeitschriften, Autor von Romanen und Reiseberichten. Er liegt auf dem Stuttgarter Pragfriedhof begraben. Unser Text »Karriere bei Hofe« stammt aus: »Roman meines Lebens«. Erster Band. Verlag Carl Krabbe, Stuttgart 1878.

Peter Härtling, geboren 1933 in Chemnitz, lebte nach dem Zweiten Weltkrieg in Nürtingen, wo er bei der dortigen Lokalzeitung volontierte und seine ersten Gedichte schrieb. Von 1956 bis 1960 war er Feuilleton-Redakteur bei der »Deutschen Zeitung« in Stuttgart. Nach weiteren

Stationen in Zeitschriften und beim S. Fischer Verlag wurde er einer der bekanntesten und meist ausgezeichneten deutschen Schriftsteller. Der Stuttgarter Hafen wurde 1958 eröffnet und später zum zweitgrößten Binnenhafen am Neckar erweitert. Härtlings Bericht »Fernweh – nahgerückt« erschien in »Merian Stuttgart«, 14. Jg. H. 2 Februar 1961. © Peter Härtling, Walldorf.

Anna Katharina Hahn, geboren 1970 in Ruit, lebt als freie Schriftstellerin in Stuttgart. Dort, in der Gegend um das Olgaeck, spielt ihr 2009 erschienener Roman »Kürzere Tage«. Der Essay über den Brunnen-Rundgang »Orte, die das Herz berühren« war am 22. Mai 2010 als Erstdruck in der »Stuttgarter Zeitung« zu lesen. © Anna Katharina Hahn.

Wilhelm Hauff (1802–1827) kam nach seinem Theologiestudium in Tübingen 1824 wieder in seine Geburtsstadt Stuttgart zurück, wo er anderthalb Jahre als Hauslehrer der beiden Söhne bei der Familie des Kriegsministers Ernst Freiherr von Hügel arbeitete. In dieser Zeit erschienen seine ersten Romane und Märchen. Zurück von einer Bildungsreise nach Amsterdam, Paris und Norddeutschland übernahm er Anfang 1827 die Redaktion des »Morgenblatts für gebildete Stände« und heiratete seine Cousine Luise – um das »Flügelroß im häuslichen Stall einzustellen.«. Wenige Tage nach der Geburt der ersten Tochter im November starb Wilhelm Hauff und wurde auf dem Hoppenlau-Friedhof begraben. Den Brief vom 23. November 1824 zitieren wir nach der Monographie von Ottmar Hinz, Rowohlt Verlag 1989, den vom 18. Februar 1827 nach Brandstätter / Holwein a. a. O., beide wurden mit der Handschrift im DLA Marbach verglichen und in der originalen Schreibweise gedruckt.

Johann Christoph Friedrich Haug (1761–1829) wurde nach dem Besuch der Hohen Karlsschule Sekretär im herzoglichen Geheimen Kabinett, später Hofrat und Bibliothekar sowie Redakteur in Cottas »Morgenblatt«. Berühmt wurde er als produktiver und witziger Epigrammatiker. In seinem Gedicht »Die Königstraße« spielt er auf das Haus des Prälaten Griesinger an, das 1828 mit zwei weiteren als Verkehrshindernis empfundenen Gebäuden abgebrochen wurde. Aus: Friedrich von Matthisson, »Literarischer Nachlaß nebst einer Auswahl von Briefen seiner Freunde«. Verlag August Mylius, Berlin 1832.

Helmut Heißenbüttel (1921–1996) kam im April 1957 auf Einladung von Alfred Andersch nach Stuttgart und übernahm im Jahr darauf dessen Nachfolge in der Redaktion Radio-Essay des Süddeutschen Rundfunks. Bis 1981 blieb er in Stuttgart, dann kehrte er in seine norddeutsche

Heimat zurück – weil sein Werk zu wenig gewürdigt wurde oder weil sich die »Stuttgarter Schule« genannte Szene aufzulösen begann? Seine »Eindrücke und Einsichten« schrieb er für »Merian Stuttgart«, 14. Jg. H. 2 Februar 1961 © Ida Heißenbüttel; das Gedicht »Spaziergang in Stuttgart« veröffentlichte er in dem Band »Ödipuskomplex made in Germany. Gelegenheitsgedichte Totentage Landschaften 1965–1980«. © Klett-Cotta, Stuttgart 1981.

Günter Herburger, geboren 1932 in Isny im Allgäu. Um 1960 arbeitete er für die Redaktion der Hörzu und den Süddeutschen Rundfunk in Stuttgart, wo er an Fernsehfilmen mitwirkte. Bekannt wurde er mit Kinderbüchern, Romanen, Gedichten und in letzter Zeit mit Büchern über seine Leidenschaft zum Laufen. 2011 erhielt er den Cotta-Literaturpreis der Stadt Stuttgart. Die »Stuttgarter Festschrift« entstammt der Anthologie »Atlas«. Zusammengestellt von deutschen Autoren. Verlag Klaus Wagenbach, Berlin 1965. © Günter Herburger, Berlin.

Georg Herwegh (1817–1875) wurde in Stuttgart geboren und war dort Mitte der 1830er Jahre eine Weile als Schriftsteller tätig, bevor er in die Schweiz fliehen musste. Als 1978 der Kulturausschuss im Stuttgarter Gemeinderat vorschlug, einen Literaturpreis zu stiften und ihn nach Herwegh zu benennen, entstand eine heftige Debatte über die liberale oder sozialistische Gesinnung des revolutionären Vormärz-Dichters. Der Preis für SchriftstellerInnen und ÜbersetzerInnen blieb bis 2002 namenlos, seit 2005 heißt er Johann-Friedrich-von-Cotta-Literatur- und Übersetzerpreis, was wie eine ironische Pointe zu Herweghs Text wirkt. »Ein Beitrag zur Kenntnis der literarischen Industrie« erschien 1840 zuerst in der Zeitschrift »Deutsche Volkshalle«, dann in: »Herweghs Werke in drei Teilen«. Band 2, Berlin, Leipzig, Wien, Stuttgart [1909].

Theodor Heuss (1884–1963) stammte aus Brackenheim. Nach dem Studium arbeitete er als Journalist und war in der Weimarer Republik Abgeordneter im Reichstag. In der NS-Zeit hatte er Publikationsverbot, schrieb aber unter Pseudonym. Nach dem Zweiten Weltkrieg war er »Kultminister in Württemberg-Baden« und von 1949 bis 1959 der erste deutsche Bundespräsident. Seine lange Bücherliste umfasst historische Studien, Reden, Erinnerungen und Essays über Menschen und Orte, gelegentlich von ihm selbst illustriert. Der Text »Schwabens Hauptstadt« erschien in »Von Ort zu Ort. Wanderungen mit Stift und Feder«. © 1959, Deutsche Verlags-Anstalt, München, in der Verlagsgruppe Random House GmbH.

Friedrich Hölderlin (1770–1843) arbeitete nach dem Besuch der Seminare in Denkendorf und Maulbronn sowie des Tübinger Stifts als Hauslehrer. Nach Entdeckung seiner Liebe zu Susette Gontard flüchtete er nach Stuttgart und kam im Juni 1800 in das Haus des befreundeten Kaufmanns Christian Landauer, um dort die Kinder zu unterrichten. Bis Januar 1801, als er nach Hauptwil zog, entstanden viele der großen Gedichte, darunter die Elegie »Stutgard. An Siegfried Schmid«, die er einem Dichterfreund widmete. »Auf einer Haide geschrieben« stammt schon aus dem Jahr 1787, ist im Geist, doch vor der Französischen Revolution und wahrscheinlich auf der Gänsheide mit Blick auf das Neue Schloss geschrieben. Aus: Sämtliche Werke und Briefe. Deutscher Klassiker Verlag, Frankfurt a. M. 1992 ff.

Therese Huber (1764–1829) lebte von 1798 bis 1803 mit ihrem Ehemann Ludwig Ferdinand Huber in Stuttgart, nach dessen Tod zog sie wiederum dorthin, um 1817 die Redaktion von Cottas »Morgenblatt« zu übernehmen. Unter ihrer Verantwortung reüssierte die Zeitschrift von einer provinziellen zur national beachteten Publikation. Als eine der wenigen berufstätigen Frauen jener Zeit war sie der männlichen Kritik besonders ausgesetzt, aber sie konnte gleichfalls austeilen, wie ihren beiden Briefen von 1816 über »Unseren gesellschaftlichen Verkehr« zu entnehmen ist. Aus: »Alles … von mir!« über die Schriftstellerin und Redakteurin Therese Huber. Marbacher Magazin 65/1993 bearbeitet von Andrea Hahn und Bernhard Fischer, Marbach a. N. 1993.

Felix Huby, eigentlich Eberhard Hungerbühler, geboren 1938 in Dettenhausen, arbeitete lange als Reporter und Redakteur; seit 1976 schreibt er Kinderbücher, Sachbücher, Kriminalromane, Hörspiele, Drehbücher fürs Fernsehen und Theaterstücke. Mit seinen Stuttgart-Krimis um den Kommissar Bienzle hat das Genre der Lokal-Krimis in den 1970er Jahren hierzulande seinen Anfang genommen, inzwischen werden sie unter anderen Titeln neu aufgelegt. Die Passage »137 Stufen« spielt auf einer der steilsten Treppen, der Sünderstaffel, deren Name allerdings von einer Familie, nicht von einem Verbrechen stammt. Aus: »Stuttgart und seine Stäffele«. Hrsg. von Uli Kreh. Silberburg-Verlag, Stuttgart 1989 © Felix Huby, Berlin.

Victor Hugo (1802–1885) kam auf seiner zweiten Rheinreise im Oktober 1840 von Heidelberg nach Stuttgart. In den Jahren von 1839 bis 1843 wurde das Innere der Stiftskirche restauriert, was möglicherweise den negativen Eindruck des französischen Besuchers erklärt. »In der Stiftskirche« aus: Victor Hugo, »Le Rhin. Lettres à un ami«. Paris 1906 (Zitiert nach: »Stuttgart. Dichter sehen eine Stadt« a.a.O.).

Jean Paul (1763–1825), eigentlich Legationsrat Johann Paul Friedrich Richter, weilte vom 7. Juni bis 9. Juli 1819 in Stuttgart, einer früher ausgesprochenen Einladung des Verlegers Cotta folgend, und in Begleitung seines weißen Pudels Ponto. Der berühmte Schriftsteller wurde in der guten Gesellschaft herumgereicht und immerzu eingeladen, wie er in den anschaulichen Briefen an seine Ehefrau Karoline nach Bayreuth berichtete. Aus: Jean Paul, »Sämtliche Werke«. Hrsg. von Eduard Berend. Abteilung III Briefe. Verlag Hermann Böhlau Nachf., Weimar 1955.

Alfred Kerr (1867–1948) war einer der bekanntesten Theaterkritiker vor allem in den Jahren der Weimarer Republik. Gleich nach der Ernennung Hitlers zum Reichskanzler, schon bevor seine Bücher verbrannt wurden, ging er mit seiner Familie ins Exil und lebte seit 1935 in London. Er veröffentlichte Gedichtbände, Reisebücher und Erinnerungen. »Schwabenland« aus: Alfred Kerr, »Melodien«. Editions Nouvelles Internationales, Paris 1938. Alle Rechte vorbehalten S. Fischer Verlag GmbH, Frankfurt am Main.

Hermann Kurz (1813–1873) besuchte nach dem Landexamen, das er in seiner Erzählung »Die beiden Tubus« anschaulich beschreibt, das Seminar in Maulbronn und das Tübinger Stift. Trotzdem wurde er nicht Pfarrer, sondern zog 1836 nach Stuttgart, um dort als Schriftsteller und Übersetzer zu arbeiten. Im Vormärz arbeitete er als Redakteur des demokratischen »Beobachter« und verbrachte eine zweimonatige Haftzeit auf dem Hohenasperg. 1851 heiratete er Marie von Brunnow, die ihre drei Söhne und zumal die Tochter Isolde emanzipiert erzog. »Das Landexamen« in: »Die beiden Tubus«. Aus: Hermann Kurz, »Erzählungen«. Klöpfer & Meyer Verlag, Tübingen 2009.

Isolde Kurz (1853–1944) wurde in Stuttgart geboren und verbrachte dort die ersten sechs Lebensjahre, die sie in mehreren Erinnerungsbüchern anschaulich und oft dramatisch beschreibt. Nach dem Tod des Vaters zog sie erst nach München, dann übersiedelte sie mit der Mutter nach Florenz, wo unter anderem die »Italienische Erzählungen« und »Florentiner Novellen« entstanden. Später lebte sie in München und Forte dei Marmi, gestorben ist sie in Tübingen. »Eine Stunde unvergesslichen Jammers« entstammt dem Band »Aus meinem Jugendland«; die Passage »Wonnen und Übermut« aus »Hermann Kurz. Ein Beitrag zu seiner Lebensgeschichte«. Deutsche Verlags-Anstalt, Stuttgart/Berlin 1919. © Dieter Kormann, München.

Nikolaus Lenau (1802–1850), eigentlich Niembsch, Edler von Strehlenau, unternahm 1831 seine erste Reise nach Süddeutschland, um mit Cotta

über einen Gedichtband zu verhandeln, für den er etwa 165 Reichs-
taler erhalten hat (seine Angabe von 50 # ist unklar). Rasch schloss er
Freundschaft mit Schwab, Kerner und anderen Literaten sowie der
Familie Reinbeck, und er verliebte sich in Charlotte Gmelin. Nach
seiner Amerika-Reise kam er 1833, dann noch mehrmals von Wien
aus wieder nach Stuttgart. Dort brach 1844 seine Geisteskrankheit aus
und er wurde in die Irrenanstalt Winnenthal eingewiesen. Seine Korre-
spondenz findet sich in »Werke und Briefe«, Band 5.1 und 6.1. ÖBV /
Klett-Cotta, Wien 1990.

Hermann Lenz (1913–1998) wurde in Stuttgart geboren und lebte dort
außer der Studien- und Kriegszeit einundfünfzig Jahre lang, wie er in
seinem Erinnerungsgedicht formuliert; 1975 musste er nach München
umziehen. In seinen autobiografischen Romanen um Eugen Rapp
nimmt Stuttgart einen besonderen Platz ein, außerdem erwies er seiner
Heimatstadt als *der* literarische Spaziergänger vielfache Referenz. »Wer
nichts tut fällt auf« erschien in »Merian Stuttgart«, 14. Jg. H. 2 Februar
1961 © Hermann-Lenz-Stiftung, München; »Erinnerung an Stuttgart«
aus: Hermann Lenz, »Vielleicht lebst du weiter im Stein. Gedichte«.
© Suhrkamp Verlag Frankfurt am Main 2003.

Henrike Leonhardt, geboren 1943 in Iserlohn, lebt als Schriftstellerin in
München. 1985 erhielt sie ein Stipendium des Stuttgarter Schriftsteller-
hauses, das damals gerade ein Jahr bestand. Ihr Gedicht »Diese Stadt«
wurde im ersten »Almanach Stuttgarter Schriftstellerhaus« im Silberburg-
Verlag, Stuttgart 1990 veröffentlicht. © Henrike Leonhardt, München.

Jella Lepman (1891–1970) wurde als Jella Lehmann in Stuttgart geboren
und wuchs in einem liberalen jüdischen Elternhaus auf. Seit 1922 arbeitete sie als erste Redakteurin für das »Stuttgarter Neue Tagblatt« und
gründete im Ressort Gesellschaftspolitik die Beilage »Die Frau in Haus,
Beruf und Gesellschaft«. Zur Eröffnung des Tagblatt-Turms verfasste
sie den Artikel »Die Stuttgarterin von heute«. Aus: »Stuttgart empor.
Sonderausgabe zum Stuttgarter Neuen Tagblatt«. Nov. 1928. Nach
Hitlers Machtübernahme wurde ihr Arbeitsvertrag aufgelöst und sie
musste emigrieren. Im Auftrag der Amerikaner kam sie 1945 als »Ad-
viser« für Jugendfragen im Rahmen des »Re-Education«-Programms
nach Deutschland, sie organisierte 1946 eine Ausstellung über Kinderbücher in der Württembergischen Landesbibliothek und gründete die
Internationale Jugendbibliothek in München. Die Passage »Alles wie
früher« entstammt ihrem Erinnerungsbuch »Die Kinderbuchbrücke«.
© Internationale Jugendbibliothek, München.

Eduard Mörike wurde 1804 in Ludwigsburg geboren, ging aber in Stuttgart ins Gymnasium illustre und kam immer wieder in die Hauptstadt, schließlich 1851 endgültig, abgesehen von wenigen Unterbrechungen. Von seiner bescheidenen Pension als Pfarrer konnte er nicht leben – von Freunden wie Johannes und Elise Mährlen erhielt er gelegentlich Geld – und nahm in Stuttgart eine Stelle als Literaturlehrer am Katharinenstift an. Innerhalb Stuttgarts bewohnte Mörike zehn Wohnungen, zunächst mit Schwester Klara in der Augustenstraße, dann mit ihr und Ehefrau Margarethe in der Hospitalstraße. Hier entstand das »Stuttgarter Hutzelmännlein«, 1853 ist es erschienen. 1875 starb Mörike in der Moserstraße und wurde auf dem Pragfriedhof beerdigt. Seine Briefe vom August 1851 an Elise Mährlen sowie Klara Mörike und Margarethe Speeth sind ediert in »Werke und Briefe«. Band 16. Briefe 1851–1856. Verlag Klett Cotta, Stuttgart 2005.

Eduard Paulus (1837–1907) war Kunsthistoriker und Landeskonservator in Stuttgart. Bekannt wurde er als Limesforscher und durch seinen Vierzeiler »Der Schelling und der Hegel, / der Schiller und der Hauff, / das ist bei uns die Regel, / das fällt hier gar nicht auf.« In der Originalfassung geht ihm voraus: »Wir sind das Volk der Dichter, / Ein jeder dichten kann, / Man seh' nur die Gesichter / Von unser einem an.«. Damit wird klar, dass es kein schwäbisches Eigenlob, sondern spöttischer Sarkasmus ist – wie auch sein Gedicht »Meine Straße«. Aus: Eduard Paulus, »Gesammelte Dichtungen«. Friedrich Frommann's Verlag (E. Hauff), Stuttgart 1892.

Helmut Pfisterer, 1931 in Leonberg geboren, war zunächst Feinmechaniker und Ingenieur, dann Berufsschullehrer in Stuttgart. Seine Liebe zur eigenen Mundart, der »Weltsprache Schwäbisch« entdeckte er bei Auslandsaufenthalten in Iran und Afghanistan. Mit Sebastian Blau und Thaddäus Troll zählt er zu den bedeutendsten Mundartdichtern und wurde für seine Bücher mehrfach ausgezeichnet. Das »Schdäffales- on Drebbatexdle« ist ein Beispiel für ein hintergründiges Sprachspiel, unter anderem mit den wichtigen Stäffele-Namen der Stadt, in der Pfisterer 2010 gestorben ist. Aus: »Stuttgart und seine Stäffele«. Hrsg. von Uli Kreh. © Silberburg-Verlag, Stuttgart 1989.

Johannes Poethen (1928–2001) arbeitete seit 1956 zunächst als freier Mitarbeiter, dann seit 1978 als Leiter der Abteilung Literatur und Kunst beim Süddeutschen Rundfunk in Stuttgart. Er engagierte sich im Schriftstellerverband und initiierte 1988 das Stuttgarter Schriftstellerhaus. Seine Gedichte und Essays waren stark von Landschaft und Kultur seiner griechischen zweiten Heimat beeinflusst. Sein Text »Stuttgart – eine

Nachtschönheit« erschien in »stuttgart-märchenhaft«. Erzählungen. Hrsg. von Rainer Brouwer und Matthias Ulrich. Edition Walfisch im Flugasche-Verlag, Stuttgart 1986. © Ruth Theil, Stuttgart.

Hermann Fürst von Pückler-Muskau (1785–1871) begann nach abgebrochenem Studium und militärischer Laufbahn durch Deutschland, Frankreich, Italien und England zu reisen. Dort begeisterten ihn die Parks, wodurch er seine Berufung zum Gartenkünstler entdeckte und Landschaftsparks wie Bad Muskau, Branitz oder Babelsberg gestaltete. Darüber schrieb er ein Werk, die »Andeutungen über Landschaftsgärtnerei«, außerdem Reiseberichte, Tagebücher und Briefe. Das Erlebnis seines Bades im Neckar findet sich im achten Brief in: Hermann von Pückler-Muskau. »Briefwechsel und Tagebücher«. Hrsg. von Ludmilla Assing. Hoffmann & Campe, Hamburg 1873.

Magdalena Sibylle Rieger (1707–1786), wurde in Maulbronn geboren und von ihrem Vater, dem Prälaten Philipp Heinrich Weißensee selbst unterrichtet. Mit ihrem Ehemann Emmanuel Rieger lebte sie in Calw, ab 1731 in Stuttgart, wo er als Stadtvogt wirkte. Sie begann als Therapie gegen Nervenschmerzen zu schreiben, doch schon für ihr erstes Buch mit Gedichten ernannte die Göttinger Universität die Riegerin zur lorbeergekrönten Poetin. Die zitierte Passage über den Umzug nach Stuttgart entstammt ihrer Lebensdarstellung, die mit den Worten beginnt: »Bin ich, oder bin ich nicht? Dieses möchte ich gern ergründen«. Aus: Magdalena Sibylle Rieger, »Versuch Einiger Geistlichen und Moralischen Gedichte«, In den Druck übergeben, Und mit einer Vorrede begleitet Von Daniel Wilhelm Triller. Franckfurt am Mayn 1743.

Joachim Ringelnatz (1883–1934), eigentlich Hans Böttcher, trat vier Mal, jeweils im Dezember 1928 bis 1931, in der Bar Excelsior auf, einer Kleinkunstbühne in der Gaststätte Bauhütte nahe dem Stadtgarten. Das »Stuttgarter Neue Tagblatt« lobte seine Auftritte: er sei selbst der beste Interpret seiner Gedichte, die er übrigens auch im Rundfunk vortrug. Er wohnte immer im vornehmen Hotel Marquardt (nicht im Olga-Bau) und hielt sich gern im Weinschank in der Firnhaberstraße auf, dem Schauplatz von »Stuttgarts Wein- und Bäckerstübchen«. Beide Gedichte aus: Joachim Ringelnatz, »Gedichte. Das Gesamtwerk«. Hrsg. von Walter Pape. © Henssel Verlag, Berlin 1985.

Manfred Rommel, geboren 1928 in Stuttgart. Er studierte Rechts- und Staatswissenschaften in Tübingen, arbeitete in der Landesverwaltung und wurde 1974 als Nachfolger von Arnulf Klett zum Stuttgarter

Oberbürgermeister gewählt: das Amt hatte er bis 1996 inne. Seit 1987 veröffentlicht er seine Gedanken, Einsichten, Ansichten, Gedichte und Sprüche in Zeitungskolumnen und Büchern. »Ohne Stuttgart kein Lenin« erschien in Manfred Rommel, »Wir verwirrten Deutschen. Betrachtungen am Rande der großen Politik«. Deutsche Verlags-Anstalt, Stuttgart 1986. © Manfred Rommel, Stuttgart.

Joseph Viktor von Scheffel (1826–1886) wurde durch den historischen Roman »Ekkehard« und seine Studentenlieder populär. Weniger bekannt sind seine Episteln, die 42 Briefe aus Säckingen, aus der Schweiz und Italien. In der »Venetianischen Epistel« im 21. Kapitel, verfasst am 18. Juni 1855, erzählt er von seinem »Abenteuer im Rosensteintunnel«. Dieser von Carl Etzel gebaute Eisenbahntunnel unter Park und Schloss Rosenstein hindurch für die Strecke zwischen Cannstatt und dem alten Bahnhof wurde im Herbst 1846 eröffnet und war bis 1914 in Betrieb. Aus: Joseph Viktor von Scheffel, Episteln. Verlag von Adolf Bonz & Comp. Stuttgart 1892.

Anna Schieber (1867–1945) wurde in Esslingen geboren, zog aber schon als Mädchen nach Stuttgart, wo sie als Gehilfin in das Kunsthaus Schaller eintrat. Während einer Lungenerkrankung entdeckte sie das Schreiben und wurde eine der erfolgreichsten Schriftstellerinnen mit über fünfzig Romanen und Erzählungen. Dass sie nicht nur stark vom Pietismus geprägt war, sondern ihn ironisieren konnte, beweist »Eine von den Geschichten der Großmutter« über die erste Eisenbahnfahrt der Bogerin aus dem Remstal nach Stuttgart – durch den Rosensteintunnel. Aus: Karl Götz (Hg.), »Das Hausbuch schwäbischer Erzähler«. Verlag W. Kohlhammer, Stuttgart 1971.

Friedrich Schiller (1759–1805) besuchte seine schwäbische Heimat nach der Flucht im Herbst 1782 nur noch einmal für ein knappes Jahr. Von Ludwigsburg (dort erlebte er das Begräbnis Herzog Karl Eugens) zog er mit Frau und Sohn nach Stuttgart, wo er sich sichtlich wohler fühlte, wie er seinem Freund Körner berichtete. Mit dem Kaufmann Gottlob Heinrich Rapp und dem Bildhauer Johann Heinrich Dannecker unternahm er eine Fahrt zu Schloss und Park Hohenheim, die dortigen Beobachtungen flossen in seine Besprechung von Rapps Gartenkalender ein, die in der »Allgemeinen Literatur-Zeitung« in Jena im Oktober 1794 erschien. Aus: »Schillers Werke«. Nationalausgabe. Hermann Böhlaus Nachfolger, Weimar 1940 ff.

Wolfgang Schorlau, geboren 1951 in Idar-Oberstein, aufgewachsen in Freiburg, war Manager in der Computerindustrie, bevor er sich mit fünfzig Jahren seinen Traum von einer Karriere als Schriftsteller erfüllte. Inzwischen sind sechs Kriminalromane um den Privatermittler Dengler erschienen. Die Passage über den Mord unter dem Stuttgarter Marktplatz entstammt Wolfgang Schorlau, »Brennende Kälte. Denglers vierter Fall«. © 2008 by Verlag Kiepenheuer & Witsch GmbH & Co. KG, Köln.

Christian Friedrich Daniel Schubart (1739–1791) wurde nach zehnjähriger Haft auf dem Hohenasperg im Mai 1787 von Herzog Karl Eugen entlassen – nach der Einmischung des Königs von Preußen – und zum Direktor am Stuttgarter Hoftheater ernannt. Seine Zeitschrift durfte er unter dem Titel »Schubarts Vaterländische Chronik« weiterführen und äußerte sich darin angetan zur Französischen Revolution. Seine Abende verbrachte er meist mit Freunden im »Gasthaus Adler« am Marktplatz. Sein Grab liegt auf dem Hoppenlau-Friedhof. Die Briefe an seinen Sohn und den Herzog aus: Ch. F. D. Schubart, Briefwechsel. Band 2 der kommentierten Gesamtausgabe. Hrsg. von Bernd Breitenbuch. Edition Isele, Eggingen 2006.

Gustav Schwab (1792–1850) verbrachte sein Leben mit Ausnahme der Tübinger Studienzeit und einiger Jahre im Gomaringer Pfarrdienst in Stuttgart. Er war Gymnasiallehrer, Redakteur in Cottas »Morgenblatt«, später Dekan und Oberkonsistorialrat. Gemeinsam mit seiner Ehefrau Sophie pflegte er Freundschaften zu den Dichterkollegen Uhland und Kerner, förderte jüngere Schriftsteller wie Lenau und hielt ein offenes Haus – so dass kaum ein Reisebericht der Zeit ohne Lob für ihn auskommt. Neben Gedichten und den »Sagen des klassischen Altertums« schrieb er über seine »Wanderungen durch Schwaben«, die 1837 erschienen sind. Die Passage über »Cannstatt mit dem Rosenstein und Stuttgart« steht am Anfang seiner ersten Reise durch das Neckartal in: Gustav Schwab, »Wanderungen durch Schwaben«. Neuausgabe. Bleicher Verlag, Gerlingen 2001.

Kurt Schwitters (1887–1948) stammte aus Hannover, wo er seinen »Merzbau« errichtete, die Zeitschrift »Merz« herausgab und die Bewegung Dada Hannover initiierte sowie als Grafiker, Künstler und Schriftsteller arbeitete. Zwei seiner bekanntesten Lautgedichte, »An Anna Blume« und »Scherzo der Ursonate« sprach er im Mai 1932 für den Süddeutschen Rundfunk in Stuttgart. Im Sommer 1927 besichtigte er die neu eröffnete Werkbundausstellung »Die Wohnung« und beschrieb sie für die »Internationale Revue – i 10, Amsterdam 1927«. »Stuttgart, die Wohnung« zitiert nach: »Lesebuch für Architekten«. Hrsg. von Peter Conradi. Hohenheim Verlag, Stuttgart 2001. © DuMont Buchverlag, Köln.

W. G. Sebald, geboren 1944 in Wertach im Allgäu, lehrte als Professor für neuere deutsche Literatur an der Universität in Norwich / Großbritannien. Zu Eröffnung des Stuttgarter Literaturhauses Mitte November 2001 las er aus seinem damals neu erschienen Roman »Austerlitz« und hielt die Rede »Zerstreute Reminiszenzen. Gedanken zur Eröffnung eines Stuttgarter Hauses«. Am 14. Dezember 2001 starb Sebald bei einem Autounfall. Die Rede erschien als »Ein Versuch der Restitution« in »Campo Santo«. Ausgewählt und herausgegeben von Sven Meyer. © 2003 Carl Hanser Verlag, München.

Walter Serner (1889–1942), eigentlich Walter Eduard Seligmann, stammte aus Karlsbad und emigrierte zu Beginn des Ersten Weltkriegs in die Schweiz, wo er sich den Züricher Dadaisten anschloss. In den 1920er Jahren schrieb er Kriminal- und Hochstaplergeschichten wie »Das Zéro«. Die intime Ortskenntnis kann sich Serner nur bei einem Besuch in Stuttgart angeeignet haben, doch dieser ist genauso wenig dokumentiert wie man eine Familie von Inten auf dem Hoppenlau-Friedhof nachweisen kann. Nach 1933 befanden sich Serners Bücher auf der »Liste der Schund- und Schmutzschriften«, 1942 wurde er nach Theresienstadt deportiert und in Maly Trostinez ermordet. Aus: Walter Serner, »Der Pfiff um die Ecke«. Zweiundzwanzig Kriminalgeschichten. Das gesamte Werk, Band 5. München 1979 © Verlag Klaus G. Renner, Zürich & Ottoglio, Italia.

Heinrich Steinfest, geboren 1961 in Australien, aufgewachsen in Wien, wo er als Maler und Schriftsteller arbeitete. Seit Ende der 1990er Jahre lebt er vorwiegend in Stuttgart, dort spielen auch einige seiner vielfach ausgezeichneten Kriminalromane (zuletzt »Wo die Löwen weinen«). »Stuttgarter Plätze in aller Welt« erschien zuerst in »kontext: Wochenzeitung« am 6. April 2011 unter dem Titel »Steinfest träumt«. © Heinrich Steinfest.

Susanne Stephan, geboren 1963 in Aachen, aufgewachsen in Haßmersheim am Neckar. Nach ihrem Studium in Tübingen und Paris war sie für Verlage tätig, seit 1995 lebt sie in Stuttgart als freie Übersetzerin, Lektorin und Schriftstellerin. 2007 wurde sie mit dem Thaddäus-Troll-Preis ausgezeichnet. »Westbahnhof« erschien in ihrem zweiten Lyrikband »Tankstellengedichte«. © Klöpfer & Meyer, Tübingen 2003.

Hannelies Taschau, geboren 1937 in Hamburg. Seit 1959 veröffentlicht sie Lyrik und Prosa, Hörspiele und Drehbücher; sie lebt als freie Autorin in Hameln. 1992 war sie Stipendiatin im Stuttgarter Schriftstellerhaus, dort entstand der Text »Das kleinste Land in uns oder Eröffnung Stutt-garts«, der zu ihrer Lesung in Warmbronn im März des gleichen Jahres erstmals im Verlag Ulrich Keicher, Leonberg-Warmbronn erschien. © Hannelies Taschau.

Thaddäus Troll (1914–1980), geboren als Hans Bayer in Cannstatt. Nach Studium und Wehrdienst wurde er 1946 Journalist in Stuttgart, war Redakteur der Satirezeitschrift »Das Wespennest« und des »Spiegel«, später Kulturberichterstatter und Kabarett-Texter. Unter seinem Pseu-donym schrieb er seit 1948 Reisebücher, Romane, Mundart-Gedichte, Theaterstücke, Hör- und Fernsehspiele. Außerdem engagierte er sich im Schriftstellerverband und im P.E.N.-Zentrum. Bekannt wurde er 1967 mit dem Buch »Deutschland deine Schwaben«, das mehrmals in neuen Ausgaben erschien. Die Passage über »Die größte deutsche Kleinstadt« ist das leicht gekürzte 18 Kapitel aus: »Deutschland deine Schwaben im neuen Anzügle«. Hoffmann & Campe Verlag, Hamburg 1978. © Silberburg Verlag, Tübingen.

Frances Trollope (1780–1863) stammte aus Bristol, heiratete einen Anwalt und zog wegen Schulden mit ihrer Familie erst nach Paris, dann in die USA. 1831 kehrte sie nach England zurück, begann Romane und Rei-sebücher zu schreiben, über hundert Titel sollen es sein, die vorwiegend in ihren letzten beiden Lebensjahrzehnten in Florenz entstanden. Eine ihrer zahlreichen Reisen führte sie von Paris nach Wien über Stuttgart, wo sie im Sommer 1836 einige Tage verbrachte und die Stadt begeistert als einen Mittelpunkt darstellt. Aus: Frances Trollope, »Briefe aus der Kaiserstadt«. Hrsg. von Rudolf Garstenauer. Steingrüben Verlag, Stuttgart 1966.

Ludwig Uhland (1787–1862) zog nach dem Studium in seiner Heimatstadt Tübingen und einer Bildungsreise Ende 1812 nach Stuttgart, wo er anderthalb Jahre im Büro des Justizministers als unbezahlter Sekretär arbeitete, nachdem keine Besoldung erfolgte, löste er das Angestell-tenverhältnis und wurde freier Advokat. Bis 1830 lebte er in Stuttgart, als Schriftsteller und Abgeordneter der Landstände. Frühere Studien-freunde führten ihn 1813 in eine geschlossene Gesellschaft – die demo-kratisch gesinnten Schattenbrüder – ein, die sich zweimal wöchentlich im Weinhaus »Zum Schatten« zu Diskussionen zusammenfand. Darauf spielt das »Schattenlied« an, abgedruckt in: »Ludwig Uhlands Leben. Aus dessen Nachlaß und aus eigener Erinnerung zusammengestellt von seiner Wittwe« [Emilie Uhland]. Verlag der J. G. Cottaschen Buchhand-lung, Stuttgart 1874.

Karl August Varnhagen von Ense (1785–1858) lebte seit 1816 mit seiner Frau Rahel Levin als preußischer Gesandter am badischen Hof in Karlsruhe, wurde aber 1819 wegen angeblicher revolutionärer Gesinnung abberufen. In seinen Erinnerungen berichtet er von den seltsamen Umständen des Theaterbesuchs mit Ludwig Uhland im Königlichen Hoftheater, der im Februar 1818 stattfand. Ein gutes Jahr später wurde am selben Ort Uhlands Trauerspiel »Ernst Herzog von Schwaben« mit der Hofschauspielerin Auguste Brede, einer guten Freundin Varnhagens, uraufgeführt. Aus: Karl August Varnhagen von Ense, »Denkwürdigkeiten des eigenen Lebens«. Hrsg. von Konrad Feilchenfeldt. Dt. Klassiker Verlag, Frankfurt a. M. 1987.

Friedrich Theodor Vischer (1807–1887), geboren in Ludwigsburg, lehrte nach Stationen als Universitätsprofessor für Ästhetik und Deutsche Literatur in Tübingen und Zürich seit 1866 auch am Polytechnikum in Stuttgart. Dort hatte er das Gymnasium besucht und war 1849 Mitglied des Rumpfparlaments gewesen. Das »Beckenlied« ist im Herbst 1875 entstanden. Auszug aus: Friedrich Theodor Vischer, »Allotria«. Dichterische Werke Band 5. Verlag der weißen Bücher, Leipzig 1917.

Wilhelm Waiblinger (1804–1830) wurde in Heilbronn geboren und wuchs seit 1806 in Stuttgart auf. Sein Vater hatte ein Haus in der Katharinenstraße gebaut, von wo der Blick des Jungen auf den damaligen Friedhof am Lazarett fiel; die erwähnte Kreuzigungsgruppe von Hans Seyffer steht (heute in Kopie) an der Chorseite der Leonhardskirche. Nach dem Besuch des Stuttgarter Gymnasiums studierte Waiblinger am Tübinger Stift, wurde im Herbst 1826 wegen Skandalen relegiert, trat eine Italien-Reise an und lebte bis zu seinem frühen Tod in Rom. Die »Erinnerungen aus der Kindheit« erschienen in Wilhelm Waiblinger, »Werke und Briefe«. J. G. Cottasche Buchhandlung Nachf. GmbH, Stuttgart 1980 ff.

Robert Walser (1878–1956) wuchs in Biel auf und absolvierte dort eine Banklehre. Anfang September 1895 kam er nach Stuttgart, wo sein Bruder Karl Dekorationsmaler lernte, und fand Arbeit bei der Union Deutsche Verlagsgesellschaft. Diese Tätigkeit spart sein Prosastück über »Die Brüder« aus, erwähnt aber ihre Unterkunft in einem Gesellenhaus in der Gerberstraße und die häufigen Theaterbesuche. Voller Leidenschaft für die Bühne, aber wohl ohne überzeugendes Talent sprach Robert Walser dort vor, packte dann aber – wie es in einer anderen Geschichte heißt, »seine Schauspielergedanken in seinen Handkoffer«, als er Stuttgart nach einem Jahr in Richtung Heimat verließ. Aus: Robert Walser, »Sämtliche Werke in Einzelausgaben«. Herausgegeben von Jochen Greven. Band 5: Der Spaziergang. © Suhrkamp Verlag Zürich 1978 und 1985.

Karl Julius Weber (1767–1832) stammte aus Langenburg und lebte nach Tätigkeiten als Regierungs- und Hofrat fast drei Jahrzehnte als Schriftsteller mit einer reichhaltigen Bibliothek im Haus von Schwester und Schwager in verschiedenen Städten der hohenloheschen Heimat, gestorben ist er in Kupferzell. Von 1820–23 war er Abgeordneter im ersten Landtag in Stuttgart, doch er kannte die Stadt schon von seinen früheren Reisen. Basierend auf seinen Tagebuchnotizen und umfangreicher Lektüre verfasste er die anschaulich-amüsanten Reisebeschreibungen oder Charakteristiken wie »Bestreben nach Verschönerung«. Aus: Carl Julius Weber, »Deutschland oder Briefe eines in Deutschland reisenden Deutschen«. Hallbergersche Verlagshandlung, Stuttgart 1834.

Ottilie Wildermuth (1817–1877) geboren in Rottenburg und aufgewachsen in Marbach am Neckar als Tochter des Oberamtsrichters Gottlob Christian Rooschüz. Nach der Schulzeit verbrachte sie 1833 ein halbes Jahr zur Weiterbildung in Stuttgart, wo sie Kochen, Nähen und Französisch lernte. Durch die Dame ihres Kosthauses und Verwandte wurde sie in das Bildungsbürgertum der Hauptstadt eingeführt und lernte die Familien Schwab und Kerner, Hartmann-Reinbeck und Karl Mayer kennen, mit denen sie teils lebenslang befreundet blieb und die sie später immer wieder in Stuttgart besuchte, als sie längst als Ehefrau des Philologen Wilhelm David Wildermuth, Mutter von fünf Kindern und Schriftstellerin in Tübingen lebte. »Hohe Schule« ist das (gekürzte) vierte Kapitel in: »Ottilie Wildermuths Leben«. Nach ihren eigenen Aufzeichnungen zusammengestellt von ihren Töchtern Agnes Willms und Adelheid Wildermuth. Union Deutsche Verlagsgesellschaft, Stuttgart / Berlin / Leipzig o. J. (um 1900).

Rainer Wochele, geboren 1943 in Brünn und aufgewachsen im Bayerischen, war von 1969 bis 1981 Redakteur der »Stuttgarter Zeitung«. Seither arbeitet er als freier Schriftsteller und veröffentlichte vier Romane, zuletzt »Der General und der Clown«. Seine Stuttgarter Sprüche (die mit der Einleitung und dem Pinselspruch beginnen) erschienen in: »stuttgart-märchenhaft«. Hrsg. von Rainer Brouwer und Matthias Ulrich. Flugasche Verlag, Stuttgart 1986. © Rainer Wochele, Stuttgart.

Friedrich Wolf (1888–1953) war Arzt und Schriftsteller. 1927 zog er nach Stuttgart, um eine Praxis für Naturheilkunde und Homöopathie zu eröffnen und das umfangreiche Werk »Die Natur als Arzt und Helfer« zu verfassen. Sein 1929 am Württembergischen Landestheater uraufgeführtes Theaterstück »Cyankali« leitete die Diskussion um den Abtreibungsparagraphen 218 ein. 1931 zog Wolf für die KPD in den

Stuttgarter Gemeinderat, 1933 musste er emigrieren. Seine Rede »Der Mut zum Leben« hielt er 1946 im Furtbachhaus, sie ist abgedruckt in: Friedrich Wolf, »Die Jahre in Stuttgart 1927–1933. Ein Beispiel«. Katalog zur Ausstellungsreihe Stuttgart im Dritten Reich, Landeshauptstadt Stuttgart 1983. © Andrea Wolf.

Manfred Zach, geboren 1947 in Bad Grund / Harz. Nach dem Jura-Studium in Heidelberg und dem zweiten Staatsexamen trat er eine Beamtenlaufbahn an, wurde 1975 Pressereferent, 1978 Leiter des Grundsatzreferats im Staatsministerium und Regierungssprecher der Lothar-Späth-Ära. Sein 1996 erschienener Schlüsselroman »Monrepos« führt in das Innenleben der Villa Reitzenstein, den baden-württembergischen Regierungssitz. »Besichtigung des Olymp« aus: Manfred Zach, »Monrepos oder Die Kälte der Macht«. © Klöpfer & Meyer, Tübingen 1996.